Jörn Müller, Andreas Nießeler, Andreas Rauh (Hg.)
Aufmerksamkeit

Edition Kulturwissenschaft | Band 99

Jörn Müller, Andreas Nießeler, Andreas Rauh (Hg.)

Aufmerksamkeit

Neue humanwissenschaftliche Perspektiven

[transcript]

Die Drucklegung dieses Bandes wurde ermöglicht durch Mittel des Human Dynamics Centre (Fakultät für Humanwissenschaften, Universität Würzburg).

Bibliografische Information der Deutschen Nationalbibliothek
Die Deutsche Nationalbibliothek verzeichnet diese Publikation in der Deutschen Nationalbibliografie; detaillierte bibliografische Daten sind im Internet über http://dnb.d-nb.de abrufbar.

Umschlaggestaltung: Kordula Röckenhaus, Bielefeld
Satz: Dr. Andreas Rauh
Großer Dank für die Unterstützung bei den Formatierungsarbeiten gilt Anne-Katrin Masuch und Roland Franz.
Printed in Germany
Print-ISBN 978-3-8376-3481-5
PDF-ISBN 978-3-8394-3481-9

Gedruckt auf alterungsbeständigem Papier mit chlorfrei gebleichtem Zellstoff.
Besuchen Sie uns im Internet: *http://www.transcript-verlag.de*
Bitte fordern Sie unser Gesamtverzeichnis und andere Broschüren an unter: *info@transcript-verlag.de*

Inhalt

Einleitung

Jörn Müller, Andreas Nießeler, Andreas Rauh

In seiner für die Thematik dieses Buchs ebenso einschlägigen wie grundlegenden Studie zur Phänomenologie der Aufmerksamkeit (2004) diagnostiziert Bernhard Waldenfels noch, dass Aufmerksamkeit zu den »nomadischen Begriffen« zählt, »die nirgendwo recht seßhaft werden«.[1] Dies scheint aber zumindest in jüngerer Zeit ihrer umfassenden Erforschung nicht zum Nachteil zu gereichen, denn in den letzten Jahren hat sich Aufmerksamkeit regelrecht zu einem zentralen wissenschaftlichen Thema zu Beginn des 21. Jahrhunderts entwickelt. Als Beleg dafür sei, ohne Anspruch auf Vollständigkeit zu erheben, auf zahlreiche seit 2000 erschienene Buchpublikationen in der Psychologie, der Philosophie und ihrer Geschichte, der Medien- und Kommunikationsforschung, den Neurowissenschaften, der Evolutionsbiologie, der Pädagogik, den Kulturwissenschaften sowie anderen Disziplinen verwiesen.[2] Die von Waldenfels konstatierte ›Heimatlosigkeit‹ der Aufmerksamkeit ist also offensichtlich kein Defizit mehr, sondern scheint sich heute sogar als ein Vorteil zu erweisen: Denn so ist sie offenbar für ganz unterschiedliche wissenschaftliche Zugänge empfänglich und bietet sich zugleich auch als Gegenstand einer interdisziplinär betriebenen Forschung an.

Diesem Unterfangen ist auch die vorliegende Publikation gewidmet, die auf eine Tagung des *Human Dynamics Centre* der Universität Würzburg im Juni 2015 zurückgeht. Die Zielsetzung dieses an der Würzburger *Fakultät für Humanwissenschaften* angesiedelten Zentrums besteht darin, die Grundlagen, Erscheinungsformen und Möglichkeiten der Gestaltung

---

1 | Waldenfels, Bernhard: Phänomenologie der Aufmerksamkeit, Frankfurt am Main: Suhrkamp 2004, S. 9.

2 | Vgl. exemplarisch hierfür die in der Literaturliste am Ende der Einleitung angeführten Monografien und Sammelbände.

menschlichen Wandels in einem interdisziplinären Rahmen zu erforschen. Für einen solchen Zugriff bietet sich das Phänomen der Aufmerksamkeit nun nicht nur auf Grund seiner schon angesprochenen prinzipiellen Offenheit für Multiperspektivität an, sondern auch wegen des ihm inhärenten Potentials speziell für die Humanwissenschaften.

Nachfolgend soll zuerst die humanwissenschaftliche Relevanz der Aufmerksamkeit in einigen wesentlichen Konturen skizziert werden, so dass die hier versammelten Beiträge in einen größeren Kontext eingestellt werden können (Teil 1). Im Anschluss daran werden die Beiträge in ihren wesentlichen Inhalten sowie in den jeweils zwischen ihnen bestehenden bzw. sichtbar werdenden Schnittstellen kurz charakterisiert (Teil 2).

1. Aufmerksamkeit als humanwissenschaftliches Problem

Um sich den humanwissenschaftlichen Perspektiven der Aufmerksamkeit näher zu widmen, bedarf es zuerst einer Konturierung der anthropologischen Dimension dieses Phänomens.[3] Fasst man Aufmerksamkeit in einem ersten Zugriff als eine Art ›Scheinwerfer‹ unseres geistigen Lebens, mit dem bestimmte Inhalte beleuchtet, aber andere zugleich abgeblendet werden,[4] wird deutlich, welche enorme Bedeutung sie als eine Instanz der grundlegenden Orientierung für uns besitzt. Der menschliche Wahrnehmungsapparat würde ebenso wie das Bewusstsein ohne ein solches Fokussierungsvermögen tendenziell so überfrachtet, dass eine

3 | Vgl. zum Folgenden auch die Überlegungen bei Nießeler, Andreas: Bildung und Lebenspraxis. Anthropologische Studien zur Bildungstheorie (= Erziehung – Schule – Gesellschaft, Band 36), Würzburg: Ergon Verlag 2005, S. 25-40.

4 | Vgl. in diesem Sinne die klassische Definition von Aufmerksamkeit bei James, William: The Principles of Psychology. Band 1, New York: Henry Hold and Company 1890, S. 403f.: »Every one knows what attention is. It is the taking possession by the mind, in clear and vivid form, of one out of what seem several simultaneously possible objects or trains of thought. Focalization, concentration, of consciousness are of its essence. It implies withdrawal from some things in order to deal effectively with others, and is a condition which has a real opposite in the confused, dazed, scatterbrained state which in French is called *distraction*, and *Zerstreutheit* in German.«

effiziente Informationsaufnahme und -verarbeitung kaum möglich wäre; dies gilt sicherlich *a fortiori* in unserem durch permanente ›Reizüberflutung‹ gekennzeichneten Medienzeitalter.

Aber Aufmerksamkeit ermöglicht nicht nur eine auf Selektion beruhende kognitive Orientierung, sondern ist auch ein Indikator für unser motivationales Interesse an bestimmten Gehalten: Was uns auffällt bzw. unsere Aufmerksamkeit ›fesselt‹, gibt uns zugleich Einblick in die Ausrichtung unseres Strebens und Wünschens und erweist sich somit als Instanz unserer praktischen Orientierung. Letztere spielt auch eine wichtige Rolle für die willentliche Steuerung unserer Aufmerksamkeit auf Objekte, Personen oder Konstellationen, die für uns eine besondere Relevanz besitzen und denen wir deshalb unsere Aufmerksamkeit bewusst zuwenden. Unsere Triebe, Gefühle und unser Wille können hierbei die Aufmerksamkeitsrichtung und die daraus resultierende Orientierung (in der einzelnen Situation wie im Leben *in toto*) in gleichem Maße beeinflussen wie äußere und innere Wahrnehmungen. Dadurch sind auch innere Aufmerksamkeitskonflikte möglich, in denen verschiedene psychische Instanzen oder mentale Repräsentanten miteinander um die im Kapazitätssinne limitierte Aufmerksamkeit ringen. Ebenso kann auch von außen der Versuch unternommen werden, die Aufmerksamkeit von Individuen oder Gruppen nachhaltig unterschwellig (z.B. beim werbepsychologisch wirksamen *product placement* in Filmen) oder bewusst (etwa in Form von automatischer Aufmerksamkeitsgenerierung durch Bannerwerbung und Pop-Up-Windows) zu beeinflussen oder gar zu manipulieren.

In diesen verschiedenen Dimensionen erweist sich die Aufmerksamkeit insgesamt als Ergebnis wie auch als Bedingung menschlicher Wahrnehmung, die trotz ihrer natürlichen Vorgegebenheit der kulturellen Formung ebenso fähig wie bedürftig ist. Die Bereitschaft zur Aufmerksamkeit ist wie die Schulung unserer Wahrnehmung eine wesentliche Kulturleistung, die uns nicht bloß eine evolutionär nützliche Selektion und Fokussierung in der Verarbeitung von äußeren und inneren Reizen ermöglicht: Aufmerksamkeit ist vielmehr ebenso sehr das Fundament wie auch der Ausdruck eines wesentlich umfassenderen Verhältnisses von uns als Personen gegenüber der Welt. Darin liegt nicht zuletzt eine zentrale intersubjektive und zugleich ethische Dimension des Phänomens begründet: Denn gerade anderen Personen schulden wir eine besondere Form von Respekt (Achtung), die unsere Aufmerksamkeit im Sinne eines grundsätzlichen Achtgebens bzw. einer Achtsamkeit betrifft.

Hier deuten sich die Konturen eines »Ethos der Aufmerksamkeit« an,[5] in dem es darum geht, bewusst hinzusehen oder hinzuhören, anstatt andere zu übersehen oder einfach wegzuhören. Auch die ethische Orientierung wird somit im Phänomenfeld der Aufmerksamkeit thematisch, nicht nur in der Beziehung zu anderen, sondern auch im Selbstverhältnis, und zwar in Form einer als Selbstsorge zu verstehenden ›Aufmerksamkeit auf sich selbst‹.

Aufmerksamkeit zeigt sich somit als zentrales Ingredienz für die Konstitution unserer Erfahrungen mit uns selbst, mit anderen Menschen und mit der Welt der Dinge. Auf diese Weise hat Aufmerksamkeit eine für unsere gesamte Wahrnehmung und für unser Bewusstsein fundamental strukturierende Bedeutung, die sich nachhaltig in der Modalität unserer Erfahrung sedimentiert: »In der Aufmerksamkeit sehen wir nicht anderes, sondern wir sehen, was wir sehen, anders als zuvor.«[6]

Aufmerksamkeit ist also keineswegs bloß eine Art psychologischer Begleiterscheinung, ein »durch eigentümliche Gefühle charakterisierte[r] Zustand, der die klarere Auffassung eines psychischen Inhalts begleitet«,[7] sondern integratives Moment unserer Selbst- und Welterfahrung. In diesem Verständnis ist sie dann auch unter erzieherischem Blickwinkel nicht bloß eine zu arrangierende Voraussetzung für ›funktionierendes‹ Lernen, sondern eine genuine pädagogische Zielkategorie.

Trotz der schon in dieser fragmentarischen Skizze unübersehbaren Relevanz der Aufmerksamkeit, ließe sich der genuin anthropologische Charakter des Phänomens möglicherweise dennoch bezweifeln: Ist Aufmerksamkeit wirklich ein exklusives Humanum, das nur dem Menschen als Menschen zukommt? Dagegen spricht natürlich schon die naheliegende Beobachtung, dass wir auch Tieren Zustände von Aufmerksamkeit zuschreiben (etwa dem Hund, der gespannt den Wurf eines Stöckchens erwartet und sich voll darauf konzentriert). Als rein ethologisch verstandene Kategorie ist das Konzept der Aufmerksamkeit sicherlich auf das Tierreich ausdehnbar; allerdings sollte dies nicht um den Preis einer Verkürzung des reichhaltigen, uns als Menschen zugänglichen Phänomenspektrums geschehen, das sich eben nicht auf äußerlich beobachtbare

5 | Waldenfels, Bernhard: Grundmotive einer Phänomenologie des Fremden, Frankfurt am Main: Suhrkamp 2006, S. 275f.

6 | B. Waldenfels: Phänomenologie der Aufmerksamkeit, S. 26.

7 | Wundt, Wilhelm: Grundriß der Psychologie, Leipzig: Kröner [11]1913, S. 252.

Verhaltensformen reduzieren lässt. Das enorme Potential humaner Aufmerksamkeit lässt sich bei näherem Hinsehen durch eine Vielfalt ambivalenter Spannungsfelder charakterisieren, in denen die Aufmerksamkeit angesiedelt ist. Der nachfolgende Aufriss soll diese Spannbreite lediglich andeuten, deren inhaltliche Entfaltung dann in den verschiedenen Beiträgen des Bandes erfolgen wird.

Versucht man der Aufmerksamkeit im Stile einer sokratischen »Was ist?«-Frage auf den Grund zu gehen und zu einer Definition dieses Phänomens zu gelangen, gerät ein solches Unterfangen schnell in Aporien. Dies zeigt sich schon beim Versuch einer ersten kategorialen Zuordnung der Aufmerksamkeit zu einer grundlegenderen ontologischen bzw. definitionstechnischen Gattung, also der Bestimmung eines höherstufigen *genus proximum*, unter dem sie sich subsummieren ließe. Ist Aufmerksamkeit ein Geschehen, ein Zustand oder eine Disposition? Für alle drei Möglichkeiten lassen sich Evidenzen ins Feld führen: Für den Geschehnis-Charakter von Aufmerksamkeit spricht das in unserem Sprachgebrauch verankerte prozessuale Moment: Wir *werden* auf etwas aufmerksam, z.B. auf etwas, das uns plötzlich und unerwartet auffällt oder auf das uns jemand gezielt hinweist (und damit unsere Aufmerksamkeit weckt). Doch ebenso gut können wir bereits aufmerksam *sein*, etwa wenn wir uns in einem Zustand der intensiven Konzentration auf etwas Gegenwärtiges oder der gespannten Erwartung auf etwas Zukünftiges befinden. Hier wird dann Aufmerksamkeit nicht erst prozessual erregt oder erweckt, sondern sie ist schon zuständlich vorhanden. Ebenso kann man Aufmerksamkeit aber auch dispositional als eine Fähigkeit begreifen, überhaupt auf etwas aufmerksam zu werden, zu sein oder auch zu bleiben, mithin als ein Vermögen bzw. eine Ressource der Fokussierung und deren kontinuierlicher Aufrechterhaltung.

Gemeinsam scheint allen drei Redeweisen aber zumindest ihr – im weiten Sinne des Wortes – *intentionaler Charakter* zu sein: Aufmerksamkeit ist stets *auf* etwas gerichtet.[8] Diese grundlegende Intentionalität als zentrales Charakteristikum von Aufmerksamkeit lässt sich nun aber

8 | Zur Intentionalität als grundlegendem Moment des geistigen Lebens vgl. Brentano, Franz: Psychologie vom empirischen Standpunkt, Leipzig: Duncker & Humblot 1874, sowie Husserl, Edmund: Wahrnehmung und Aufmerksamkeit. Husserliana, Bd. 38, hg. v. Thomas Vongehr und Regula Giuliani, Dordrecht: Springer 2004.

schwerlich durch ihre Ausrichtung auf besondere Objekte spezifizieren: Prinzipiell kann vieles zum Inhalt bzw. Gegenstand von Aufmerksamkeit werden, von leiblichen Zuständen (z.B. Zahnschmerzen) über mentale Gehalte (z.B. Erinnerungen) bis hin zu (durch die Wahrnehmung vermittelten) äußeren Dingen oder Ereignissen. Die in der älteren Philosophie und noch bei Descartes akzentuierten dualistischen Grenzen von Körper und Seele sowie von Innen und Außen – letztlich sogar die scheinbar fundamentale Differenz von Subjekt und Objekt – werden in der Aufmerksamkeit perforiert, wenn nicht gar ganz aufgehoben. Viele der dichotomischen Kategorien, mit denen man körperliche oder mentale Geschehnisse, Zustände und Dispositionen, differenzierend beschreiben kann, erweisen sich jeweils nur als partiell geeignet, um die unterschiedlichen Phänomene von Aufmerksamkeit übergreifend zu beschreiben. Das lässt sich an dem nachfolgenden Versuch zeigen, ›traditionelle‹ Gegenübersetzungen in heuristischer Absicht auf das Feld der Aufmerksamkeit anzuwenden:

(1) *Aktivität oder Passivität?* Aufmerksamkeit changiert zwischen Willkürlichkeit und Unwillkürlichkeit, zwischen einem (aktiven) Aufmerken und einem (passiven) Auffallen:[9] Einerseits können wir gezielt aufmerken und unsere Aufmerksamkeit punktuell oder dauerhaft auf etwas hinsteuern bzw. ausrichten, um es einer näheren Betrachtung zu unterziehen. Die diesem Vermögen zugrundeliegende psychische Ressource ist durchaus formbar bzw. trainierbar, etwa in pädagogischen Kontexten.[10] Andererseits ist Aufmerksamkeit auch nicht bloß ein reiner Ausdruck unseres aktiven Wollens, sondern kann uns ggf. auch ohne (oder sogar gegen) unseren Willen aufgedrängt bzw. abgenötigt werden, z.B. wenn etwas völlig aus dem gewöhnlichen Rahmen Fallendes unsere Aufmerksamkeit geradezu zwangsläufig erregt.[11] Hier widerfährt uns etwas, über

---

9 | Vgl. hierzu Blumenberg, Hans: Auffallen und Aufmerken, in: ders.: Zu den Sachen und zurück. Aus dem Nachlass hg. v. Manfred Sommer, Frankfurt am Main: Suhrkamp 2002, S. 182-206.

10 | Vgl. Ehrenspeck, Yvonne: »Die Bildung der Aufmerksamkeit. Pädagogische Konstruktionen eines Wahrnehmungs- und Bewusstseinsphänomens im 18., 19. und 20. Jahrhundert«, in: Bilstein, Johannes/Brumlik, Micha (Hg.), Die Bildung des Körpers, Weinheim/Basel: Beltz Juventa Verlag 2013, S. 72-89.

11 | Zu solchen »schockartigen Erlebnissen« vgl. B. Waldenfels: Phänomenologie der Aufmerksamkeit, S. 13.

das wir – zumindest in der initialen Erregung unserer Aufmerksamkeit – keine Kontrolle haben. Aufmerksamkeit kann also ebenso endogen (*top-down*) gesteuert wie auch exogen (*bottom-up*) stimuliert werden.[12] Auch das Moment der Selektion, das eng mit dem Konzept von Aufmerksamkeit konnotiert, ist somit nicht einfach als ein aktives bzw. willkürliches Geschehen zu verstehen, sondern ist auf etwas Pathisches verwiesen.[13] Je nach dem zu Grunde liegenden Verständnis von Aktivität oder Passivität des Phänomens differenziert sich auch die Sichtweise auf die Ressourcenabhängigkeit des Geschehens: Verstanden als Vermögen der willentlichen Fokussierung im Angesicht stets drohender Zerstreuung oder Ablenkung wird Aufmerksamkeit wesentlich zu einer psychischen Kraft, deren Anspannung Mühe erfordert und auch erlahmen bzw. versagen kann; in der eher passiven Sicht als widerfahrendes »Auffallen« sind defizitäre Erscheinungen hingegen weniger dem Mangel an Konzentration als einer plötzlichen Überforderung durch eine ›gewitterartige‹ Reizflut geschuldet.

(2) *Bewusstheit oder Unbewusstheit?* In einem ersten Zugriff scheint Aufmerksamkeit eine Art Bewusstseinsmodus zu markieren: Das, worauf wir aufmerksam werden bzw. sind, ist unserem Bewusstsein in einer nachhaltigen Art gegeben, nämlich als etwas gegenüber anderem Herausgehobenes, besonders Lebendiges oder Akzentuiertes, das eine bestimmte Schwelle überschritten hat. Aufmerksamkeit zeigt sich auf jeden Fall als eine Art ›Schwellenphänomen‹[14], wobei die involvierten Schwellen weder individuell noch gesellschaftlich fixiert sind, sondern – nicht zuletzt im digitalen Zeitalter – ständige Verschiebungen erfahren. Das liegt u.a. auch darin begründet, dass Aufmerksamkeit erkennbar eine Gradualisierung zulässt: Man kann durchaus mehr oder weniger aufmerksam werden bzw. sein, im Blick auf die Intensität der Anspannung ebenso wie hinsichtlich ihrer Länge. Die Unterschiede im Grad der Aufmerksamkeit sind natürlich oft situational oder persönlich bedingt, aber sie lassen sich durchaus auch allgemeiner kategorisieren: So kann man etwa eine durch Schriftlichkeit und Literalität geprägte *deep attention*

12 | Vgl. hierzu den Beitrag von Aleya Flechsenhar, Marius Rubo und Matthias Gamer in diesem Band.

13 | Vgl. hierzu den Beitrag von Bernhard Waldenfels in diesem Band.

14 | Zur Rede von »Aufmerksamkeitsschwellen« vgl. z.B. B. Waldenfels: Grundmotive einer Phänomenologie des Fremden, S. 92-108.

und eine dynamisch fluktuierende *hyper attention*, die charakteristisch für mediale Informationsgesellschaften ist, als generationenspezifische Aufmerksamkeitsformen unterscheiden.[15] Ebenso lässt sich von der bewussten Aufmerksamkeitsfokussierung auf einzelne Objekte eine ›diffuse‹, gewissermaßen frei schwebende, in ihrer Ausrichtung inhaltliche gerade noch nicht festgelegte Form von Attentionalität unterscheiden, die eher einem unbewussten (Er-)Warten – im Vollsinne des lateinischen *attendere* – entspricht.

(3) *Geist oder Körper?* In der älteren und neuzeitlichen Philosophie wird Aufmerksamkeit meist als seelische Tätigkeit bzw. als psychische Kraft gedeutet, wobei neben einer kognitiven Deutung als geistiges bzw. intellektuelles Vermögen auch eine voluntaristische, also willensbezogene Lesart möglich ist, in der Aufmerksamkeit primär als eine attentionale Kontrollinstanz verstanden wird.[16] Nicht zuletzt die Phänomenologie des 20. Jahrhunderts hat dann in partieller Absetzung von diesem Ansatz nachhaltig die Leiblichkeit bzw. Verkörperung der Aufmerksamkeit herausgearbeitet, die auch durch die enge Verbindung des Phänomens mit der sinnlichen Wahrnehmung nahe liegt. Diese Versinnlichung und Verleiblichung des Geistes und seiner Aktivitäten, etwa bei Paul Valéry und Maurice Merleau-Ponty,[17] findet heute gewissermaßen ihr Korrelat in der neurowissenschaftlichen Suche nach den Regionen unseres Gehirns, die in der Aufmerksamkeit aktiv sind.

(4) *Individualität oder Sozialität?* Noch bis zu Husserl wird Aufmerksamkeit tendenziell als intentionaler Akt des Individuums, als »Ichblick auf etwas«[18] verstanden. Doch sie besitzt unverkennbar auch soziale und intersubjektive Dimensionen, z.B. in Formen von Interattentionalität, also wechselseitig geteilter Aufmerksamkeit, wie sie z.B. in Lehr-/Lernsituationen auftritt.[19] Ebenso kann sich Aufmerksamkeit auch als eine

15 | Vgl. Hayles, Katherine: »Hyper and Deep Attention. The Generational Divide in Cognitive Modes«, in: Profession (2007), S. 187-199. Zur *deep attention* vgl. auch die Überlegungen von Katharina Block in diesem Band.

16 | Vgl. hierzu den Beitrag von Jörn Müller in diesem Band.

17 | Zur Verbindung von Aufmerksamkeit und sinnlicher Wahrnehmung bei Merleau-Ponty vgl. den Beitrag von Diego D'Angelo in diesem Band.

18 | Husserl, Edmund: Husserliana III, Den Haag/Dordrecht: Nijhoff 1950, S.81.

19 | Vgl. hierzu den Beitrag von Malte Brinkmann in diesem Band. Für eine evolutionsbiologische Betrachtung dieser Zusammenhänge vgl. Tomasello, Michael:

Art überindividueller Atmosphäre konstituieren.[20] Das wirft generell die Frage nach der Trägerschaft des Phänomens auf. Ist die Rede von einer ›öffentlichen Aufmerksamkeit‹ eine reine *façon de parler*, die sich letztlich wieder auf Individuen reduzieren lässt, die diese Zustände parallel oder gleichzeitig haben? Oder gibt es hier möglicherweise doch kollektive Träger von Intentionalität?[21] Eine weitere Frage ist, inwiefern soziale Momente bei der Konstitution individueller Aufmerksamkeit eine Rolle spielen – ein Thema, das sich gerade in Bezug auf soziale Medien und Kommunikationsprozesse im digitalen Raum geradezu aufdrängt.

In diese verschiedenen Dichotomien und die damit verbundenen Fragestellungen zeichnet sich die Aufmerksamkeit sozusagen flottierend und vagabundierend ein – und verdeutlicht gerade in ihrer grenzgängerischen Gestalt die Fluidität solcher *prima facie* trennscharfen Abgrenzungen. Eine alle diese Aufmerksamkeitstypen und -dimensionen umgreifende Definition lässt sich deshalb nicht daraus extrapolieren, wohl auch, weil der Phänomenkomplex vom dynamischen Wechselspiel dieser verschiedenen Erscheinungsformen bestimmt ist.

Was Aufmerksamkeit sein kann bzw. was sie phänomenal ausmacht, lässt sich dabei auch an ihren möglichen Defizienzen bzw. Störungen ablesen. Gerade in der heutigen postmodernen ›Sensationsgesellschaft‹ scheint zumindest konzentrierte Aufmerksamkeit immer weiter untergraben und in die Vielfalt ständiger wechselnder neuer Reize diffundiert zu werden.[22] Phänomene der Aufmerksamkeitsstörung wie z.B. ADHS lassen sich in diesem Sinne als Schwellenverschiebungen bzw. liminale Diffusionen deuten, die nicht bloß medizinisch zu verstehen sind, son-

Constructing a Language. A Usage-Based Theory of Language Acquisition, Cambridge: Harvard University Press 2003, Kap. 3.

20 | Vgl. hierzu den Beitrag von Andreas Rauh in diesem Band.

21 | Vgl. zur philosophischen Diskussion dieses Themenfelds Schmid, Hans B./Schweikard, David P. (Hg.): Kollektive Intentionalität. Eine Debatte über die Grundlagen des Sozialen, Frankfurt am Main: Suhrkamp 2009; für entwicklungspsychologische Perspektiven vgl. Moore, Chris/Dunham, Philip (Hg.): Joint attention. Its origins and role in development, Hillsdale, NJ: Erlabaum 1995. Zur geteilten Leiblichkeit siehe auch Merleau-Ponty, Maurice: Phänomenologie der Wahrnehmung, Berlin: De Gruyter 1967, Teil II, Kap. 4.

22 | Vgl. Türcke, Christoph: Erregte Gesellschaft. Philosophie der Sensationen, München: C.H.Beck 2002.

dern als Teil einer ›Aufmerksamkeitsdefizitkultur‹ erscheinen, die möglicherweise im Verlust stabilisierender individueller und kultureller Bewältigungspraktiken begründet liegt.[23]

Solche Diagnosen rufen immer wieder therapeutische Gegenbewegungen hervor, und zwar nicht erst in der Gegenwart. Ein Leitmotiv der christlichen Philosophie der Spätantike und des Mittelalters ist die Forderung einer ›Aufmerksamkeit auf sich selbst‹, die als ›Wacht des inneren Menschen‹ eine asketische Abwendung von äußeren Reizen und eine als innere Vigilanz zu deutende Überwachung der eigenen Gedanken und affektiven Regungen (*cogitationes*) einschließt.[24] Hiermit wird das therapeutische Programm der hellenistischen Philosophie produktiv fortgeschrieben, in der Philosophieren als Lebenskunst in Kategorien der Selbstsorge verstanden und entsprechende Übungen bzw. Techniken der Selbstgestaltung entwickelt werden.[25] Diesem Impetus folgt auch Michel Foucault in seinem Spätwerk zum Thema: ›Souci de soi‹, nachdem er zuvor die aufmerksamkeitsdirigierenden Mechanismen der Disziplinargesellschaft analytisch freigelegt hat.[26] In eine ähnliche Richtung zielen die Überlegungen des französischen Sozialphilosophen Bernard Stiegler: Er deutet den für die europäische Moderne prägenden Grammatisierungsprozess, also die Aufmerksamkeit für und durch Schriftlichkeit, als ein

---

23 | Vgl. Türcke, Christoph: Hyperaktiv! Kritik der Aufmerksamkeitsdefizitkultur, München: C.H.Beck ²2012, sowie seinen Beitrag in diesem Band.

24 | Vgl. exemplarisch: Basilius von Caesarea: Homilia in illud: Attende tibi ipsi, hg. v. Stig Y. Rudberg, Stockholm: Almqvist & Wiksell 1962. Den Zusammenhang dieser Aufmerksamkeit auf sich selbst mit der sokratischen Aufforderung zur Selbsterkenntnis und Selbstsorge zeigt Kobusch, Theo: Christliche Philosophie. Die Entdeckung der Subjektivität, Darmstadt: Wissenschaftliche Buchgesellschaft 2006, bes. S. 36-38.

25 | Vgl. Hadot, Pierre: Philosophie als Lebensform. Antike und moderne Exerzitien der Weisheit, Frankfurt am Main: Fischer Taschenbuch 2002.

26 | Vgl. Foucault, Michel: Überwachen und Strafen. Die Geburt des Gefängnisses, Frankfurt am Main: Suhrkamp 1977, und Foucault, Michel: Hermeneutik des Subjekts, Frankfurt am Main: Suhrkamp 2004. Vgl. hierzu auch Nießeler, Andreas: »Übung der Aufmerksamkeit – Schulung des Blickes – Disziplinierung des Subjektes«, in: ders./Uphoff, Ina K. (Hg.), Pädagogische Auffälligkeiten. Deutungsmuster von Verhaltensstörungen und Verhaltensauffälligkeiten – kritisch betrachtet, Würzburg: Königshauen & Neumann 2009, S. 43-61.

Pharmakon, das Aufklärung und Mündigkeit erzeugt, dessen Nebenwirkungen aber den Verlust von Welterfahrungen bewirken, so dass es letztlich sogar in eine die Aufmerksamkeit zerstörende Psychomacht umschlagen kann.[27] Im Kontext von solchen individuellen und sozialen Praktiken bzw. Techniken der Selbst- sowie der Fremdkultivierung wird Aufmerksamkeit grundlegend thematisch, nicht zuletzt als eine eminent pädagogische Kategorie.

Diese Überlegungen mögen als Ouvertüre genügen, mit der verschiedene thematische Leitmotive angespielt und zentrale Aspekte markiert sind, die in den nachfolgenden Texten vertieft dargestellt und analysiert werden.[28] Diese Beiträge sollen zur besseren Orientierung nun kurz inhaltlich vorgestellt und durch die Aufzeigung einiger Querbezüge miteinander verzahnt werden.

2. Aspekte der Aufmerksamkeit

Wesentliche Impulse zur humanwissenschaftlichen Erforschung der Aufmerksamkeit im 20. Jahrhundert gingen von der phänomenologischen Philosophie aus. In kritischer Fortschreibung dieser Tradition entwickelt Bernhard Waldenfels in seinem Beitrag eine Übersicht verschiedener Aufmerksamkeitstypen, im Ausgang von der Bestimmung der Aufmerksamkeit als Doppel- und Zwischenereignis von Auffallen und Aufmerken: Aufmerksamkeit hebt mit einem uns affizierenden Widerfahrnis an, auf das wir in einem zweiten Schritt antworten, wodurch Aufmerksamkeit erst intentionalen Charakter annimmt. Das Überschreiten dieser Schwelle ist durch eine originäre Zeitverschiebung gekennzeichnet; das Auffallen kommt zu früh, das Aufmerken zu spät. Von dieser allgemeinen Charakterisierung aus wirft Waldenfels einen genaueren Blick auf spezielle Aspekte von Aufmerksamkeit (wie z.B. Selektivität und Kreativität), differenziert zwischen einer primären, innovativen und einer sekundären, normalen Aufmerksamkeit und weist auf die habituelle Formie-

27 | Vgl. Stiegler, Bernhard: Die Logik der Sorge. Verlust der Aufklärung durch Technik und Medien, Frankfurt am Main: Suhrkamp 2008, und Stiegler, Bernhard: Von der Biopolitik zur Psychomacht, Frankfurt am Main: Suhrkamp 2009.

28 | Unserem Würzburger Kollegen Karl Mertens möchten wir an dieser Stelle für seine produktiven Anmerkungen und Hinweise herzlich danken.

rung von Aufmerksamkeit im Rahmen von gesellschaftlich geprägten Strukturen hin, die sich nicht zuletzt in der dirigierten Aufmerksamkeit zeigen. Der Kampf gegen die abstumpfenden Wirkungen der Normalisierung findet nach Waldenfels Unterstützung in einer frei schwebenden Aufmerksamkeit, wie sie in der Meditation, der Psychoanalyse und in den Künsten geübt wird. Als Anomalien behandelt Waldenfels die polarisierte und die blockierte Aufmerksamkeit. Auch die ethische Dimension des Phänomens findet im Verhältnis von Aufmerksamkeit und Achtung abschließend Berücksichtigung.

Substantielle Beiträge verdankt die leiblich orientierte, responsive Phänomenologie des 20. Jahrhunderts, auf deren Boden Waldenfels steht, den Arbeiten von Maurice Merleau-Ponty zur Wahrnehmung. DIEGO D'ANGELO untersucht den Aufmerksamkeitsbegriff in dessen frühen Werken (vor allem in ›Die Struktur des Verhaltens‹ und in der ›Phänomenologie der Wahrnehmung‹). In einer explorativen Untersuchung dieser Texte zeigt er, wie Merleau-Pontys Ansatz dafür fruchtbar gemacht werden kann, eine holistische Phänomenologie der Aufmerksamkeit zu entwerfen. Ausgangspunkt ist dabei die Zurückweisung von mechanistischen und naturalistischen Modellierungen von Wahrnehmung, in denen sie als bloßes Produkt situativer Reiz-Reaktions-Kausalitäten aufgefasst wird. Deshalb ist es nach Merlau-Ponty auch nötig, die herkömmliche statische Auffassung der Aufmerksamkeit als ›Scheinwerfer‹ zu verlassen und statt dessen das – auch von Waldenfels betonte – Zusammenspiel von Aufmerken und Auffallen in den Vordergrund zu rücken. Konsequenterweise nimmt hier die Aufmerksamkeit dann die wesentlich schöpferische Funktion ein, das ganze Erfahrungsfeld als Erwartungshorizont zu gestalten und somit die Phänomene erst in ihrer Bedeutsamkeit erscheinen zu lassen. Dadurch gewinnt Aufmerksamkeit bei Merleau-Ponty den Status einer ›transzendental-konstitutiven Kraft‹.

Solchermaßen vorbereitet bildet ein leibliches Wahrnehmungsverständnis den Resonanzfeld für Atmosphären, die im Beitrag ›Wolkenformationen‹ von ANDREAS RAUH thematisiert werden. Diesen gleichsam im Raum schwebenden Stimmungen und Gefühlsmächten wird das Potential zugeschrieben, überindividuellen Einfluss auf die Aufmerksamkeit nehmen zu können. Der Beitrag präpariert verschiedene Facetten und Dimensionen des Atmosphärebegriffs heraus und macht dadurch verschiedene Wege und Wahrnehmungsweisen deutlich, durch die man auf Atmosphären aufmerksam werden kann. Dabei sind Schwierigkeiten in der genauen Beschreibung des Phänomens im Kontext epistemischer Vagheit zu verstehen.

Während die bisherigen Beiträge sich explizit der Phänomemologie verpflichtet wissen, wählt KATHARINA BLOCK die philosophische Anthropologie Helmuth Plessners als Ausgangspunkt für ihre Überlegungen. In Plessners Charakterisierung der menschlichen Seinsweise als ›exzentrischer Positionalität‹ und als ›vermittelter Unmittelbarkeit‹ wird deutlich, dass Bewusstsein in seinem Vollzug nicht solipsistisch verstanden werden kann, sondern als eine lebendige Relation zu etwas anderem auftritt, das es in einem Sinnkontext zu verstehen gilt. Die Praxis dieses Verstehens als primärer menschlicher Weltzugang erfordert letztlich auch einen konstitutiven Zusammenhang zwischen Bewusstsein und Aufmerksamkeit. Die Zwischenstellung des Verstehens zwischen Aufmerksamkeit und Bewusstsein wird im Anschluss an Bernard Stiegler am Beispiel der ›deep attention‹ als besonderer Aufmerksamkeitseinstellung exemplifiziert, die allerdings – so Block – gegenwärtig auf dem Rückzug befindlich ist, womit ein spürbarer Mangel von Entfaltungsmöglichkeiten für eine auf Verstehen beruhende Selbst-Welt-Beziehung einhergeht.

Zu einer ähnlich gelagerten Diagnose kommt CHRISTOPH TÜRCKE in seiner kulturtheoretischen und zeitkritischen Betrachtung der gegenwärtigen ›Aufmerksamkeitsdefizitkultur‹. Deren Genese siedelt er in der Erfindung der neuzeitlichen Automaten und der damit erfolgenden Verselbständigung der technischen Einbildungskraft an: Kamera und Film übernehmen als Bildmaschinen ursprünglich menschliche Wahrnehmungsabläufe, stellen diese aber letztlich in den Schatten und produzieren kontinuierlich ›Bildschocks‹, die als ein auf Daueraufregung basierendes Aufmerksamkeitsregime das Arbeits- und Privatleben dominieren. So wird allenthalben eine ›konzentrierte Zerstreuung‹ generiert, bei der sich ›die menschliche Aufmerksamkeit auf etwas konzentriert, was sie gerade zermürbt‹, wie Türcke es in seinem ›Aufmerksamkeitsdefizitgesetz‹ formuliert. Aus dieser gesamtkulturellen Perspektive heraus wird ADHS von einem individuellen Krankheitsbild zu einem übergreifenden Symptom des neuen Aufmerksamkeitsregimes, gegen das Türcke als ›Nachsitzen‹ sinnvolle Wiederholungen und Muße, d.h. eine sich von der medialen Zerstreuung bewusst distanzierende Bildung, empfiehlt.

Damit ist das Feld der pädagogischen Erwägungen eröffnet. Aus der Perspektivik einer phänomenologisch orientierten Erziehungswissenschaft entwickelt MALTE BRINKMANN pädagogische Aufmerksamkeit als

Korrelation von erzieherischem Zeigen (als Aufmerksam-Machen) und lernendem Aufmerken (als Aufmerksam-Werden). Geteilte Aufmerksamkeit bzw. pädagogische Interattentionalität wird als interkorporales Geschehen exponiert, wie an Hand von Erlebnissen aus der qualitativen videographischen Unterrichtsforschung gezeigt wird. Im Unterricht manifestiert sich Aufmerksamkeit als ambivalente Machtpraxis, mit der in Übungen Aufmerksamkeit erworben werden kann. Pädagogische Interattentionalität kann somit einmal als fokussierte Praxis der pädagogischen Übung inszeniert werden. Im Zuge eines deprofessionalisierten und methodisierten Unterrichts kann sie aber auch zu einer Produktion von Unaufmerksamkeit führen.

Aus experimentalpsychologischer Sicht wenden sich daran anschließend Aleya Flechsenhar, Marius Rubo und Matthias Gamer der Thematik zu. Traditionell wurden Prozesse der Aufmerksamkeitslenkung in der Psychologie anhand sehr einfacher, artifizieller Reize untersucht. Dabei wurde insbesondere die Bedeutsamkeit sozialer Signale für menschliches Erleben und Verhalten vernachlässigt. Dieses Kapitel fasst neuere Forschungsarbeiten zusammen, die klar zeigen, dass soziale Signale wie etwa Gesichter sehr schnell attendiert werden und damit einen Verarbeitungsvorteil gegenüber konkurrierenden Reizmerkmalen erhalten. Neurofunktional scheint dieser Prozess über die Amygdala vermittelt zu werden. Beeinträchtigungen in diesem ›sozialen Aufmerksamkeitssystem‹ führen zu einer Hyper- oder Hyporesponsivität in Bezug auf soziale Merkmale wie sie etwa bei sozialen Angststörungen oder Autismus-Spektrum-Störungen beobachtet werden kann.

Einen interdisziplinären Brückenschlag zwischen philosophiegeschichtlicher Forschung und gegenwärtiger empirischer Psychologie unternimmt abschließend Jörn Müller: Thomas von Aquin führt in seiner Analyse der Willensschwäche das Handeln wider besseres Wissen wesentlich auf Defizite in der willentlichen Aufmerksamkeitslenkung zurück. Im Hintergrund steht hier eine voluntaristische Auffassung von Aufmerksamkeit als begrenzte und störungsanfällige Instanz einer attentionalen Selbstkontrolle, die sich mit neueren Forschungen in der empirischen Psychologie zum Thema ›ego depletion‹ und zur Rolle des Arbeitsgedächtnisses für die Handlungskontrolle vermitteln und abgleichen lässt. Dabei werden Resultate aus jüngeren Arbeiten innerhalb des Würzburger Zwei-System-Ansatzes vorgestellt und auf dieser Basis die Möglichkeiten eines fruchtbaren Dialogs über die Konzeptualisierung sowie die empirische Erforschung von Willensschwäche und -stärke als Grundphänomenen der Aufmerksamkeitssteuerung ausgelotet.

In der dargelegten Breite von möglichen Erscheinungsformen der menschlichen Aufmerksamkeit und ihres drohenden Verlustes offenbart sich unverkennbar die humanwissenschaftliche Relevanz des Phänomens. Erforderlich erscheint weiterhin sowohl eine grundlegende Auslotung der konzeptuellen und phänomenalen Gehalte von Aufmerksamkeit – auch und gerade in ihrem Verhältnis zueinander – als auch die Untersuchung ihrer variablen Erscheinungsmodi auf individueller und gesellschaftlicher Ebene, unter Berücksichtigung ihrer potenziellen ethischen und pädagogischen Dimensionen. Die im vorliegenden Band zusammengestellten Aspekte der Aufmerksamkeit bergen somit Forschungsgegenstände, aber auch Methoden, welche zum besseren Verständnis des Humanen beitragen können.

Literatur

Assmann, Aleida/Asssmann, Jan (Hg.): Aufmerksamkeiten. Archäologie der literarischen Kommunikation VII, München: Wilhelm Fink 2011.

Basilius von Caesarea: Homilia in illud: Attende tibi ipsi, hg. v. Stig Y. Rudberg, Stockholm: Almqvist & Wiksell 1962.

Beck, Klaus/Schweiger, Wolfgang: Attention please! Online-Kommunikation und Aufmerksamkeit, München: Reinhard Fischer 2001.

Blumenberg, Hans: Auffallen und Aufmerken, in: ders.: Zu den Sachen und zurück. Aus dem Nachlass hg. v. Manfred Sommer, Frankfurt am Main: Suhrkamp 2002, S. 182-206.

Brentano, Franz: Psychologie vom empirischen Standpunkt, Leipzig: Duncker & Humblot 1874.

Breyer, Thiemo: Attentionalität und Intentionalität. Grundzüge einer phänomenologisch-kognitionswissenschaftlichen Theorie der Aufmerksamkeit, München: Wilhelm Fink 2011.

Bundesen, Claus/Habekost, Thomas: Principles of Visual Attention. Linking Mind and Brain, Oxford: Oxford University Press 2008.

Crary, Jonathan: Aufmerksamkeit. Wahrnehmung und moderne Kultur, Frankfurt am Main: Surhkamp 2002.

Daston, Lorraine: Eine kurze Geschichte der wissenschaftlichen Aufmerksamkeit, München: Siemens Stiftung 2000.

Ehrenspeck, Yvonne: »Die Bildung der Aufmerksamkeit. Pädagogische Konstruktionen eines Wahrnehmungs- und Bewusstseinsphänomens im 18., 19. und 20. Jahrhundert«, in: Bilstein, Johannes/Brumlik, Micha (Hg.), Die Bildung des Körpers, Weinheim/Basel: Beltz Juventa Verlag 2013, S. 72-89.

Franck, Georg: Ökonomie der Aufmerksamkeit, München: Carl Hanser 2007.

Foucault, Michel: Überwachen und Strafen. Die Geburt des Gefängnisses, Frankfurt am Main: Suhrkamp 1977.

Foucault, Michel: Hermeneutik des Subjekts, Frankfurt am Main: Suhrkamp 2004.

Hadot, Pierre: Philosophie als Lebensform. Antike und moderne Exerzitien der Weisheit, Frankfurt am Main: Fischer 2002.

Hagendorf, Herbert/Krummenacher, Jürgen/Müller, Herbert-Josef/Schubert, Torsten: Wahrnehmung und Aufmerksamkeit, Berlin: Springer 2011.

Hayles, Katherine: »Hyper and Deep Attention. The Generational Divide in Cognitive Modes«, in: Profession 2007, S. 187-199.

Husserl, Edmund: Husserliana, Den Haag/Dordrecht: Nijhoff 1950.

Husserl, Edmund: Wahrnehmung und Aufmerksamkeit. Husserliana, Band 38, hg. v. Thomas Vongehr und Regula Giuliani, Dordrecht: Springer 2004.

James, William: The Principles of Psychology. Band 1, New York: Henry Hold and Company 1890.

Kobusch, Theo: Christliche Philosophie. Die Entdeckung der Subjektivität, Darmstadt: Wissenschaftliche Buchgesellschaft 2006.

Merleau-Ponty, Maurice: Phänomenologie der Wahrnehmung, Berlin: De Gruyter 1967.

Mole, Christopher: Attention is Cognitive Unison. An Essay in Philosophical Psychology, New York: Oxford University Press 2011.

Moore, Chris/Dunham, Philip (Hg.): Joint Attention. Its Origins and Role in Development, Hillsdale, NJ: Erlabaum 1995.

Nießeler, Andreas: Bildung und Lebenspraxis. Anthropologische Studien zur Bildungstheorie (= Erziehung – Schule – Gesellschaft, Band 36), Würzburg: Ergon Verlag 2005.

Nießeler, Andreas: Übung der Aufmerksamkeit – Schulung des Blickes – Disziplinierung des Subjektes, in: ders./Ina Katharina Uphoff (Hg.), Pädagogische Auffälligkeiten. Deutungsmuster von Verhaltensstö-

rungen und Verhaltensauffälligkeiten – kritisch betrachtet, Würzburg: Königshauen & Neumann 2009, S. 43-61.
Perler, Dominik: Theorien der Intentionalität im Mittelalter, Frankfurt am Main: Vittorio Klostermann 2004.
Reh, Sabine/Berdelmann, Kathrin/Dinkelacker, Jörg (Hg.): Aufmerksamkeit: Geschichte – Theorie – Empirie, Wiesbaden: Springer VS 2015.
Schmid, Hans B./Schweikard, David P. (Hg.): Kollektive Intentionalität. Eine Debatte über die Grundlagen des Sozialen, Frankfurt am Main: Suhrkamp 2009.
Stiegler, Bernhard: Die Logik der Sorge. Verlust der Aufklärung durch Technik und Medien, Frankfurt am Main: Suhrkamp 2008.
Stiegler, Bernhard: Von der Biopolitik zur Psychomacht, Frankfurt am Main: Suhrkamp 2009.
Thums, Barbara: Aufmerksamkeit. Wahrnehmung und Selbstbegründung von Brockes bis Nietzsche, München: Wilhelm Fink 2008.
Tomasello, Michael: Constructing a Language: A Usage-Based Theory of Language Acquisition, Cambridge: Harvard University Press 2003.
Türcke, Christoph: Erregte Gesellschaft. Philosophie der Sensationen, München: C.H.Beck 2002.
Türcke, Christoph: Hyperaktiv! Kritik der Aufmerksamkeitsdefizitkultur, München: C.H.Beck [2]2012.
Waldenfels, Bernhard: Phänomenologie der Aufmerksamkeit, Frankfurt am Main: Suhrkamp 2004.
Waldenfels, Bernhard: Grundmotive einer Phänomenologie des Fremden, Frankfurt am Main: Suhrkamp 2006.
Wundt, Wilhelm: Grundriß der Psychologie, Leipzig: Kröner [11]1913.

Mit Nennung der männlichen [weiblichen] Funktionsbezeichnung ist in diesem Buch, sofern nicht anders gekennzeichnet, immer auch die weibliche [männliche] Form mitgemeint.

Geweckte und gelenkte Aufmerksamkeit

Bernhard Waldenfels

Offensichtlich gehört die Aufmerksamkeit nicht zu den großen Themen der westlichen Philosophie, die sich wahlweise mit dem Sein, der Zeit, dem Raum, der Freiheit oder dem Subjekt beschäftigt. Eine derartige Zurückhaltung wird ihre Gründe haben. Mir scheint, dass es einige schwache Punkte gibt, die dafür verantwortlich zu machen sind. Erstens scheint sich Aufmerksamkeit auf eine Vorstufe zu beschränken nach Art eines Doppelpunktes: Man öffne Augen und Ohren, und der Rest wird sich finden. Zweitens lehnt sich die Aufmerksamkeit zumeist anderswo an. So stützt sich als *intentio voluntatis* auf Willensabsichten; sie bereitet Erkenntnisse vor, indem sie das Gesuchte ins Licht rückt; sie trägt zum verantwortlichen Tun bei, indem sie die Wachsamkeit fördert. Immer ist also schon etwas im Spiel, das mit der Aufmerksamkeit direkt nichts zu tun hat. Drittens neigt die Aufmerksamkeit dazu, sich aufzuspalten in die Dualität von Akten und Mechanismen, von Aktivität und Passivität, von willkürlichen und unwillkürlichen Vorgängen, und dies durchaus auf dem Hintergrund des cartesianischen Dualismus von Seele und Körper. Viertens und letztens fehlt es an einer zentralen Leitfrage. Die Idee der Aufmerksamkeit nimmt auf diese Weise nomadische und hybride Züge an, die sie daran hindern, eigene Kräfte zu entfalten.

Dennoch finden wir im Rahmen des abendländischen Denkens Philosophen wie Plotin, Augustinus, Descartes, Malebranche oder Leibniz, die der Aufmerksamkeit einen beträchtlichen Platz im Leben des Geistes, des Bewusstseins oder des Handelns einräumen. Dies ändert nichts daran, dass es lange dauert, bis die Aufmerksamkeit wirklich zählt. Die zweite Hälfte des 19. Jahrhunderts ist stark beherrscht vom Eklektizismus eines Wilhelm Wundt, der die Aufmerksamkeit zu einer psychologischen Begleiterscheinung degradiert oder vom Wettstreit zwischen psychischen und physischen Komponenten wie in der Psychophysik von Gustav Theodor Fechner. Erst an der Schwelle des 20. Jahrhunderts ändert sich die Lage. In William James, Henri Bergson und Edmund Husserl begegnen wir drei großen Figuren, die versuchen, die Erfahrung auf neuartige Weise zu radikalisieren, weit entfernt von den Unzulänglichkeiten des Empirismus und des Psychologismus. Jeder sucht auf seine Art die Aufmerksamkeit im Herzen der Erfahrung zu situieren. Diese Versuche werden verstärkt durch parallel laufende Bemühungen in Nachbarbereichen, so in der Theorie und Technologie der Wahrnehmung, in der Organisation von Arbeitsprozessen und in künstlerischen Experimenten der Malerei, der Musik und der Fotografie, die sich an den Grenzen des Darstellbaren bewegen.[1] Ich selbst werde hier versuchen, entscheidende Grundmotive einer Theorie der Aufmerksamkeit zu skizzieren auf der Grundlage einer leiblich orientierten, responsiven Phänomenologie, die von dem ausgeht, was wir auf alltägliche Weise erfahren, was uns aber auch auf außeralltägliche Weise widerfährt. Die Aufmerksamkeit gibt ein Paradebeispiel ab für diese Art von Phänomenologie.[2]

Die Aufmerksamkeit wurde immer wieder mit einem Scheinwerferkegel verglichen, der in verborgene Winkel hineinleuchtet und hervorholt, was sich dort verbirgt. Das Fremde, das uns in der Erfahrung überrascht, wird bis heute gleichgesetzt mit dem, was wir noch nicht kennen, aber unter geeigneten Bedingungen kennenlernen können. Ich zitiere zwei Autoren, die zeitig auf die Mängel einer solchen Vernunftgläubigkeit aufmerksam gemacht haben. Der eine von ihnen ist Georg Lichtenberg, ein Göttinger Physiker, der sehr wohl wusste, was Forschung ist. In seinen *Sudelbüchern* bemerkt er trocken: »Sehr viele Menschen und vielleicht die meisten Menschen müssen, um etwas zu finden, erst wissen, dass es da

1 | Vgl. Crary, Jonathan: Suspensions of Perception. Attention, Spectacle and Modern Culture, Cambridge: Mass 1999.

2 | Von diesem Text erschien zunächst eine französische Fassung (Waldenfels, Bernhard: »Attention suscitée et dirigée«, in: Alter. Revue de phénoménologie 18 (2010), S. 33-44), dann eine erste deutsche Fassung (Waldenfels, Bernhard: »Aufmerken auf das Fremde«, in: Borvitz, Siglinde/Ponzi, Mauro (Hg.), Schwellen. Ansätze für eine neue Theorie des Raumes, Düsseldorf: düsseldorf university press 2014). Was den Hintergrund der Problematik und weitere Einzelheiten angeht, so verweise ich auf meine Ausführungen in »Phänomenologie der Aufmerksamkeit« (Waldenfels, Bernhard: Phänomenologie der Aufmerksamkeit, Frankfurt am Main: Suhrkamp 2004).

ist.«[3] Der andere Autor ist Friedrich Nietzsche, der in seiner Schrift *Über Wahrheit und Lüge im außermoralischen Sinne* mit leisem Spott feststellt: »Wenn jemand ein Ding hinter einem Busche versteckt, es ebendort wieder sucht und auch findet, so ist an diesem Suchen und Finden nicht viel zu rühmen: so aber steht es mit dem Suchen und Finden der ›Wahrheit‹ innerhalb des Vernunftbezirks.«[4] Unter den Voraussetzungen einer fertigen Welt gibt es im eigentlichen Sinne nichts zu finden; Finden wäre bloßes Wiederfinden. Was uns dagegen vorschwebt, ist eine starke Form der Erfahrung, die im Zuge der Aufmerksamkeit von dem ausgeht, was uns auffällt oder einfällt; in einer solchen Erfahrung verändert sich die Welt, und auch wir selbst verändern uns. Das Auffallen und Aufmerken ist gewissermaßen der springende Punkt der Erfahrung. Es ist gewiss nicht so, dass unsere Erfahrung aus lauter Höhepunkten und Festtagen besteht, doch wenn wir von Erfahrung sprechen, sollten wir sie an ihren stärksten Möglichkeiten messen. Dies sind Augenblicke, wo etwas aufleuchtet, sich einprägt, sich einbrennt und auf diese Weise eine Geschichte in Gang setzt.

1. Aufmerksamkeit als Urtatsache

Die entscheidende Rolle, die wir der Aufmerksamkeit zumessen, hängt von Voraussetzungen ab, die sehr bescheiden aussehen, es aber nicht sind. Alles dreht sich um dreierlei, nämlich darum, *dass* überhaupt etwas in der Erfahrung auftritt, dass *vielmehr dieses* auftritt und nicht etwa jenes und dass es *vielmehr so* auftritt und nicht etwa anders. Wir stoßen hier auf eine Urtatsache, die bei Goethe, aber auch bei Husserl und Wittgenstein Urphänomen heißt. Dies bedeutet keineswegs ein Prinzip, aus dem man bestimmte Behauptungen herleiten kann. Die Urtatsache ist ursprünglich, sofern sie den unentbehrlichen Ausgangspunkt bildet für quasi-offizielle Fragen wie: Was ist das? Wer bin ich? Wer bist du? Warum ist etwas so? Urtatsachen rufen solche Fragen wach, noch bevor wir beschreiben

3 | Lichtenberg, Georg Christoph: Sudelbücher, in: ders., Schriften und Briefe, Bd. 2, Frankfurt am Main: Insel 1971, S. 752.

4 | Nietzsche, Friedrich: Wahrheit und Lüge im außermoralischen Sinne, in: ders., Kritische Studienausgabe, hg. von Georgio Colli, Mazzino Montinari, Bd. 1, München/New York: dtv 1980, S. 875-890, hier S. 883.

und definieren können, was da geschieht. Nehmen wir einen plötzlichen Lärm auf der Straße, ein überraschendes Tor im Fussball, eine Explosion, einen Verkehrsunfall, einen stechenden Schmerz; oder nehmen wir eine Sternschnuppe am Sommerhimmel, einen unerwarteten Ein-fall, eine In-vention im wörtlichen Sinne. Nehmen wir schließlich eine religiöse oder künstlerische In-spiration, eine Eingebung, die wir gleichsam einatmen und die eigene Bemühungen und Fertigkeiten keineswegs überflüssig macht. Was es auch sein mag, das unsere Aufmerksamkeit weckt, erst nachträglich stellt sich die Frage, was uns denn auf so außergewöhnliche Weise aus der Fassung gebracht hat.

Bevor ich diesen neuen Frage nachgehe, möchte ich eine methodische und historische Erläuterung einschieben. Die Urtatsache ist etwas, das man nur zeigen, nicht aber beweisen kann. So unterscheiden wir im Deutschen zwischen ›aufweisen‹ (*monstrare*) und ›beweisen‹ (*demonstrare*). Nichtsdestoweniger sind wir genötigt, ausdrücklich nachzuweisen, dass diese seltsame Tatsache wirklich originär und primär ist; andernfalls würden wir dogmatische Behauptungen aufstellen, die einen gewissen Fundamentalismus nach sich ziehen. Selbst wenn es Fremdes gibt, das sich unserem Anschauen und Begreifen entzieht, müssen wir zeigen, dass es so ist. Andernfalls würden Philosophen ihren Beruf verfehlen. Nun stellt schon Aristoteles fest, dass im Felde praktischer Überlegungen das ›dass‹ (*hoti*) dem ›weil‹ (*dihoti*) vorausgeht.[5] So hängt die Entscheidung darüber, ob ein Argument zieht oder welches Prinzip anzuwenden ist, von der Definition der Situation ab. Außerdem ist die Rolle des Zufalls (*tychê*) zu berücksichtigen, der unsere Pläne durchkreuzt. Selbst Kant, dem es in seiner Vernunftkritik darum geht, jedwede Urteile und Handlungen zu legitimieren, beruft sich in seiner *Kritik der reinen Vernunft* auf einen »ostensiven Beweis«, der »mit der Überzeugung von der Wahrheit, zugleich Einsicht in die Quellen derselben verbindet«.[6]

5 | Aristoteles: Ethica Nicomachea, Ed. Ingram Bywater, Oxford: Oxford University Press 1894 u.ö., I 2, 1095b6-7.

6 | Kant, Immanuel: Kritik der reinen Vernunft, in: Werke in zwölf Bänden, Bd. 4, hg. von Wilhelm Weischedel, Frankfurt am Main: Suhrkamp 1968, B 817, S. 666.

2. Aufmerksamkeit als Doppel- und Zwischenereignis

Einer minimalen Beschreibung, die dem nahekommt, was die Minimal Art mit Farben und Linien zustande bringt, stellt sich die Aufmerksamkeit als ein Doppelereignis dar: *etwas fällt mir auf – ich merke auf.* In diesem Zusammenhang ziehe ich verbale Ausdrücke wie ›auffallen‹ und ›aufmerken‹ vor, da sie näher bei der Genese der Erfahrung bleiben als nominale Ausrücke. Diese so schlicht anmutende Ausgangsskizze bedarf der Explikation; sie enthält eine Reihe wesentlicher Aspekte, die schon an anderer Stelle ausführlich unter den Stichworten Pathos, Response und Diastase behandelt wurden.[7] Daran soll hier in knapper Form erinnert werden.

(1) Der erste Part der Aufmerksamkeit besteht darin, dass mir etwas geschieht, dass mich etwas trifft, berührt, affiziert. Hierfür benutze ich das deutsche Wort *Widerfahrnis* oder das griechische Wort *Pathos* in seiner dreifachen Bedeutung als grammatische Leidensform, als Leiden und als Leidenschaft. Wir haben es noch nicht mit einem Akt zu tun, sondern mit einem Ereignis. Etwas geschieht, wenn ein Vulkan ausbricht, wenn mich jemand auf der Straße anredet oder wenn im Opernhaus der Vorhang aufgeht. Wir sind in solche Ereignisse verwickelt, doch nicht im Nominativ des verantwortlichen Autors, sondern im Dativ oder Akkusativ, das heißt unter grammatischen Formen, die sich auf jemanden beziehen, der betroffen oder angesprochen ist. Karl Bühler spricht in seiner *Sprachtheorie* von einem »Adressendativ«.[8] Ein Satz wie »Ich weiß nicht, wie mir geschieht« bringt diese Zwischenlage einer passiven Beteiligung treffend zum Ausdruck.

(2) Den zweiten Part des Doppelereignisses bildet die *Antwort,* die ich gebe oder verweigere. Dabei fällt der Antwortgehalt nicht zusammen mit dem Ereignis des Antwortens, so wie das Gesagte und Getane nicht mit dem Sagen und Tun zusammenfällt. Im Falle der leibhaftigen Aufmerksamkeit besteht das Antworten eben darin, dass ich auf das, was mir auffällt, aufmerke, dass ich mich darauf einlasse. Dabei verwandelt sich das, *worauf ich aufmerke,* in *etwas, das ich bemerke.* Ich sehe, was mich verlockt

7 | Vgl. Waldenfels, Bernhard: Grundmotive einer Phänomenologie des Fremden, Frankfurt am Main: Suhrkamp 2006, Kapitel II.

8 | Bühler, Karl: Sprachtheorie, Stuttgart/New York: UTB 1982, S. 251.

oder erschreckt; ich folge der Verlockung oder wehre mich gegen das Erschreckende. Erst jetzt nimmt die Aufmerksamkeit eine intentionale und geregelte Struktur an. Aus der Angst, die auch von einer harmlosen Katze oder Spinne ausgehen kann, wird am Ende eine Phobie, die sich therapeutisch behandeln lässt.[9]

(3) Das Ereignis der Aufmerksamkeit stellt sich als ein Doppel- und Zwischenereignis dar, indem es eine *Schwelle* überquert, die als Fremdheitsschwelle fungiert, indem sie zugleich verbindet und trennt.[10] Einerseits verbindet die Schwelle. Es gibt nämlich kein freudiges oder schmerzhaftes Pathos ohne jemanden, dem es zustößt. Umgekehrt gibt es keine Antwort ohne etwas, worauf ich antworte. Andererseits trennt die Schwelle; denn das Pathos kann weder aus der Response noch die Response aus dem Pathos hergeleitet werden. Was *auf mich zukommt* ist durch eine Kluft getrennt von dem was *von mir ausgeht*. Ohne diese Kluft könnte keine neue Erfahrung einbrechen.

(4) Die Kluft, die das Auffallen vom Aufmerken und generell das Pathos von der Response trennt, äußert sich in einer Spaltung meiner selbst. Das sogenannte Subjekt ist ein geteiltes und gespaltenes Selbst, wie es uns auch von der Psychoanalyse her bekannt ist. Wir spalten uns auf in einen *Patienten* im weiteren Sinne dieses Wortes und einen *Respondenten*. Jeder wird zu dem, was er ist, durch sein Antworten. Dies beginnt mit dem Lächeln des Kindes, das die Mutter begrüßt. Ganz in diesem Sinne schreibt schon Paul Valéry in seinen *Cahiers*: »*Was* ICH *bin*, belehrt, erstaunt, *was ich bin*. Und es gibt Zeit zwischen mir und mir. Ich entstehe aus mir. – *Ce que JE suis* instruit, étonne *ce que je suis*. Et il y a un temps entre moi et moi. Moi naît de moi.«[11] Die Aufmerksamkeit schließt

---

9 | Die Verkörperung der Angst in spezifischen Phobien, wie sie in der Psychoanalyse beschrieben wird, findet ihre Entsprechung in einer responsiven Phänomenologie der Leiblichkeit (vgl. Waldenfels, Bernhard: Sozialität und Alterität. Modi sozialer Erfahrung, Berlin: Suhrkamp 2015, S. 141-149). Diese unterscheidet sich deutlich von der Heidegger'schen Daseinsanalyse, in der sich ein Graben auftut zwischen ontologischer Bestimmung der Angst und ontischer Bestimmung der Furcht (vgl. Heidegger, Martin: Sein und Zeit, Tübingen: Niemeyer ^{7}1953, § 40).

10 | Vgl. B. Waldenfels: Sozialität und Alterität, Kapitel 7.

11 | Valéry, Paul: Cahiers, Bd. 1, Paris: Gallimard 1973, S. 1001. (Dt. Bd. 3, S. 171.)

eine radikale Selbstüberraschung mit ein. Die sozialtheoretische Differenzierung des Ego in *Ich* und *Mich*, in *je* und *moi*, in *I* und *me*, die bei so verschiedenen Autoren wie James, Mead, Husserl, Jakobson und Lacan auftaucht, hat hier ihren Ursprung. Den Tod des Subjekts, der immer wieder als postmodernes Schreckensbild auftaucht, können wir getrost der Mythologie überlassen.

(5) »Il y a un temps entre moi et moi«, wie Valéry schreibt. Diese Zeit, die den Bruchlinien der Erfahrung entstammt, ist eine Zeit besonderer Art. Die beiden Ereignisse des Affiziertwerdens und des Antwortens treten miteinander auf, aber voneinander getrennt durch eine originäre Zeitverschiebung; mit einem alten Terminus, der schon bei Aristoteles und Plotin und gelegentlich auch bei Levinas zu finden ist, bezeichne ich sie als *Diastase*. Was uns widerfährt, kommt jeweils zu früh, unsere Antwort kommt jeweils zu spät. Diese originäre *Vorgängigkeit* und *Nachträglichkeit* ist kein Mangel der Erfahrung, sie gehört zu deren Essenz. Erfahrung kommt nie ganz ohne Überraschung aus, solange sie nicht erstarrt. Das *nil novi sub sole* ist Ausdruck eines resignierten oder blasierten Blicks, der sich gegen alles Fremde abschirmt.

Unser vorläufiges Fazit lautet: Das Aufmerksamkeitsgeschehen reduziert sich nicht auf eine Collage aus äußeren Mechanismen und inneren Akten oder auf eine Skala, die kontinuierlich zwischen Passivität und Aktivität verläuft. Im Gegenteil, Aufmerksamkeit ist wie alle Erfahrung gezeichnet von einer radikalen und originären Passivität, wie sie von Husserl anvisiert und von Levinas radikalisiert wird. Antworten bedeutet, anderswo beginnen, bei dem, was sich unserem Zugriff entzieht. Indem wir antworten auf das, was uns widerfahrt, geraten wir außerhalb unser selbst. Die Fremdheit beginnt, wie Valéry schreibt, »entre moi et moi«.

3. Aufmerksamkeit als Selektion

Nach diesen grundlegenden Überlegungen fassen wir nun einige spezielle Aspekte der Aufmerksamkeit ins Auge. Beginnen wir mit der Selektivität. Die Selektivität ist ein sehr verbreitetes Motiv, doch muss es im Lichte der Aufmerksamkeit präzisiert werden. Offensichtlich gibt es keine Aufmerksamkeit ohne Selektion, da das Aufmerken von einer leiblichen Situation ausgeht, die sich immer nur auf spezifische Weise erschließt. Die traditionelle Enge des Bewusstseins findet ihren gemäßen Ausdruck in einem leiblichen Selbst, das sich in der Welt befindet und ihr nicht gegenübersteht. Sich einer Sache *zuwenden* bedeutet zugleich, sich von einer anderen *abwenden*. Vordergrund und Hintergrund bilden eine Differenz, die keine visuelle Synthese zulässt. Die Gliederung in Thema, Horizont und Rand gehört zur Struktur des Erfahrungsfeldes.[12] Dieses Hin und Her entspricht dem doppelten ›vielmehr‹ unserer Ausgangsbestimmung, dass nämlich *vielmehr* dieses auftritt und nicht etwa anderes und *vielmehr* so und nicht etwa anders. Diese elementare Präferenz lässt als fernes Echo die ontologische Grundfrage von Leibniz anklingen: »Pourquoi il y a *plutôt* quelque chose que rien?« In jeder Einzelerfahrung steht *aliquomodo* die Welt im Ganzen auf dem Spiel. So spricht auch die Gestalttheorie von *bevorzugten* Gestalten der Wahrnehmung und des Verhaltens. Wenn diese Präferenz etwas strikt ausschließt, so ist dies ein Panorama, das uns alles auf einmal sehen ließe. Auch ein Gott, der wahrnähme, müsste Raumdinge perspektivisch wahrnehmen, wie Husserl beharrlich versichert.[13] Tatsächlich sehen wir stets mehr als das, worauf wir unseren Blick lenken, so wie wir stets mehr hören als das, dem wir Gehör schenken. Sehen enthält mehr als das Hinsehen, Hören mehr als das Hinhören. Ein solcher Selektionsprozess, der sich inmitten unserer Aufmerksamkeit abspielt, widersetzt sich simplifizierenden Deutungen. Einerseits widersetzt er sich einer *realistischen* Deutung, demzufolge die Aufmerksamkeit sich damit begnügt, etwas auszuwählen, was schon gegeben ist. So nimmt Hume an, dass unsere Aufmerksamkeit, geleitet von der Einbildungskraft, nichts weiter tut, als jene Vorstellungen auszusuchen (*to pick out*), die für unsere Ziele besonders geeignet sind.[14] Selbst William James definiert die Aufmerksamkeit als »selection of some, and the suppression of the rest«[15], ähnlich der Bearbeitung eines Marmorblocks durch den Bildhauer. Dieses Vorurteil dauert fort in dem schon erwähnten Vergleich der Aufmerksamkeit mit einem Scheinwerfer, der von Aron Gurwitsch und Merleau-Ponty entschieden zurückgewiesen wurde. Auf der anderen

12 | Gurwitsch, Aron: Das Bewußtseinsfeld, Berlin/New York: De Gruyter 1975.

13 | Husserl, Edmund: Husserliana III, Den Haag/Dordrecht: Nijhoff 1950, S. 371.

14 | Hume, David: A Treatise of human nature, I, 1, 7, London: J.M. Dent o.J., S. 31.

15 | James, William: Principles of Psychology, 2 Bde., New York: Dover Publications 1950, Bd. 1, S. 288.

Seite widersetzt sich die Selektion einer *subjektivistischen* Auffassung im Stile von Wundt, gegen die sich Husserl heftig zur Wehr setzt. Der berühmte Leipziger Begründer der experimentellen Psychologie reduziert die Aufmerksamkeit auf einen »durch eigentümliche Gefühle charakterisierten Zustand, der die klarere Auffassung eines psychischen Inhalts begleitet«.[16] In Wirklichkeit ist die Aufmerksamkeit, die mit der Enge des Bewusstseins und der Begrenztheit unserer Sinnhorizonte verknüpft ist, kein Randphänomen; sie ist vielmehr integrierender Bestandteil unserer Erfahrung. Alles sehen hieße, nichts und nicht sehen. Dazu passt der pathologische Befund, dass Hemianoptiker, die an einer Halbseitenblindheit oder einer halbseitigen Störung des Gesichtsfeldes leiden, keineswegs halbe Objekte sehen, sondern ihre Objekte schlechter sehen.[17]

4. Aufmerksamkeit als kreative Antwort

Die Wirkungen der Aufmerksamkeit beschränken sich nicht darauf, bestimmte Inhalte auszuwählen, sie verdichten sich vielmehr in bestimmten Modi, in *Gegebenheitsweisen* der Dinge und in *Vollzugsweisen* unserer Akte. Erfahrungsweisen gehören weder zur äußeren Welt physischer Dinge noch zu einer Innenwelt mentaler Akte und Zustände, sie sind zu erfinden und zu schaffen. Genauer gesagt, werden sie hervorgebracht durch die Schaffung und Organisation eines Erfahrungsfeldes und durch Bestimmung des Unbestimmten, wie Merleau-Ponty in seiner *Phänomenologie der Wahrnehmung* zeigt.[18] Schon Husserl betont das Unbestimmte, Nebulöse, Skizzenhafte unserer Erfahrung, ohne welches es keine kreative Erfahrung gäbe. So heißt es in den *Ideen I*: »[...] ein leerer Nebel der dunkeln Unbestimmtheit bevölkert sich mit anschaulichen Möglichkeiten, und nur die ›Form‹ der Welt, eben als ›Welt‹, ist vorgezeichnet.«[19] Doch die Schöpfung ist keine reine Schöpfung, die uns geradewegs in das Reich der Fantasie entrücken würde. Sie vollzieht sich in Form von

16 | Wundt, Wilhelm: Grundriß der Psychologie, Leipzig: Kröner [11]1913, S. 252.

17 | Vgl. Goldstein, Kurt: Der Aufbau des Organismus, Paderborn: Wilhelm Fink 2014, S. 38f. und S. 54.

18 | Merleau-Ponty, Maurice: Phänomenologie der Wahrnehmung, Berlin: De Gruyter 1966, S. 49-53.

19 | E. Husserl: Husserliana III, S. 58f.

Antworten, die *als Antworten* kreativ sind und sich im Zuge einer Umformung auf vorhandene Formen beziehen, so wie die Renaissance sich umgestaltend auf die Bilderwelt der Antike zurückbezog. Die Nazarener des 19. Jahrhunderts wirken so schwächlich und abgestanden, weil ihnen eine solche Umgestaltung nicht mehr gelingt. Kreative Wahrnehmung besagt: Man sieht und hört Neues, indem man neu sieht und neu hört. Im Durchgang durch den Prozess einer kreativen Antwort verwandelt sich das, *wovon* wir affiziert sind und *worauf* wir antworten, in *etwas, das* wir erfahren und das wir *als etwas* meinen, so dass es sich in bestimmte Strukturen einfügt und bestimmten Regeln unterwirft. In einer solchen Transformation der Erfahrung überkreuzen sich responsive Kreativität und kreative Responsivität.[20]

5. Diesseits und jenseits von Sinn und Regel

Die kreative Aufmerksamkeit verweist auf eine besondere Dimension der Erfahrung, die ich als *pathisch* und *responsiv* bezeichne. Was sich in der Verborgenheit dieser kreativen Tiefe abspielt, geht jederlei Sinn und Regel voraus und geht über Sinn und Regel hinaus; es hält sich diesseits und jenseits von Intentionalität und Regularität. Was uns widerfährt und uns affiziert, hat zunächst keinen Sinn und folgt keiner Regel, vielmehr empfängt es Sinn und Regel durch die Kreativität unserer Antworten. Um diese Tiefendimension freizulegen, bedarf es einer speziellen Form von Epoché. Wir bedürfen einer *responsiven Epoché,* die eine *attentionale Epoché* einschließt. Sie verhilft uns dazu, den normalen Gang der natürlichen Erfahrung zu durchbrechen. Doch im Gegensatz zur gewöhnlichen Epoché im Sinne Husserls bleibt sie nicht stehen bei dem Sinn, den unsere Erfahrung intendiert, sondern sie thematisiert darüber hinaus das, worauf unsere Erfahrung antwortet. Letzten Endes rühren wir an das, was auf uns wartet, ohne dass wir es durch eigene Erwartungen vorwegnehmen können.

20 | Vgl. B. Waldenfels: Sozialität und Alterität, S. 282-288.

6. Verkörperte und strukturierte Aufmerksamkeit

Was folgt, ist nicht mehr als eine Skizze, die entscheidende Nahtstellen markiert. Zunächst beschränkt sich die Aufmerksamkeit nicht auf Fulgurationen des Augenblicks; sie verkörpert sich in einer Gesamtheit von Strukturen und Habitualitäten. Auf Seiten der Objekte und Ziele stoßen wir auf *Auffälligkeiten*, die sich wiederholen, indem sie eine Welt von Merkzeichen und Wirkzeichen entstehen lassen; dies erinnert an das, was Jakob von Uexküll in seiner 1928 erschienenen, vielbeachteten *Theoretischen Biologie* als Merkwelt und Wirkwelt bezeichnet.[21] Wechseln wir über auf die Seite des subjektiven Verhaltens, so stoßen wir auf jederlei Form von Habitualitäten und Dispositionen, die schon den Alltag prägen und eine differenzierte *Aufmerksamkeitsbereitschaft* erzeugen.

Diese doppelte, halb strukturale, halb habituelle Formierung der Aufmerksamkeit spielt eine besondere Rolle in den verschiedenen Berufswelten, indem sie beispielsweise die medizinische Diagnostik oder das detektivische Gespür unterstützt. Ich wähle ein Beispiel, das dem Umfeld des Drogenhandels entnommen ist. Wie gelingt es dem Drogenfahnder auf dem Flugplatz herauszufinden, welche Person Drogen mit sich führt? Man erzählt die Geschichte von einem besonders geschickten Fahnder, der seine Aufmerksamkeit auf jeden Reisenden richtet, der ängstlich umherschaut. Man darf annehmen, dass solche Personen verraten, dass sie etwas zu verbergen haben; sie machen sich auffällig, wie der polizeiliche Fachausdruck lautet. Ganz ähnlich sprechen wir von auffälligen Symptomen, zum Beispiel von roten Hautflecken, die von einem aufmerksamen Arzt als Anzeichen eines nahenden Fiebers gedeutet werden.

Wie diese Beispiele zeigen, sind es vor allem abweichende Phänomene, die den Blick auf sich ziehen und unsere Aufmerksamkeit wecken. Die Konstitution einer Welt der Aufmerksamkeit, die daraus resultiert, hat bestimmte Implikationen und Konsequenzen.

(1) Zunächst ist zu unterscheiden zwischen einer *primären, innovativen* und einer *sekundären, normalen* Aufmerksamkeit. Im ersten Fall stößt die Erfahrung auf etwas, das uns überrascht, erstaunt oder entsetzt, während

---

21 | Dieser Versuch, Kants transzendentales Apriori in ein biologisches Apriori zu überführen, fand bei frühen Phänomenologen wie Husserl, Scheler, Heidegger und Plessner große Beachtung, selbst wenn die Scheidung von menschlicher Welt und tierischer Umwelt weitere Probleme aufwarf.

wir im zweiten Falle etwas sehen oder hören, das wir bis zu einem gewissen Grad bereits kennen. Die Aufmerksamkeit wird trivialisiert, wenn wir diese Unterscheidung vernachlässigen. Alltägliche Aufforderungen wie »Pass auf« oder einfach »Achtung« scheinen lediglich unsere Erfahrung zu unterfüttern, obwohl sie doch eine latente Sprengkraft enthalten. Selbst das sogenannte mechanische Verhalten ist niemals gänzlich mechanisch; es ist mehr oder weniger mechanisiert. So kommt es, dass das stereotype *Keep smiling*, das Andy Warhol auf quasi-mechanische Weise darstellt, uns das eingefrorene Lächeln der Marilyn Monroe vor Augen führt, das selbst wieder einen Kometenschweif von Nachbildern erzeugt.

(2) Der doppelseitige Prozess einer Stabilisierung durch Strukturen und Habitualitäten, der unsere Aufmerksamkeit fortwährend prägt, erzeugt eine *Zwischensphäre* aus Praktiken, Techniken und Medien. Diese Sphäre ist bevölkert von Wächtern, Monitoren und Alarmgeräten, darin eingeschlossen Art und Weisen des wachsamen Verhaltens; daraus erwächst ein Aufmerksamkeitsstil, der von Kultur zu Kultur variiert. Infolgedessen nimmt die Aufmerksamkeit variable und kontingente Formen an. In der Nachfolge Nietzsche dürfen wir annehmen, dass der Mensch, nachdem die Fesseln des Instinkts sich gelockert haben, als »nicht festgestelltes Tier« da steht. Überflutet von Reizen und Attraktionen, bedarf die menschliche Aufmerksamkeit bestimmter Weisen der »Feststellung«, die Teil unserer Kultur sind. Die Technologie und Ökonomie der Aufmerksamkeit, einschließlich des Kampfes um Aufmerksamkeit, verursachen eine Menge Probleme, die hier nur gestreift werden können. So kämpft die Werbung Tag für Tag um unsere Aufmerksamkeit, oft buhlt sie geradezu um sie, indem sie die angebotene Sache durch libidinöse Lockspeisen ersetzt. Auch die Imagepflege von Politikern gehört zu dieser Art von Schleichwerbung. Die Ökonomisierung und Medialisierung des Politischen droht die Politik in eine Kryptopolitik zu verwandeln. Die Aufmerksamkeit entpuppt sich als ein Problemfeld höchsten Grades.

(3) Schließlich sind alle Einstellungen und Gewohnheiten in unserem Leib verwurzelt. Als *Leibkörper*, wie wir im Deutschen mit Husserl und Scheler sagen können, präsentiert sich unser Leib zugleich als lebendiger Leib und als materieller Körper, einschließlich des Gehirns. Die Materialität erklärt sich daraus, dass unser Leib Teil dessen ist, was er konstituiert. Die Neurologen haben bestimmte Mechanismen einer »reziproken Hemmung« entdeckt, die innerhalb eines Sinnes, zwischen den Sinnen oder zwischen Kognition und Emotion ihre Wirkung entfaltet; sie

tragen dazu bei, die Komplexität unseres leiblichen Lebens zu reduzieren. Um der Verkörperung der Aufmerksamkeit im Einzelnen gerecht zu werden, muss die Phänomenologie durch eine *Phänomenotechnik* ergänzt werden.[22] Ihre Aufgabe ist es zu zeigen, wie Sinntechniken an der Sinnbildung, Selbsttechniken an der Selbstbildung und Körpertechniken an der Ausformung der Leiblichkeit beteiligt sind. Um es auf Griechisch zu sagen, es gibt keinen Logos ohne Techne. Dies betrifft auch die Aufmerksamkeitstechniken. In der Schärfeeinstellung oder der Belichtungsdauer der Kamera verfeinert und verändert sich die Blickeinstellung unseres Leibes, die wie alles körperliche Verhalten technomorphe Züge aufweist. Wie Marcel Mauss in seinen Studien zur Körpertechnik betont, ist der Körper für uns das erste technische Objekt.[23]

7. Polarisierte und blockierte Aufmerksamkeit

Was die Störanfälligkeit der Aufmerksamkeit sowie ihre diversen Anomalien und Pathologien betrifft, so müssen wir die Tatsache beachten, dass die pathischen und die responsiven Anteile der Aufmerksamkeit nie völlig im Gleichgewicht sind.[24] Die Aufmerksamkeit ist einem bestimmten Geschick unterworfen, das dem »Triebgeschick« im Sinne Freuds gleicht. Dieses Geschick zeigt sich in vielfältigen Formen.

Durchweg erweist sich die Aufmerksamkeit als polarisiert. Einerseits sind wir geneigt, ein gewisses *laissez-faire* zu praktizieren. Wir lassen unsere Sinne, Gedanken und Wünsche herumschweifen wie Vagabunden. Mit der *Träumerei* geraten wir auf die Bahnen des Tagtraums, wie er schon von Rousseau, Locke und Leibniz unter dem Namen der *rêverie* beschrieben wird; dies spielt sich im »Vorzimmer des Ich« ab.[25] Als zielloses He-

22 | Vgl. Waldenfels, Bernhard: Bruchlinien der Erfahrung. Phänomenologie, Psychoanalyse, Phänomenotechnik, Frankfurt am Main: Suhrkamp 2002, Kap. VIII.

23 | Mauss, Marcel: Die Techniken des Körpers, in: Soziologie und Anthropologie, Bd. 2, München: Carl Hanser 1975, S. 199-217.

24 | Vgl. hierzu im Anschluss an Paul Valéry: Hagner, Michael: »Aufmerksamkeit als Ausnahmezustand«, in: Haas, Norbert/Nägele, Rainer/Rheinberger, Hans-Jörg (Hg.), Liechtensteiner Exkurse III, Eggingen: Edition Isele 1998, S. 273-294.

25 | E. Husserl: Husserliana XI, S. 166.

rumspazieren und elegante Form des Müßiggangs belebt das *Flanieren* das öffentliche Leben der Großstädte, wie von Autoren wie Charles Baudelaire, Walter Benjamin und Franz Hessel minutiös beschrieben wurde. Das *Brainstorming*, das buchstäblich einen Gedankensturm entfachen kann, wird eingesetzt als eine Art Bewusstseinstraining, das uns dazu verhilft, den Fluss der Idee zu lockern und von rigiden Formen der Planung abzulassen. Doch dies ist nur die eine Seite der Medaille. Auf der anderen Seite beschreiten wir den Weg der *Konzentration*, indem wir uns auf bestimmte Aufgaben festlegen und alles Störende beiseiteschieben. Allgemein betrachtet oszilliert unser Verhalten zwischen Zerstreuung und Sammlung, doch von der spätantiken Askese und der augustinischen Spiritualität bis heutzutage hegt unsere philosophische und theologische Tradition eine Vorliebe für die ideengerichtete Sammlung oder für das *unum necessarium*. In fernöstlichen Kulturen finden wir dagegen Körperpraktiken wie das Bogenschießen oder die Sitzübungen der Zen-Meditation, aus denen eigentümliche Aufmerksamkeitsschulen hervorgegangen sind.[26] Wie immer die Gewichte verteilt sein mögen, beide Tendenzen schlagen ins Pathologische aus, wenn sie ins Extrem getrieben werden. Während die äußerste Konzentration fixe Ideen hervorruft, führt eine maßlose Zerstreuung zur Ideenflucht. Zu erwähnen sind in diesem Zusammenhang Störungen, die zum Teil zivilisationsbedingt sind, nämlich Aufmerksamkeitsdefizit oder Hyperaktivität, die medizinisch als *Attention Deficit Syndrome* (ADS) oder *Attention Hyperactivity Deficit Syndrome* (ADHS) etikettiert und mit einem Mangel an Dopaminen erklärt werden. Es ist nicht leicht zu sagen, wo und wann wir den Boden einer Übermedikalisierung betreten, die durch die Pharmaindustrie gefördert wird und sich auf den Monolinguismus einer Unified Medicine stützt.

Neben der Polarisierung der Aufmerksamkeit ist mit ihrer *Blockierung* zu rechnen. Die beiden Flügel der Aufmerksamkeit, die durch das Ereignis des Affiziertwerdens von... und das Ereignis des Antwortens auf... gebildet werden, können sich derart voneinander ablösen, dass die Aufmerksamkeit in die Brüche geht. Am Ende ergibt sich die extreme Möglichkeit, dass jemand von etwas getroffen wird, ohne antworten zu können, oder dass umgekehrt jemand antwortet, ohne von etwas getrof-

26 | Vgl. Fulton, Paul R./Posner, Michael I./Waldenfels, Bernhard: »Attention, Awareness, Mindfulness – A Dialog«, in: Studies in Gestalt Therapy, Vol. 3/2 (2009), S. 13-36.

fen zu sein. Kurz gesagt entsteht einerseits die Tendenz zu einem Pathos ohne Response, andererseits die Tendenz zur Response ohne Pathos. Auf der einen Seite begegnen wir dem *Schock*, der unser Verhalten lähmt; in seinem Traktat über die *Passions de l'âme* (Art. 73) definiert Descartes diesen Fall als ein *étonnement*, das uns im äußersten Fall zu einer Statue erstarren lässt. Hinzu kommt die *Faszination*, die unseren Blick und unser Begehren fesselt. Auf der anderen Seite stoßen wir auf *Stereotypen*, das heißt auf erstarrte Antwortformen, aus denen alle Unruhe und nahezu jeder Impuls gewichen ist. Diese pathologische Abweichung tritt ins volle Licht, wenn wir Herman Melvilles Erzählung *Bartleby* zur Hand nehmen. Dies ist die Geschichte eines Kanzleischreibers, der plötzlich wie aus heiterem Himmel seinen Dienst verweigert, indem er unermüdlich einen einzigen Satz wiederholt: »I would prefer not to«, nichts weiter als dies, keine Begründung, keine Entschuldigung. Indem der Antwortverweigerer sich in ein reines Stereotyp flüchtet, nähert er sich einem todesähnlichen Zustand der Indifferenz, wo alles gleich ist. Die Aufmerksamkeit erlischt wie ein Feuer.

Schließlich bleibt die Verletzung, die im *Trauma* besonders gravierende Formen annimmt. Im Allgemeinen bedeutet Trauma ein verletzendes und gewaltsames Ereignis, das jede Antwort blockiert. Das Trauma macht buchstäblich sprachlos. Der Patient *ist*, was ihm widerfährt. Dabei handelt es sich um ein vorzeitiges Ereignis, das sich erst nachträglich bekundet, und zwar in der indirekten Form von Symptomen, deren Bedeutung sich nicht unmittelbar erschließt. Um die Rüstung, die dem Selbstschutz dient, zu durchdringen, schlägt Freud spezielle Methoden wie die gleichschwebende Aufmerksamkeit und die freie Assoziation vor, die dem Versuch gleichen, ein verhaktes Mobile wieder in Bewegung zu setzen.

8. Dirigierte Aufmerksamkeit

Wie schon gezeigt, nimmt die Aufmerksamkeit ihren Ausgangspunkt auf der pathischen Ebene, im Bereich dessen, was uns widerfährt, was unsere Aufmerksamkeit weckt, anzieht und abstößt. Wir *werden aufmerksam*, wenn wir auf etwas aufmerken. Doch schon dies ist keine private, sondern eine eminent soziale Angelegenheit.[27] Das Aufmerksamwerden beginnt mit dem fremden Anblick, der fremden Anrede derart, dass ich mich selbst als angeblickt und angeredet erfahre. Im fremden Gesicht blickt mich jemand an, nicht etwas. Auge und Mund sind leibliche Embleme der anderen Person, bevor ihnen Eigenschaften wie Augenfarbe oder Lippenschwung zugeordnet werden. Aus dem schmalen Mund kann eine wortlose Strenge sprechen, vor dem besonders das Kind erschrickt. Das Zusammenleben geht jedoch aber über das spontane Aufmerksamwerden hinaus. Es schließt die Möglichkeit ein, dass Andere uns auf etwas *aufmerksam machen*. Jemand lenkt jemandes Aufmerksamkeit auf etwas, das es anzusehen oder anzuhören gilt. Jemand zeigt auf etwas. Dies können seltene Blumen sein, eine populäre Melodie, ein Mienenspiel im fremden Gesicht, politische Tricks, Müll in den Straßen oder Opfer der Gewalt auf der Straße. Wie wenig sich diese geteilte Aufmerksamkeit von selbst versteht, zeigen die Vergleichsstudien, die Michael Tomasello mit Kindern und Primaten durchgeführt hat.[28]

Die soziale Dimension, die sich hier auftut, hat enorme Implikationen; sie umfasst Lehre und Ausbildung, politische Rhetorik, religiöse Missionierung, therapeutische Beratung und ökonomische Werbung. Dabei stellt sich die Frage, auf welche Weise und in welchem Maße das Aufmerksamkeitsgeschehen von Macht durchdrungen ist. Ähnlich wie Max Weber oder Michel Foucault verstehe ich unter Machtausübung soziale Einwirkungen, die an Andere adressiert sind und stets auf eine Gegenmacht stoßen. Solche Machtwirkungen, die unvermeidlich mit der Pluralität von Handelnden verbunden sind, prägen auch das Aufmerksammachen, um das es uns hier geht.

Ich greife nur einen einzigen Aspekt heraus, der an den Kern des Problems rührt. Das, worauf es wesentlich ankommt, zeigt sich deutlich im Verhältnis von Lehrer und Schüler.[29] Wenn Lehrende sich an Schüler

27 | Welch spezifische Mechanismen bei der sozialen Aufmerksamkeit, etwa bei der Fokussierung auf Mund- oder Augenpartien des fremden Gesichts ins Spiel kommen, zeigt sich in den psychologischen Analysen, die Aleya Flechsenhar, Marius Rubo und Matthias Gamer in diesem Band vorstellen.

28 | Tomasello, Michael: Die kulturelle Entwicklung des menschlichen Denkens, Frankfurt am Main: Suhrkamp 2002, Kapitel 3.

29 | Vgl. dazu: Waldenfels, Bernhard: »Lehren und Lernen im Wirkungsfeld der Aufmerksamkeit«, in: Ricken, Norbert/Röhr, Henning/Ruhloff, Jörg (Hg.),

wenden, indem sie deren Aufmerksamkeit *wecken*, sie *auf etwas lenken*, sie *wachhalten*, dann stellen sie kein Wissen her, dann tun sie nicht einfach, was sie selbst wollen, vielmehr sind sie zutiefst in die Erfahrung verwickelt, die sie zeigend hervorrufen. Wenn Freud zu bedenken gibt, dass der Mensch nicht Herr im eigenen Hause ist, so ließe sich ähnlich sagen: Der Lehrer ist nicht Herr in seiner eigenen Schulklasse. Der Erfolg des Lehrens hängt ganz entscheidend von der Antwort der Lernenden ab. Für die Lehrenden gilt es darauf zu warten, dass sich Aufmerksamkeit regt. Wie der französische und italienische Sprachgebrauch andeutet, ist die Attention nicht nur mit der Intention verwandt, sondern auch mit dem Warten (*attente, attesa*). Außerdem sind Lehrende selbst Personen, die bei Anderen in die Schule gegangen ist. Die Aufmerksamkeit des Anderen wecken schließt ein, dass wir selbst durch Andere erweckt werden. Der Erzieher bedarf selbst der Erziehung, wie Karl Marx uns in der dritten seiner *Thesen über Feuerbach* einschärft. Würden Figuren wie Sokrates, der Protagonist einer indirekten Lehre, oder Kierkegaard, der Verfechter einer indirekten Mitteilung, aus unseren Schulen und Universitäten verbannt, so würden diese sich in Lernfabriken verwandeln. Die dirigierte Aufmerksamkeit würde degradiert zu einer fabrizierten Aufmerksamkeit – was bis zu einem gewissen Grad bereits unserer Realität entspricht.

9. Aufmerksamkeit und Achtung

Die Aufmerksamkeit ist nicht bloß etwas, das man dirigiert, manipuliert und kontrolliert, letzten Endes handelt es sich um etwas, das wir einander schenken oder verweigern und einander schulden. Die Konnotationen der Kernausdrücke variieren von Sprache zu Sprache; der deutschen Wendung *Aufmerksamkeit schenken* stehen Ausdrücke wie *to pay attention, faire attention* oder *prestare attenzione* gegenüber. Doch abgesehen von allen sprachlichen Eigenheiten ist keine Aufmerksamkeit frei von ethischen Impulsen. Was uns anrührt und anspricht, ist stets mehr als eine gleichgültige Tatsache, die wir zur Kenntnis nehmen. Es gibt kei-

Umlernen. Festschrift für Käte Mayer-Drawe, München: Wilhelm Fink 2009, S. 23-33. Was sich bei mir nur andeutet, nimmt in Malte Brinkmanns Überlegungen zum Aufmerken und Zeigen den Charakter eines förmlichen pädagogischen Arbeitsprogramms an.

ne nackten Tatsachen, es gibt nur die Verwandlung von Affektionen und Appellen in Tatsachen. Fakten sind Produkte einer Faktifizierung. Dies zeigt sich deutlich in Dostojewskis *Traum eines lächerlichen Menschen.* Der lebensmüde Held, für den selbst der Revolver vor ihm auf dem Tisch seinen Schrecken verloren hat, wird schließlich durch den Hilferuf eines unbekannten Mädchens auf der Straße aus seiner Gleichgültigkeit gerissen; doch wie alle erschütternden Erfahrungen entfaltet auch dieser Einbruch des Menschlichen seine Wirkungen nur *après coup*; in unserem Falle entsteht daraus der visionäre Traum eines nicht mehr lächerlichen Menschen. Es heißt, vom Erhabenen zum Lächerlichen sei es nur ein Schritt, manchmal gilt eben auch das Gegenteil. Was also den Zusammenhang von Aufmerksamkeit und Ethos angeht, der sich hier andeutet, so sei nochmals die Sprache befragt. Die deutsche Sprache erweist sich als besonders vielsagend. Das Verb *aufmerken* lässt sich durch das Verb *achtgeben* ersetzen, und das Substantiv *Aufmerksamkeit* ist eng verbunden mit *Achtung* und *Achtsamkeit*, das heißt mit dem, was aus vom Lateinischen her als *Respekt* (*respect, rispetto*) bezeichnet wird. Dabei ist zu beachten, dass auch der Re-spekt als eine Form der Rück-sicht eine perzeptive Komponente aufweist.

Um mit diesen sprachlichen Angeboten Ernst zu machen, bedarf es einer Ethik »von unten«, das heißt einer Ethik, die singuläre und situative Ansprüche berücksichtigt, bevor sie sich an allgemeinen Normen orientiert. Folglich stellt die Aufmerksamkeit mehr dar als eine kognitive Leistung; sie erteilt uns deutliche Lektionen eines *Ethos der Sinne.* Dieses grundlegende Ethos geht hervor aus Akten des *Hinsehens* und *Hinhörens*, die sich deutlich vom *Wegsehen* und *Weghören* beziehungsweise vom *Übersehen* und *Überhören* abheben. Auch Husserl spricht in seinen Analysen der Intersubjektivität von einem »antwortenden Hinsehen und Hinhören«.[30] Das Wegsehen und Weghören ist Teil des Sehens und Hörens, so wie die Unterlassung, etwa die unterlassene Hilfeleistung, nicht nur moralisch, sondern auch juristisch zum Handeln gehört und so wie das Verschweigen selbst eine Form der Mitteilung ist. So wie es laut Paul Watzlawick eine kommunikative Falle gibt, die es unmöglich macht,

30 | E. Husserl: Husserliana XV, S. 462.

nicht zu kommunizieren,[31] so gibt es auch eine attentionale Falle, die es unmöglich macht, Augen und Ohren gänzlich zu schließen.

In diesem Zusammenhang erlaube ich mir nochmals aus der Literatur zu zitieren und gleichzeitig an die Malerei zu erinnern, die ebenfalls eine appellative Komponente hat. In seinem Gedicht *Musée des Beaux Arts* beschwört Wystan H. Auden eine Brüsseler Reminiszenz, die sich nicht nur auf ein berühmtes Gemälde von Breughel bezieht, sondern auch auf den mythologischen Hintergrund, der uns aus Ovids *Metamorphosen* bestens bekannt ist. Auden schreibt:

In Breughel's *Icarus*, for instance: how everything turns away
quite leisurely from the disaster; the ploughman may
have heard the splash, the forsaken cry,
but for him it was not an important failure; the sun shone
as it had to on the white legs disappearing into the green
water; and the expensive delicate ship that must have seen
something amazing, a boy falling out of the sky,
had somewhere to get to and sailed calmly on.

Wie die Phänomenologie zeigt und die Künste es darstellen, ist die Ethik tief in das Werk der Sinne verwickelt. Unser Aufmerken auf das, was uns auffällt und berührt, erweist sich als ethisch überdeterminiert. Die gelebte Aufmerksamkeit überschreitet unsere eigenen Projekte, und sie überschreitet auch die Techniken und Praktiken, die unser Verhalten zurichten. Wenn es eine primäre Aufmerksamkeit gibt, die zur Genese der Welt und zum Elan des Lebens beiträgt, so behält sie stets Züge einer *attention sauvage*.

Literatur

Aristoteles: Ethica Nicomachea, Ed. Ingram Bywater, Oxford: Oxford University Press 1894 u.ö.

Bühler, Karl: Sprachtheorie, Stuttgart/New York: UTB 1982.

31 | Vgl. Watzlawick, Paul/Beavin, Janet H./Jackson, Don D.: Menschliche Kommunikation. Formen, Störungen, Paradoxien, Bern: Huber 1969.

Crary, Jonathan: Suspensions of Perception. Attention, Spectacle and Modern Culture, Cambridge: Mass 1999.

Fulton, Paul R./Posner, Michael I./Waldenfels, Bernhard: »Attention, Awareness, Mindfulness – A Dialog«, in: Studies in Gestalt Therapy, Vol. 3/2 (2009).

Goldstein, Kurt: Der Aufbau des Organismus, Paderborn: Wilhelm Fink 2014.

Gurwitsch, Aron: Das Bewußtseinsfeld, Berlin/New York: De Gruyter 1975.

Hagner, Michael: »Aufmerksamkeit als Ausnahmezustand«, in: Haas, Norbert/Nägele, Rainer/Rheinberger, Hans-Jörg (Hg.), Liechtensteiner Exkurse III, Eggingen: Edition Isele 1998, S. 273-294.

Heidegger, Martin: Sein und Zeit, Tübingen: Niemeyer 71953.

Hume, David: A Treatise of human nature, London: J.M. Dent o.J.

Husserl, Edmund: Husserliana, Den Haag/Dordrecht: Nijhoff 1950.

James, William: Principles of Psychology, 2 Bde., New York: Dover Publications 1950.

Kant, Immanuel: Kritik der reinen Vernunft, in: Werke in zwölf Bänden, Bd. 4, hg. von Wilhelm Weischedel, Frankfurt am Main: Suhrkamp 1968

Lichtenberg, Georg Christoph: Sudelbücher, in: ders., Schriften und Briefe, Bd. 2, Frankfurt am Main: Insel 1971.

Mauss, Marcel: Die Techniken des Körpers, in: Soziologie und Anthropologie, Bd. 2, München: Carl Hanser 1975.

Merleau-Ponty, Maurice: Phänomenologie der Wahrnehmung, Berlin: De Gruyter 1966.

Nietzsche, Friedrich: Wahrheit und Lüge im außermoralischen Sinne, in: ders., Kritische Studienausgabe, hg. von Georgio Colli, Mazzino Montinari, Bd. 1, München/New York: dtv 1980, S. 875-890.

Tomasello, Michael: Die kulturelle Entwicklung des menschlichen Denkens, Frankfurt am Main: Suhrkamp 2002.

Valéry, Paul: Cahiers, 2 Bde., Paris: Gallimard 1973. – Deutsch: Cahiers/Hefte 3, Frankfurt am Main: Fischer 1989.

Waldenfels, Bernhard: Bruchlinien der Erfahrung. Phänomenologie, Psychoanalyse, Phänomenotechnik, Frankfurt am Main: Suhrkamp 2002.

Waldenfels, Bernhard: Phänomenologie der Aufmerksamkeit, Frankfurt am Main: Suhrkamp 2004.

Waldenfels, Bernhard: Grundmotive einer Phänomenologie des Fremden, Frankfurt am Main: Suhrkamp 2006.

Waldenfels, Bernhard: »Lehren und Lernen im Wirkungsfeld der Aufmerksamkeit«, in: Ricken, Norbert/Röhr, Henning/Ruhloff, Jörg (Hg.), Umlernen. Festschrift für Käte Mayer-Drawe, München: Wilhelm Fink 2009, S. 23-33.

Waldenfels, Bernhard: Sozialität und Alterität. Modi sozialer Erfahrung, Berlin: Suhrkamp 2015.

Watzlawick, Paul/Beavin, Janet H./Jackson, Don D.: Menschliche Kommunikation. Formen, Störungen, Paradoxien, Bern: Huber 1969.

Wundt, Wilhelm: Grundriß der Psychologie, Leipzig: Kröner [11]1913.

Der Begriff »Aufmerksamkeit« im Werk Merleau-Pontys. 1942-1948

Diego D'Angelo

Ich möchte im folgenden Text einige Gedanken entwickeln zur Frage nach der Aufmerksamkeit im Werk von Maurice Merleau-Ponty. Es geht nur um einen ersten Ansatz, also quasi nur um eine »explorative« Untersuchung, deren Ergebnisse dann für eine weitere Veröffentlichung systematisiert werden sollen. Die möglichen Schlussfolgerungen sind also noch zu ziehen. Daraus ergibt sich auch der Grund, warum dieser Text einen so trockenen Titel trägt.

Um eine bessere Genauigkeit zu erzielen und damit ins Detail gehende Analysen zu ermöglichen, beschränkt sich der vorliegende Text auf die erste Schaffensphase im Denken Merleau-Pontys. Da m. E. keine starke Zäsur in seiner Philosophie zu finden ist, ist die Schnittstelle eher konventionell gesetzt worden. Bis 1948 sind nämlich die Jahre bis zur Professur für Kinderpsychologie und Pädagogik an der Sorbonne, sodass die zeitliche Schnittstelle einfach auf Biographischem, und nicht auf Systematischem, basiert. Ich sehe keinen Bruch in Merleau-Pontys Philosophie, obwohl auch Unterschiede zwischen frühem und späterem Schaffen zu merken sind (etwa in der abnehmenden Rolle der Psychologie und genereller der empirischen Forschung).[1]

---

1 | Toadvine, Ted/Lawlor, Leonard: The Merleau-Ponty Reader, Evanston: Northwestern Universty Press 1997. Die Autoren schlagen eine Dreiteilung der Zeitperioden vor: vor-Sorbonne, Sorbonne (1949-1952) und Collège de France (1952-1961).

Das Problem der Aufmerksamkeit: Die *Struktur des Verhaltens*

Das Denken von Merleau-Ponty befasst sich zwar nicht primär mit der Frage nach der Aufmerksamkeit, lässt aber verschiedene Ansatzpunkte in allen Werken durchscheinen.[2] Das Problem der Aufmerksamkeit ist – wie selbstverständlich anzunehmen – stark in den Kontext einer Phänomenologie der Wahrnehmung eingebettet, sodass eine systematische Fragestellung nur dann sinnvoll erreicht werden kann, wenn der gesamte Rahmen mitberücksichtigt wird.

Ein hervorragendes Beispiel dafür – was kein reines Beispiel ist, da diese auch die erste Okkurrenz des Themas im Werk Merleau-Pontys ist – stellt *Die Struktur des Verhaltens* dar. In der wissenschaftlichen und psychologischen Beschreibung der Erfahrung werden nämlich Merleau-Pontys genuin philosophischem Ansatz zufolge sogenannte »naive« Beschreibungen der Erfahrung getilgt, aber auf genau diese Erfahrungen gilt es, phänomenologisch bzw. philosophisch einzugehen. Dass man sich in der lebendigen Erfahrung umdreht, »um etwas zu sehen«, oder dass der Betrachter vom Ding quasi »gerufen« werden kann, d. h., dass das Ding auf-fällt und uns damit auf-merksam werden lässt, ist wissenschaftlich quasi eingeklammert, um – zumindest für das psychologische Verständnis um 1940 herum – der klassischen Beschreibung des Verhaltens als »Reiz-Reflex« besser zu entsprechen. Das auffallende Ding übt aber – so Merleau-Ponty – keinen einfachen Reiz auf ein Subjekt aus, das dann aus Reflex antworten würde, sondern konstituiert ein komplexes und (mit einem Wort Waldenfels' ausgedrückt) »responsives«[3] Verhalten zwischen Wahrnehmendem und Wahrgenommenem. Ein leuchtender (ober beleuchteter) Fleck auf einem dunklen Hintergrund fällt dem Betrachter auf und zieht somit seinen Blick auf sich: Der Blick wird quasi mitgerissen (*entraîner*). Der Betrachter wendet sich diesem Ding zu, weil

2 | Bis heute bleibt eine Monografie zum Begriff der Aufmerksamkeit bei Merleau-Ponty ein Desiderat der Forschung.

3 | Vgl. Waldenfels, Bernhard: Antwortregister, Frankfurt am Main: Suhrkamp 2007.

das Ding ihn angesprochen hat. Die Aufmerksamkeit ist direkt vom Ding betroffen und richtet sich nach ihm, weil das Ding auffällt.[4]

Zentral bei der eben angeführten Beschreibung ist, dass die Bewegung des Subjekts dabei als teleologisch angesehen wird, nämlich insofern, als sie mit einem Ziel behaftet ist. Eine solche Finalität darf aber im wissenschaftlichen Diskurs keinen Platz haben. Ich drehe mich um, *um* das Ding zu sehen: Diese Finalität des Sehens wird von einer wissenschaftlich-psychologischen Beschreibung abgeschafft und durch einen Reiz-Reflex-Mechanismus ersetzt, in welchem die einzige Kausalität im Spiel eine Wirkursache ist und die Zweckursache außer Acht gesetzt wird.[5] Die klassische Theorie der Wahrnehmung verzichtet somit auf jede Intention des wahrnehmenden Subjekts, eine Intention aber, die in jeder naiven Beschreibung der Erfahrung bzw. eines Erfahrungsereignisses immer dabei ist. So drückt nämlich Merleau-Ponty diese Sachlage aus: »Die Wissenschaft scheint nun zu fordern, dass wir diese Eigentümlichkeiten [scil. der naiven Beschreibung wahrnehmender Vorgänge] abtun als bloße Scheingegebenheiten, hinter denen es eine Realität anderer Art zu entdecken gilt«.[6] Und weiter: »Der gesunde Menschenverstand glaubt, man richte die Augen auf einen Gegenstand, ›um ihn zu sehen‹ [...] Aus der wissenschaftlichen Untersuchung des Verhaltens muss man alle Begriffe wie Intention, Nützlichkeit oder Wert verbannen, da sie kein *fundamentum in re* haben und keine inneren Bestimmungen sind«.[7] Da es aber *de facto* unmöglich ist, jede Zweckursache aus der Wahrnehmung auszuschließen, ohne diese Wahrnehmung auf etwas zu reduzieren, was sie selbst nicht ist, ist es notwendig, eine phänomenologische Konzeption der Wahrnehmung (und folglich der Aufmerksamkeit) zu entwickeln, welche der gewöhnlichen Erfahrung entspricht, ohne ›Hinterwelten‹ zu postulieren.

4 | Vgl. Merleau-Ponty, Maurice: La structure du comportement, Paris: PUF 2013, S. 5 und S. 8.

5 | Zu Aristoteles' Lehre der vier Ursachen siehe: Physik II, 3, 194b 16-195a 3, in: Aristoteles: Physik. Vorlesungen über die Natur. Band 1: Buch 1-4, Hamburg: Meiner 1986.

6 | M. Merlau-Ponty: La structure du comportement, S. 5 (Für die Übersetzung: Merleau-Ponty, Maurice: Die Struktur des Verhaltens, Berlin/New York: De Gruyter 1976, S. 7).

7 | Ebd., S. 5 (dt. S. 9).

Gerade um eine angemessenere Beschreibung der Wahrnehmung erzielen zu können, ist es notwendig, eine globale Konzeption der Reize zu entwickeln, in welcher das reizende Phänomen nicht mehr eine reine Wirkursache durch Einfluss auf unsere Sinne ist, sondern selbst einen Sinn besitzt. Ich nehme nie reine erscheinende Dinge wahr, die ich schauend betrachten würde, sondern Gebrauchsgegenstände im weiteren Sinne des Wortes, nämlich Gegenstände mit denen ich etwas (in einem breiten Sinne des Wortes) anfangen kann.

Ich nehme ein Kleidungsstück wahr – so Merleau-Pontys Beispiel.[8] Im holistisch betrachteten Wahrnehmungsprozess, der zumindest aus phänomenologischer Sicht nicht punktuell beschrieben werden kann, ist ein Kleidungsstück immer unter einem bestimmten Aspekt bzw. einer bestimmten Abschattung, um ein Wort Husserls zu gebrauchen, gegeben: Ich nehme es unter einer gewissen Orientierung wahr. Das wahrgenommene Kleidungsstück in seiner aktuellen Orientierung und in seiner aktuellen Position im Raum ist eingebettet in einem Wahrnehmungsprozess, der zeitlich abläuft, sodass die Orientierung nicht allein und von selbst vorkommt, sondern als Resultat gewisser Bewegungen des Subjekts bzw. des Kleidungsstücks, sowie auch als Resultat von gewissen Veränderungen im Kontext und in den Wahrnehmungsumständen (z. B. Veränderungen der Lichtquelle usw.). Gerade diese drei Elemente (Bewegungen des Subjekts, Bewegungen des Objekts und Wahrnehmungsumstände) spielen zusammen, um die aktuelle Wahrnehmung zu ermöglichen. Dieses dreigliedrige Korrelationssystem entwickelt jeweils mehr oder weniger strenge, mehr oder weniger lose Zusammenhänge zwischen dem Aspekt und den Bewegungen des wahrnehmenden Leibes: Diese Zusammenhänge eröffnen für das wahrnehmende, »normale« Subjekt die Möglichkeit, mit dem Kleidungsstück etwas anzufangen – beispielsweise die Hand so zu bewegen, dass ich den Hut auf meinen Kopf setze. Es geht somit um ein normiertes und normatives Entsprechungssystem zwischen Wahrnehmendem und Wahrgenommenem.

Diese Quasi-Werte, die das Ding für das erfahrende Subjekt trägt, sind – so Merleau-Ponty – symbolische und indikative Werte. »Ich nehme nicht nur ›Dinge‹ wahr, sondern auch Gebrauchsgegenstände, etwa ein Kleidungsstück. Zwischen dem aktuellen Aspekt des Kleidungsstücks, das vor mir liegt, den verschiedenen Lagen, die es im Raum einnehmen kann

8 | Ebd., S. 136 (dt. S. 103).

(wenn ich es z. B. nehme und hinter mir plaziere, um es anzuziehen) und der rechten und linken Region meines eigenen Leibes bildet sich eine Reihe von geregelten Korrespondenzen, die es [...] gestatten, ohne Zögern mit dem Kleidungsstück zu hantieren [...]«.[9] Diese Korrespondenzen basieren auf dem, was Merleau-Ponty »Symbolwerte« nennt: Diese konstituieren eine Verweisungsganzheit in der Welt, in der das wahrnehmende Subjekt lebt. Gerade wegen der Gewebe von symbolischen Zusammenhängen wird es unverständlich, von »einem« Reiz zu sprechen: Das Auffallen der Dinge ist nicht punktuell, sondern ein globaler Prozess, und das aus zwei Gründen: Der Wahrnehmungsprozess ist selbst eine zeitliche Sukzession momentaner Wahrnehmungen, und jede (abstraktiv) vereinzelte Wahrnehmung ist Wahrnehmung von etwas in den Verweiszusammenhang eingebetteten Wahrgenommenem. Radikaler gilt aber auch, wenn man sich an einer phänomenologischen Beschreibung der wahrnehmenden Erfahrung hält, dass das Verhältnis zwischen den beiden Polen des Wahrnehmungsaktes nicht mehr ein »Längsphänomen« (eigentlich: »longitudinal«), nämlich eine Eins-zu-eins-Beziehung, ist, die zwischen reizendem Ding und gereiztem Sinn des wahrnehmenden Leibs stattfindet, sondern ein »Querphänomen« (eigentlich: »transversal«), und zwar deswegen, weil das Auffallen quer zur Zeit und zum Raum stattfindet und mehrere Elemente auf einmal umfasst, da es ja eben »global« sein muss.

So gedacht wird aber dieses symbolische und korrelative System eine Bedingung der Möglichkeit dafür, dass sich etwas in der Erfahrung überhaupt zeigen kann. Die menschliche Wahrnehmung – so Merleau-Ponty – stellt sich somit heraus als wesentlich anders als ein Mechanismus aufgebaut, und das trägt Konsequenzen für eine Theorie der Aufmerksamkeit. »Man sagt zwar, dass unsere ›Bedürfnisse‹, unsere ›Antriebe‹ und unsere Aufmerksamkeit, die sich nach ihnen richtet, aus dem potentiellen sensorischen Feld die Objekte herausschneidet. Doch man denkt dabei gewöhnlich an eine Gesamtheit von Qualitäten – Farbe, Gewicht, Geschmack –, unter denen die Aufmerksamkeit auswählt [...]. Es gibt nicht auf der einen Seite diese unpersönlichen Kräfte, auf der anderen Seite ein Mosaik von Empfindungen, das sie umformen, es gibt melodische Einheiten, bedeutsame Ganzheiten, die unterschiedslos als Handlungspole und Erkenntniskerne erlebt werden«.[10]

9 | Ebd., S. 13 (dt. S. 103).

10 | Ebd., S. 250 (dt. S. 189-190).

Wie es im Folgenden klar wird, ist diese Beschreibung der Aufmerksamkeit von Merleau-Ponty nur teilweise positiv aufgegriffen. Die Aufmerksamkeit »schneidet« (*découper*) innerhalb des möglichen Wahrnehmungsfeldes die Gegenstände unserer aktuellen Wahrnehmung »heraus«, und die Aufmerksamkeit ist ihrerseits durch »Bedürfnisse« und »Tendenzen« orientiert. Aber wir dürfen dieser Auffassung der Aufmerksamkeit nicht unterstellen, dass die Aufmerksamkeit einfach zwischen verschiedenen Qualitäten (Farbe, Geschmack usw.) ›wählt‹. Es gibt nämlich nicht einerseits bloße Eigenschaften von Dingen und andererseits eine kausale Reizantwort durch das Subjekt. Was wir haben, ist vielmehr das Zusammenspiel von Auffallen und Aufmerken (wie Blumenberg das auch beschrieben hat),[11] denn die Dinge fallen uns zwar auf, kommen aber zur aktuellen Gegebenheit erst dank unseres Aufmerkens. Die Begriffe ›Auffallen‹ und ›Aufmerken‹ sind eine passende Beschreibung der Sachlage, nämlich des responsiven Verhältnisses in der Wahrnehmung, da durch dieselbe Vorsilbe (›auf‹) angezeigt wird, dass es um dieselbe Bewegung geht, nur unter zwei verschiedenen Gesichtspunkten betrachtet. Womit wir also in einer Analyse von Wahrnehmungs- und Aufmerksamkeitsverhältnissen konfrontiert sind, ist somit nicht die bloße Gegenüberstellung von Eigenschaften der Dinge und einer Aufmerksamkeit, welche darunter wählt, sondern vielmehr ein signifikatives bzw. sinnvolles Zusammenspiel von Aufmerken und Auffallen. Dieses Zusammenspiel muss aber näher erörtert werden.

Es gilt somit, die herkömmliche Beschreibung der Erfahrung in ihrer Gesamtheit in Frage zu stellen: »Es scheint mir vielmehr, dass meine Wahrnehmung wie ein Lichtkegel ist, der die Objekte dort enthüllt, wo sie sind, und ihre Gegenwart offenbart, die bis dahin latent war [...]. Es scheint mir, dass der Blick auf den Objekten »ruht« und sie auf Abstand erreicht«.[12] Diese Beschreibung geht von einer an sich seienden Welt aus, die die Aufmerksamkeit nach und nach enthüllt, indem sie auf die Dinge einen Lichtstrahl wirft. Das ist aber insofern problematisch, als die Konstanzannahme der Realität der Welt nur eben eine Annahme ist, die phänomenologisch keinen Platz findet, und als sie eine aktive Aufmerksam-

11 | Blumenberg, Hans: Zu den Sachen und zurück, Frankfurt am Main: Suhrkamp 2002, S. 182-206. Vgl. auch Waldenfels, Bernhard: Phänomenologie der Aufmerksamkeit, Frankfurt am Main: Suhrkamp 2004, S. 65-81.

12 | M. Merleau-Ponty: La structure du comportement, S. 282 (dt. S. 215).

keit einer passiven Latenz der Dinge gegenüberstellt. Das ist aber in der Wahrnehmung insofern nicht der Fall, als die Aufmerksamkeit, so wie andere Akte und Handlungen, »von den Dingen angeregt [wird] aufgrund einer Anziehung, die der des ersten unbewegten Bewegers ähnelt«.[13]

Das Problem der Aufmerksamkeit: Die *Phänomenologie der Wahrnehmung*

Die Auffassung der Aufmerksamkeit als eines Lichtstrahls, welcher latente Dinge beleuchtet und somit aktuell erscheinen lässt, ist von Merleau-Ponty besonders scharf in der *Phänomenologie der Wahrnehmung* kritisiert. Diese Kritik führt positiv zu einer noch stärkeren Betonung des Zusammenspiels von Auffallen und Aufmerken in der Wahrnehmung, sodass Merleau-Pontys Überlegungen helfen können, den hier vorgeschlagenen Gedankengang auch systematisch weiterzuentwickeln.

Die Auffassung des Empirismus (welche aber schließlich der des Intellektualismus gleichkommt), die die Konstanz der äußeren Gegenstände voraussetzt, besteht in der Annahme, dass es immer Empfindungen gibt, nur dass diese nicht auffallen; die Aufmerksamkeit ist dann »die Funktion, sie [scil. die Gegenstände] zu enthüllen, wie ein Scheinwerfer im Dunkel bereits vorhandene Gegenstände beleuchtet«.[14] Da es so ist, bleibt die Aufmerksamkeit auch immer sich selbst gleich: Das Bemerken ist »wie das Licht des Scheinwerfers, worauf es sich immer richten kann, in allen Akten der Aufmerksamkeit ein und dasselbe«.[15] Somit ist Aufmerksamkeit eine allgemeine Leistung, die in der Wahrnehmung immer am Werk ist; ist etwas »beleuchtet«, dann wirkt die Aufmerksamkeit auf es.

Dass diese Auffassung der Aufmerksamkeit phänomenologisch unzureichend ist, sehen wir zunächst daran, dass sie die Konstanz der Existenz der äußeren Dinge voraussetzen muss, und in einem zweiten Moment daran, dass die Behauptung, wir seien immer irgendwie aufmerksam, soweit wir überhaupt wahrnehmen, unserer alltäglichen Erfahrung nicht

13 | Ebd., S. 286 (dt. S. 219).

14 | Merleau-Ponty, Maurice: Phänomenologie der Wahrnehmung, Berlin: De Gruyter 1966, S. 47.

15 | Ebd.

entspricht. Wird gerade ein Vortrag gehalten, so werden einige Zuhörer bestimmt zwar die Stimme des Vortragenden akustisch gut wahrnehmen können, sind aber in Gedanken schon bei der Kaffeepause. Damit wir über das statische Modell der Aufmerksamkeit hinwegkommen können, muss die Aufmerksamkeit – so Merleau-Ponty – mit dem Interesse zusammen gedacht werden. Findet die Hörerschaft den Vortrag interessant, *dann* ist sie auch aufmerksam. Das Interesse ist aber seinerseits auch nicht als ein Strahl zu denken, der vom Wahrnehmenden ausgeht und auf die Dinge hingeht, denn diese Auffassung würde zu einem *regressus ad infinitum* führen, wo ein Strahl (der Aufmerksamkeitsstrahl) einen anderen Strahl (den Interessestrahl) voraussetzt, der Interessestrahl seinerseits aber noch einen usw. Das Interesse ist vielmehr etwas, das *von den Dingen her* kommt: Der Vortrag muss quasi *selbst* interessant sein, um die Aufmerksamkeit der Zuhörer zu erwecken. In diesem Sinne gibt es eine Wahrnehmung, die dazu gelangt, Aufmerksamkeit zu erregen, aber auch eine Aufmerksamkeit, die »jene [die Wahrnehmung] entfaltet und bereichert«.[16] Die Beschreibung des Verhältnisses zwischen Wahrnehmung und Aufmerksamkeit ist somit die Beschreibung eines »inneren Verbandes«: Das wäre im Empirismus insofern unmöglich, als das Bewusstsein zu leer, im Intellektualismus dagegen insofern, als das Bewusstsein zu voll ist, um den äußeren Dingen respondieren zu können. Dagegen muss man auf die Verschränkung zwischen Aufmerken und Nichtaufmerken achten und ihr Rechnung tragen können: »Was wir sehen ist immer auch in gewisser Hinsicht ungesehen: Es muss verborgene Seiten der Dinge und Dinge ›hinter‹ uns geben, soll es ein ›Vorn‹ der Dinge, Dinge ›vor uns‹ und überhaupt Wahrnehmung geben«.[17]

Merleau-Ponty denkt die Aufmerksamkeit wesentlich anders. Wir müssen sie in dieser Korrelation von Bewusstsein und Dingen ergreifen und beschreiben: In dieser Korrelation ereignet sich immer ein Erlernen von etwas Neuem: Die Aufmerksamkeit ist eine »begrenzte Ignoranz«, eine noch leere Intention, die aber wiederum schon teilweise bestimmt ist. Die Aufmerksamkeit – so Merleau-Ponty – weiß nämlich, was sie sucht, und gleichzeitig weiß sie es nicht. Das ist kein reiner Widerspruch, sondern eine zu vertiefende und zu analysierende Spannung: Wenn der Zuhörer den Vortrag aufmerksam zuhört, *meint* er vermutlich, dass der

16 | Ebd.

17 | Ebd., S. 323.

Vortrag *interessant zu sein* verspricht; diese Meinung muss wiederum leer (und auf die Zukunft gerichtet) sein, denn sonst wäre der Vortrag vollkommen uninteressant, da der Zuhörer in diesem Fall schon wüsste, was zu erwarten ist. Mit Husserls Terminologie könnte man dann tatsächlich sagen, dass die Aufmerksamkeit, so wie Merleau-Ponty sie interpretiert, eine Erwartung ist: Wesentlich zukunftsorientiert, lässt sie sich aber von den Dingen selbst (und aus dem Interesse, das diese Dinge hervorrufen) erwecken, sodass die Aufmerksamkeit weder rein subjektiv noch objektiv ist, sondern ein Zusammenspiel beider.

Gerade als Erweckung einer solchen zukunftsorientierten, von den Dingen herkommenden Erwartung ist die Aufmerksamkeit wesentlich schöpferisch, zumindest in dem Sinne, dass sie einen Erwartungshorizont aufmacht. So verstanden setzt die Aufmerksamkeit »eine Verwandlung des geistigen Feldes, eine eigene Weise des Bewusstseins voraus, bei seinen Gegenständen zugegen zu sein«,[18] nämlich innerhalb eines Horizontes, welcher bestimmt und unbestimmt zugleich ist. Bei diesem horizontalen Feld ist Transformation und Schöpfung gleichbedeutend, denn ein neues Feld ist eigentlich immer eine Variation vergangener Felder. Daher sagt Merleau-Ponty: »Die erste Leistung der Aufmerksamkeit ist also die Schaffung eines »überschaubaren« – perzeptiven oder geistigen – *Feldes*«.[19] Gerade als eine solche Transformation bzw. Schöpfung eines Feldes kann die Aufmerksamkeit nicht als eine rein formale und generelle Tätigkeit gedacht werden: Als eine solche Tätigkeit existiert die Aufmerksamkeit nicht. Das ist natürlich der Begriff von Aufmerksamkeit (als einer allgemeinen Tätigkeit), den Empirismus und Intellektualismus anwenden. Eine empiristisch bzw. intellektualistisch als formale Tätigkeit gedachte Aufmerksamkeit existiert nicht, und gerade deswegen ist es notwendig, einen neuen Begriff der Aufmerksamkeit zu entwickeln. Als Erschaffung eines Erwartungshorizontes ist die Aufmerksamkeit die Konstitution eines wesentlichen Freiheitsraums: Im geschöpften Feld kann das Bewusstsein sich Verschiedenem aufmerkend zuwenden. Ob das aber genügt als eine positive Beschreibung der Aufmerksamkeit, bleibt insofern fraglich, als noch nicht klar ist, wie das geschöpfte Feld entsteht. Mit anderen Worten: Die Aufmerksamkeit schafft einen Freiheitsraum von erwartungsmäßigen Möglichkeiten; es bleibt aber noch zu verstehen, was

18 | Ebd., S. 50.

19 | Ebd.

dann sich innerhalb dieses Feldes zeigt. Der eigentliche Gegenstand der Aufmerksamkeit – so Merleau-Ponty – muss noch erscheinen.

Wir haben aber schon die korrelative Struktur der Aufmerksamkeit als Zusammenspiel von Aufmerken und Auffallen vor Augen, sodass die Antwort auf die Frage, *wie* der Gegenstand der Aufmerksamkeit erscheint, zu keiner Überraschung Anlass gibt: Es geht hier nämlich, wörtlich, um eine Schöpfung.[20] Die Tatsache nämlich, dass die Aufmerksamkeit durch Auffallen »erweckt« wird, heißt insofern noch nicht, dass sie ein Akt wäre, der erst in einem zweiten Moment ausgelöst wird. Merleau-Ponty wertet nämlich eine solche »sekundäre Aufmerksamkeit« ab, während die Aufmerksamkeit als genuines Thema der phänomenologischen Forschung ein originärer Akt ist, der eine Umwandlung in der Struktur des Bewusstseins hervorruft und eine apriorische Funktion übt. Diese Funktion ist eine schlechthin transzendentale, weil die originäre Aufmerksamkeit eine Bedingung der Möglichkeit für das »Erwerben«[21] ist, auf das dann die sekundäre Aufmerksamkeit zurückkommen kann. Daher kann Merleau-Ponty sagen, dass »Aufmerken nicht lediglich [darin besteht], zuvor schon Gegebenes klarer ins Licht zu setzen; vielmehr ist es die Leistung der Aufmerksamkeit, solches Gegebene ursprünglich *gestalthaft* zu artikulieren«.[22] Der eigentliche Gegenstand der Aufmerksamkeit ist somit die Gestalt bzw. die Gestaltung des Gegebenen. Weckt das Gegebene Aufmerksamkeit auf, so setzt ihn die Aufmerksamkeit in eine neue Gestalt.

Die Aufmerksamkeit hat somit eine vielschichtige Funktion. Sie eröffnet erstens ein Feld, einen Horizont der Erwartung, und gestaltet somit das Erfahrungsfeld neu. In ein solches Feld führt also die Aufmerksamkeit eine neue Struktur hinein. So Merleau-Ponty: »Dies ist das Wunder des Bewusstseins: durch Aufmerken Phänomene zum Erscheinen zu bringen, die die Einheit des Gegenstandes im gleichen Moment, in dem sie diese zerbrechen, in einer neuen Dimension wiederherstellen«.[23] Die Aufmerksamkeit ist somit dazu imstande, die Einheitlichkeit eines Gegenstandes zu versetzen: Wenn ich auf die Vorderseite des Buches aufmerksam bin, ist das Buch in seiner Einheitlichkeit anders konstituiert,

20 | Ebd., S. 51.

21 | Ebd.

22 | Ebd.

23 | Ebd., S.52.

als wenn ich auf das Buch nicht aufmerksam bin. In diesem Sinne ist Aufmerksamkeit eine transzendental-konstitutive Kraft: Aufmerksamkeit ist »aktive Konstitution eines neuen Gegenstandes durch Thematisierung und Explikation von solchem, was zuvor nur gegenwärtig war als unbestimmter Horizont«.[24]

Das, was auffällt, zieht unsere Aufmerksamkeit auf sich. Soweit dieses Ding auch tatsächlich aufmerksam wahrgenommen wird, wird es auch anders konstituiert, in ein neues Feld gerückt und es zeigt sich daher anders, nämlich nicht mehr nur als unbestimmter Horizont, sondern in seiner figuralen Bestimmtheit. Das passiert vor allem, indem die *Geschichte* (nämlich der geschichtliche Horizont, in dem das Ding das wird, was es ist) des Dinges neu aufgenommen wird: »Es gilt – so in der *Phänomenologie der Wahrnehmung* – das Bewusstsein mit seinem eigenen präreflexiven lebendigen Beisein bei den Dingen zu konfrontieren, es zu seiner eigenen vergessenen *Geschichte* zu erwecken: das ist die wahre Aufgabe philosophischer Reflexion und der einzige Weg zu einer angemessenen Theorie der Aufmerksamkeit«.[25] Diese Funktion der Rekapitulation einer vergessenen Geschichte ist gerade die Eröffnung einer horizontalen Struktur, in der die Dinge sich so zeigen, wie sie sind (und d. h. so, wie sie geschichtlich geworden sind).

In diesem Sinne ist folgende Beschreibung für die Aufmerksamkeit (als primäre Aufmerksamkeit) geltend zu machen. Dafür sei ein längeres Zitat erlaubt. Schneider, ein psychologischer Fall, den Merleau-Ponty analysiert, hat eine »›Gebundenheit‹ an das Aktuelle, eine radikale ›Freiheitslosigkeit‹, einen Verlust jener konkreten Freiheit, die in dem allgemeinen Vermögen besteht, sich in eine Situation zu versetzen. Als eine der Wahrnehmung wie auch der Intelligenz zugrundeliegende Funktion enthüllt sich eine Funktion, die Hochheimer als ein »reflektorhafter Vektor« beschreibt. Freilich aber, so Merleau-Ponty, »ist auch das Bild des Projektors kein Glückliches, da es gegebene Gegenstände unterstellt, über die sein Licht hingleitet, indessen die Funktion, von der wir sprachen, die Gegenstände insgeheim für uns existieren lässt, ehe sie sie uns noch sehen oder erkennen lässt [...]. Das Bewusstseinsleben – als erkennendes, begehrendes oder wahrnehmendes Leben – ist getragen von einem ›intentionalen Bogen‹, der um uns her unsere Vergangenheit, unsere Zukunft, unsere

24 | Ebd.

25 | Ebd., S. 53.

menschliche Umwelt, unsere physische Situation, unsere weltanschauliche Situation, unsere moralische Situation entwirft, oder vielmehr es bewirkt, dass wir in allen diesen Beziehungen situiert sind«.[26] Dadurch konstituiert dieser Bogen den Horizont, den situativen und *geschichtlichen* (da Vergangenheit und Zukunft mitenthaltenden) Horizont, innerhalb dessen Gegenstände sich zeigen können.

Diese ist eine genaue Wiederholung der Beschreibung der primären Aufmerksamkeit als Eröffnung eines Horizontes, als Konstitution des Gegenstandes selbst, der die Aufmerksamkeit angezogen hat, und als Rekapitulation der Geschichte. Deswegen »vermögen wir im genauen Sinne der Worte zu sagen: Unsere Sinne befragen die Dinge, und diese antworten ihnen«.[27] Dieser Satz bringt keine Art »Animismus« zum Ausdruck, sondern die Tatsache, dass die Natur als Ganzes sich als Inszenierung unseres eigenen Lebens darbietet, also auch als Inszenierung unserer Geschichte: Das Ding ist »gesetzt als *Ziel* unseres Blickes und unserer sinnlichen Erforschung seiner, worin wir es mit Menschlichem bekleiden«.[28]

Aufmerksamkeit ist Antwort auf die und Erforschung der Welt zugleich. Sie ist vielschichtig und zirkulär: Die Dinge sprechen uns an, denn so erwecken sie Aufmerksamkeit; aber die Dinge können uns nur ansprechen, weil unser Blick, unser Leib in sie schon unsere Geschichte hineingebracht hat. Sie sprechen nämlich uns an, und dafür müssen wir dieselbe Sprache sprechen. Diese Sprache von Blicken, Auffallen und Aufmerken als eine Geschichte, die uns und der Welt gemeinsam ist, nennt Merleau-Ponty in seinen späteren Arbeiten »Fleisch«. Eine Phänomenologie der Aufmerksamkeit im Ausgang von Merleau-Ponty lässt sich auch mit seinen späteren Werken entwickeln, vor allem in Bezug auf Cézanne und Proust. Cézanne malt »die Materie, wie sie im Begriff ist, sich eine Form zu geben, will die durch eine spontane Organisation

26 | Ebd., S. 165.

27 | Ebd., S. 369. Das beruht auf einer Semiotik der Erfahrung, auf die näher eingegangen werden müsste: »Der Ablauf der Sinnesgegebenheiten unter unserem Blick oder unter unseren Händen gleicht einer von selbst sich mitteilenden Sprache, in der jede Bedeutung gleichsam aus der Struktur der Zeichen selbst hervorgeht.« (Ebd.).

28 | Ebd., S. 370.

entstehende Ordnung malen«.[29] In der Wahrnehmung ist es aber gerade die Aufmerksamkeit, die diesen Übergang zur Ordnung, zum Gestalthaften ermöglicht. So kann Merleau-Ponty schreiben: »So ist es weder Zufall noch Trug, wenn die Phänomenologie eher als eine Bewegung denn als System und Lehre sich gibt. Sie ist mühsam wie das Werk von Balzac, von Proust, Valéry oder Cézanne: im gleichen *Aufmerken* und Erstaunen, im gleichen Anspruch auf Bewusstheit, im gleichen Willen, den Sinn von *Welt* und *Geschichte* zu fassen *in statu nascendi*«.[30]

Literatur

Aristoteles: Physik. Vorlesungen über die Natur. Band 1: Buch 1-4, Hamburg: Meiner 1986.

Blumenberg, Hans: Zu den Sachen und zurück, Frankfurt am Main: Suhrkamp 2002.

Merleau-Ponty, Maurice: La structure du comportement, Paris: PUF 2013 (Deutsche Ausgabe: Merleau-Ponty, Maurice: Die Struktur des Verhaltens, Berlin/New York: De Gruyter 1976).

Merleau-Ponty, Maurice: Phänomenologie der Wahrnehmung, Berlin: De Gruyter 1966.

Merleau-Ponty, Maurice: Phénoménologie de la perception, Paris: Gallimard 1945.

Merleau-Ponty, Maurice: Sinn und Nicht-Sinn, München: Wilhelm Fink 2000.

Toadvine, Ted/Lawlor, Leonard: The Merlea-Ponty Reader, Evanston: Northwestern Universty Press 1997.

Waldenfels, Bernhard: Antwortregister, Frankfurt am Main: Suhrkamp 2007.

Waldenfels, Bernhard: Phänomenologie der Aufmerksamkeit, Frankfurt am Main: Suhrkamp 2004.

---

29 | Merleau-Ponty, Maurice: Sinn und Nicht-Sinn, München: Wilhelm Fink 2000, S. 16f.

30 | M. Merleau-Ponty: Phänomenologie der Wahrnehmung, S. 18. Die Übersetzung wurde von mir ergänzt. Vgl. Merleau-Ponty, Maurice: Phénoménologie de la perception, Paris: Gallimard 1945, S. XVI.

Wolkenformationen

Aufmerksam werden auf Atmosphären

Andreas Rauh

Hinter dem Cloud-Computing versteckt sich das Versprechen einer ortlosen, aber stets zugänglichen Sphäre von Datensicherung und Speicherkapazität. Lässt sich auch der konkrete Speicherplatz bei bestimmten Serveranbietern verorten, so gilt die Wolke als angesagte Metapher für die Netzgesellschaft: Ihre Form steht für Entgrenzung, und wenn die Daten ab in die Cloud wandern, gelten die herkömmlichen Vorstellungen von Raum und Zeit als veraltet. Wie die Wolken umgibt ein Datennetz die Erde und fügt der Erdatmosphäre eine Elektrosphäre hinzu,[1] die es virtualiter erlaubt, Identitäten und Daten in der Cloud zu verwalten und in globale Datenzusammenhänge einzubinden.

Neben dieser Elektrosphäre schließt sich an das meteorologische Bild der Wolke auch das Verständnis von Atmosphäre an, wie sie in alltäglichen und besonderen Wahrnehmungskontexten eine Rolle spielt: Die Atmosphäre *umschließt* Erde wie Wahrnehmungsbedingungen, sie *beeinflusst* Wettergeschehen und Wahrnehmungsverlauf, ja sie *bedingt* Wetter- und Wahrnehmungsphänomene. Wer in eine ästhetische Atmosphäre eintaucht, ist in Gefühlswelten involviert, die die eigene Wahrnehmung tönen und in eine bestimmte Richtung lenken können. Wer etwa durch ein Einkaufszentrum flaniert, für den sind Shoppingatmosphären inszeniert, die ihm ästhetisch präsentieren, wofür er ein Kaufbedürfnis entwickeln soll. Die Aufmerksamkeit soll sich in solchen Kontexten auf bestimmte Dinge richten. Und mittels Atmosphären soll die Aufmerk-

1 | Vgl. weiterführend die Ausführungen bei: Weibel, Peter: »Elektrosphären«, in: Heibach, Christine (Hg.), Atmosphären. Dimensionen eines diffusen Phänomens, München: Fink 2012, S. 155-172.

samkeit dirigiert werden:[2] *Dass* etwas *vielmehr so* erscheint, der Übergang vom Aufmerken zum Bemerken, soll durch den gestalteten Raum, in dem etwas erscheint, in kontingenzreduzierender Absicht beeinflusst werden. Dinge werden ›ins rechte Licht‹ gerückt, Annehmlichkeiten durch bestimmte Beschallung und sogar Beduftung sollen dazu beitragen, den Einkaufenden möglichst lange der Supermarktatmosphäre auszusetzen, denn Zeit ist Geld, und Verweildauer ist Umsatz. Das Wahrnehmungssubjekt wird dabei in seiner leiblichen Anwesenheit affektiv betroffen, die Wahrnehmung von Atmosphären konturiert die Wahrnehmungswirklichkeit. Aufmerksam werden auf Atmosphären ist deshalb besonders lohnend, wenn man sich – in Anlehnung an Wiesings Interesse für die Bildwahrnehmung – neben der »Bedingung der Möglichkeit« auch für die »Folgen der Wirklichkeit der Wahrnehmung interessiert.«[3] Wahrnehmung ist damit kein bloßer physiologischer Vorgang, sondern ein Geschehen, das auf gewissen Hintergrundaffektivitäten beruht, das eine ästhetische Basis für die Fokussierung im Sinne geweckter Aufmerksamkeit hat.

Aufmerksam werden auf Atmosphären – sowohl als Wahrnehmungs- wie auch Diskursgegenstand – ist der Vorsatz des folgenden Beitrags. Neben das skizzierte Sollen der Atmosphären soll ihr Sein treten. Anfangs wird gleichsam als distanzierter Blick von außen eine Definition von Atmosphäre analysiert, um einige Grundmerkmale der ›Dunstkugel‹ aufzuzeigen. Im Folgenden taucht der Blick in die ›Wolke‹ ein, die diskursförderliche Vagheit der Atmosphäre, ihr wolkiger Charakter wird zum Thema. Daraufhin wird die Atmosphäre in ›Wolken‹, in mehrere Verständnishorizonte je nach Wahrnehmungskontext aufgefächert. Abschließend verweisen ›Wolkenformationen‹ auf bestimmte Wahrnehmungsweisen und auf das interdisziplinäre Forschungsfeld zu Atmosphären. In Zeiten der methodischen Prävalenz von bildgebenden Verfahren wird im Folgenden die ›Metapher‹ als verkürzter bildhafter Vergleich bemüht, in der Hoffnung auf Überbrückung etwaiger semantischer Lücken. Wolkenformationen sind von außen klar bestimm- und beschreibbar, von innen sind sie wolkig-vage.

2 | Vgl. auch den Beitrag von Bernhard Waldenfels in diesem Band, v.a. S. 27 und S. 39f.

3 | Wiesing, Lambert: Das Mich der Wahrnehmung, Frankfurt am Main: Suhrkamp 2009, S. 8, vgl. auch S. 112ff.

Wolke: Dunstkugel

›Dunst-Kugel‹ ist die wörtliche Übersetzung für das griechische ›Atmos-Sphaira‹. Die Atmosphäre ist zunächst ein meteorologisch-physikalisches Phänomen, die Hülle eines Planeten. Im Falle des blauen Planeten ist sie (zusammen mit dem Erdmagnetfeld) notwendige Bedingung für Leben, angesiedelt in einem Zwischenbereich zwischen dem Nichtseinkönnen im All und dem Sein auf der Erde. In der Debatte um Atmosphären als Wahrnehmungsgegenstand des Alltäglichen und Außeralltäglichen sind vor allem zwei Eigenschaften entlehnt präsent: Zum einen umhüllt die Atmosphäre allseitig, sie umgibt Menschen, Dinge, Situationen und ist damit sowohl nicht bloß Subjekten als auch nicht bloß Objekten zuzurechnen. Zum anderen hat die Atmosphäre eine Wirkung, sie prägt Räume mit einer emotionalen Tönung und macht affektiv betroffen.

Als einer der prägenden Diskursbereiter der Atmosphärethematik gibt Gernot Böhme folgende Definition, die zwar nicht die einzige oder gar eine umfassende, dafür aber eine didaktisch wertvolle Definition darstellt. Denn sie enthält einige grundlegende Kennzeichen des Atmosphärephänomens wie der -debatte, die bei genauer Betrachtung deutlich werden und umreißen, was in anderen Texten zur und Definitionen von Atmosphäre diskutiert wird. Böhme versteht Atmosphären als spürbare »Beziehung von Umgebungsqualitäten und menschlichem Befinden [...]. Dieses *Und*, dieses zwischen beidem, dasjenige, wodurch Umgebungsqualitäten und Befinden aufeinander bezogen sind, das sind die Atmosphären.«[4]

Beziehung wird als erstes Bestimmungsstück der Atmosphäre genannt. Sie ist damit weder ein in der Welt begegnendes Ding noch dessen bloße Eigenschaft, weder ein Zustand noch eine Projektion des Subjekts. Die Beziehung als notwendige Relation von Objekten zu Subjekten steht im Fokus, die eine Verbindung zur Verbindlichkeit führt.[5] Die atmosphä-

4 | Böhme, Gernot: Atmosphäre. Essays zur neuen Ästhetik, 7. Aufl., Berlin: Suhrkamp 2013, S. 22f. (Hervorhebung im Original)

5 | Die grundlegende und gestaltbare Beziehung von Mensch und Raum ist etwa im schulischen Kontext zur Erzeugung von Verbindlichkeit wichtig, vgl. hierzu: Pfrang, Agnes/Rauh, Andreas: »Lernatmosphären«, in: Kraus, Anja/Budde, Jürgen/Hietzge, Maud/Wulf, Christoph (Hg.), ›Schweigendes‹ Wissen in Lernen

rische Relation wird von ›Umgebungsqualitäten‹ und ›menschlichem Befinden‹ gebildet – eine im qualitativen Sinne erweiterte Form der Begriffe ›Objekt‹ und ›Subjekt‹.

Umgebungsqualitäten sind die Objekte der Wahrnehmung, dasjenige, was dem Wahrnehmenden als Seiendem in der Wahrnehmung entgegen-steht. Dazu zählen Dinge, Gegenstände der Natur oder Kunst, Menschen, Ereignisse und Phänomene wie der Wind oder die Nacht, die zu einer Perspektive des *nicht-neutralen Ortes* beitragen. Die Subjekt-Objekt-Dichotomie weicht einer relational-ontologischen Auffassung von Atmosphären. Die Dinge sind dabei nicht durch ihre Handhabbarkeit und das Sich-vom-Leibe-Halten in Praxiszusammenhängen geprägt, sondern durch ihr Hervortreten und das Sich-Zeigen der Dingeigenschaften. Sie »strahlen gewissermaßen aus, projizieren ihre Qualitäten in den Raum hinein und färben das gesamte Umgebungsfeld.«[6]

Menschliches Befinden ist das andere Konstituendum der Atmosphäre. Während die Umgebungsqualitäten auf den nicht-neutralen Ort verweisen, so das ›menschliche Befinden‹ auf eine *nicht-neutrale Wahrnehmung*. Das Befinden ist dabei doppelt zu verstehen als einerseits die leibliche Anwesenheit an einem Ort (Wo-Befinden) und andererseits als ein Sich-Befinden in bestimmter Weise (Wie-Befinden). Die Wahrnehmung einer Atmosphäre ist ohne die leibliche Anwesenheit eines wahrnehmenden Subjektes nicht möglich. Diese Anwesenheit ist im Vergleich zum vermiedenen Subjektbegriff in der Definition durch den Befindenbegriff impliziert. Der trivial scheinende Hinweis auf die Notwendigkeit der Anwesenheit soll jedoch vermeiden, das Befinden nur als spezifischen Zustand des Wahrnehmungssubjektes zu verstehen. Das leibliche Befinden ist der Ankerpunkt für die Betroffenheit von Atmosphären, die das Subjekt zum unvertretbaren Wahrnehmungsbezugspunkt macht.[7] Solcherart kann

und Erziehung, Bildung und Sozialisation, Weinheim: Beltz Juventa 2016 (im Erscheinen).

6 | Thibaud, Jean-Paul: »Die sinnliche Umwelt von Städten. Zum Verständnis urbaner Atmosphären«, in: Hauskeller, Michael (Hg.), Die Kunst der Wahrnehmung. Beiträge zu einer Philosophie der sinnlichen Erkenntnis, Zug: Die Graue Edition (Die graue Reihe, 36) 2003, S. 293. Thibaud merkt an, dass in dieser Hinsicht schon Merleau-Ponty von der ›atmosphärischen Existenz‹ von Farben gesprochen hat.

7 | Vgl. auch L. Wiesing: Das Mich der Wahrnehmung, S. 120f.

die spezifische räumliche Tönung durch eine Atmosphäre subjektiv wie transsubjektiv erfasst werden.

Als *Und* tauchen die Atmosphären in der Relation von Umgebung und Befinden auf. Zwar wird es in der Definition durch Kursivierung und Großschreibung klar und deutlich markiert, es erscheint aber zunächst als unschein- und überlesbarer Junktor zwischen den Konstituenden ›Umgebungsqualitäten‹ und ›menschliches Befinden‹. Das mag von der etwaigen Subtilität von Atmosphären zeugen, die dann aber leider auch im Mainstream von Forschungsdesigns nur als kleingeschriebenes ›und‹ zwischen vermessbaren Objektkonstellationen sowie befragbaren Subjekten behandelt wird, als ein Epi- oder Folgephänomen. Aufmerksam werden auf Atmosphären gelingt über das großgeschriebene ›Und‹, das darauf verweist, dass es da etwas Drittes gibt, das nicht nur Subjekt oder nur Objekt ist. Das ›Und‹ ist die Entstehungsbedingung von Atmosphären. Es verbindet eine nicht-neutrale Wahrnehmung mit einem nicht-neutralen Ort in einem konkreten Hier und Jetzt. In der qualitativ spezifisch geprägten Kopräsenz eröffnet sich der atmosphärische Raum des ›*zwischen beidem*‹. Mit dem ›Und‹ ist der Raum eröffnet, auf den hin in atmosphärischen Kontexten formuliert wird: Objekte haben Ausstrahlung, sie präsentieren sich in der Atmosphäre (statt: haben Eigenschaften, die vom Subjekt wahrgenommen werden können) und das Subjekt befindet sich in der Atmosphäre, wird von ihr betroffen (statt: orientiert sich an den Eigenschaften des Objektes). Das Wahrnehmungssubjekt ist dativisch oder akusativisch betroffen und nicht das genitivische Anhängsel eines Sinnenapparates, so dass in der Atmosphäre der Dativ des Genitivs Tod sein darf. Die Atmosphäre ist ein ›Und‹ von Umgebungsqualität und eigenem Befinden – sie ist kein ›Oder‹ der entschiedenen Zuwendung zu bloß einer der sie konstituierenden Faktoren. Diese Beziehung von Umgebung und Befinden herrscht immer und überall in je charakteristischer Ausprägung und Intensität.

Das *Zwischen* als Ort der Atmosphäre wirkt über den privaten Zwischenbereich hinaus und bezieht sich auf das sonstigen Umfeld auch, das den Menschen umgibt, ohne dass er es wahrnehmungsmäßig fixiert hat oder fixieren will, das aber dennoch um ihn da ist. Wer das ›Zwischen‹ als lediglich privaten Stimmungsraum schematisch missversteht, wird nicht nachvollziehen können, in welcher Weise eine derart private Wahrnehmungssituation auch Bedingungen für atmosphärische Umstimmungen bei anderen Personen bereithält. Während das ›Und‹ auf das

Zusammenspiel von Subjekt und Objekt in der Wahrnehmung hinweist, steht das ›Zwischen‹ für das Zusammensein, die Kopräsenz leiblich anwesender Wahrnehmungssubjekte und in die Umgebung ausstrahlender Wahrnehmungsobjekte. Dieses Zusammensein erschwert das eindeutige Dingfestmachen einzelner Atmosphärebestandteile, weil für das partizipierende Subjekt »durch seine Eingelassenheit in die Atmosphäre die Situation überkomplex zu sein scheint.«[8] Im Sinne dieses Status als Zwischenphänomen, im Sinne der Atmosphäre als etwas Drittes wird verständlich, dass begriffliche Probleme bei der Beschreibung von Atmosphären auftreten können. Nimmt man das ›Zwischen‹ ontologisch ernst, werden durch Atmosphären besondere Erfahrungsebenen thematisch – zwischen Sinn und Sinnlichkeit und Sinnhaftigkeit.

Das *Wodurch* – die ebenfalls recht leicht überlesbare, sich anschließende Definitionsfacette von Atmosphäre – betont noch stärker als das ›Und‹ das Zusammenkommen aller Wahrnehmungskomponenten. Die wahrnehmende Begegnung von Subjekt und Objekt ist nicht nur *Entstehungsbedingung* (Und) oder *Ort* (Zwischen) der Atmosphäre, sondern gleichsam ihr *Produkt* (Wodurch). Die Atmosphäre wird nicht nur im Zusammenspiel in der Wahrnehmung festgestellt, hat nicht nur einen Zwischenstatus zwischen Subjekt und Objekt, sondern ist auch das Medium, das Subjekt und Objekt erst aufeinander bezieht. Sie ist die Beziehung selber im Sinne »eines *gemeinsamen* Zustandes von Subjekt und Objekt«.[9] Statt eines ›weder – noch‹ ist die Atmosphäre eher ein ›sowohl – als auch‹, das einen Kurzschluss zwischen der psychischen und der materiellen Wirklichkeit kennzeichnet, der eine eigene Wirklichkeitssphäre erzeugt. Das ›Wodurch‹ der Atmosphäre hat dabei zwei Facetten: Zum einen das ›Wodurch‹ der *Einwirkung* auf Subjekte, das eine bestimmte Wahrnehmung erst durch die Beziehung von Umgebungsqualitäten und Befinden ermöglicht und zum anderen das ›Wodurch‹ der *Auswirkung* auf Subjekte, das mittels der Atmosphäre Wahrnehmung und Verhalten derselben

8 | Böhme, Gernot: »Kommunikative Atmosphären«, in: Basfeld, Martin/Kracht, Thomas (Hg.), Subjekt und Wahrnehmung. Beiträge zu einer Anthropologie der Sinneserfahrung, Basel: Schwabe 2002, S. 103.

9 | Böhme, Gernot: Aisthetik. Vorlesungen über Ästhetik als allgemeine Wahrnehmungslehre, München: Wilhelm Fink 2001, S. 56, vgl. auch S. 54.

beeinflusst, das selbst auf deren Bewegungsstil wirkt.[10] Damit wird dafür argumentierbar, dass »atmosphere constitutes a fundamental aspect of the human experience of the world and that it thus is an important part of the identities and conceptualisations of landscapes, architecture and homes.«[11]

Vielleicht ist die Atmosphäredefinition bei Böhme auf diese Ausführlichkeit der Darstellung ihrer Facetten nicht angelegt. Denn oft werden das ›Und‹, das ›Zwischen‹ und das ›Wodurch‹ zusammen gelesen, etwa dann, wenn man unter Auslassung des Nebensatzes liest: ›Dieses *Und*, das sind die Atmosphären.‹ Das *sind* der Definition weist jedoch auf einen Plural hin, auf das Arrangement von ›Und‹, ›Zwischen‹ und ›Wodurch‹, das Atmosphären kennzeichnet. Die Definition gibt damit Entstehungsbedingung, Ort und Produkt von Atmosphären an – die eingangs genannten umschließenden, beeinflussenden und bedingenden Facetten der Atmosphäre. Mittels dieser Definition ist es leicht, semantisch zu konstatieren, dass es immer und überall Atmosphären gibt. Warum wird man nicht ständig auf sie aufmerksam? Herrschen doch nicht immer und überall Atmosphären? Sind sie so alltäglich, dass sie nicht auffällig werden?

Wolke: Nebel

Ein Tropfen macht noch keinen Regen und ein Tröpfchen noch keine Wolke. Die Wolke selber ist ein wandelbares Ganzes, begrenzt, aber ohne feste, gleich bleibende Grenze. Wer in eine Wolke eintaucht, ist von nebliger Diffusität umgeben, befindet sich in einem Raum ohne Ecken und Kanten. Bei Atmosphären liegen die Veranschaulichung durch den Begriff und die Vagheit in der Wahrnehmung eng beieinander. Als Ge-

10 | Im Bewegungsstil kommen damit das Verhältnis zur Umgebung sowie die Art des Zusammenseins zum Ausdruck. J.-P. Thibaud: Die sinnliche Umwelt von Städten, S. 291. Ebenso Thibaud, Jean-Paul: »Une approche pragmatique des ambiances urbaines«, in: Amphoux, Pascal/Thibaud, Jean-Paul/Chelkoff, Grégoire (Hg.), Ambiances en débats, Bernin: À la Croisée 2004, S. 157-158.

11 | Bille, Mikkel/Bjerregaard, Peter/Sørensen, Tim F.: »Staging atmospheres: Materiality, culture, and the texture of the in-between«, in: Emotion, Space and Society 15 (2015), S. 31.

genstand des (wissenschaftlichen) Diskurses wird eine Atmosphäre wie eine Wolke gleichsam von außen und wahrnehmungsbezogen *ex post* beschrieben. Ihr Charakter wird dadurch eindeutig, ihre Gestalt lässt sich in der Differenz von Figur und Grund feststellen. Als Gegenstand der Wahrnehmung jedoch wird eine Atmosphäre wie aus dem Inneren einer Wolke nur vage beschreibbar, im Spüren *ad hoc* können Art und Umfang einzelner Atmosphärebestandteile (wozu im Sinne einer »aisthetischen Hintergrunderfahrung«[12] auch abgerufene Erfahrungen und Erwartungen zählen können) schwer bestimmt werden. Die Vagheit der Atmosphäre deutet sich schon in der wörtlichen, wolkig-nebligen Bedeutung von Atmosphäre als Dunstkugel an. Schützenhilfe für die Vagheit leistet auch Schmitz' Definition: »Gefühle sind räumlich, aber ortlos, ergossene Atmosphären«.[13] Denn wenn man – wie v.a. in den Sozialwissenschaften – unter ›Ort‹ eine geometrische, physikalische Festlegung im Raum und unter ›Raum‹ eine Möglichkeitsvielheit von Orten versteht, dann wird durch die Entgegensetzung von ›Raum‹ und ›Ort‹ in der Definition eine Unbestimmtheit angedeutet, die durch die Wortwahl ›ergossene‹ das Fließenden und Fluidale prononciert – ähnlich dem Cloud-Computing: Die Daten sind irgendwo, und immer da, wo man sie braucht, die Grenzen kennt man nicht.

Vorwiegend als sprachliches Problem von Prädikaten spielt Vagheit strukturell in die Bereiche Metaphysik, Sprachphilosophie und Epistemologie hinein und tangiert damit auch den Bereich des Ästhetischen. Findet sich ein Grenzfall, für den selbst in einer Begriffsanalyse über das Zutreffen oder Nicht-Zutreffen eines Prädikates nicht entschieden werden kann, spricht man davon, das Prädikat sei vage, es besitze einen »prädikativen Halbschatten (›penumbra‹), in dem weder Wahrheit noch Falschheit eindeutig regieren: Tertium datur.«[14] Zwar führt der Beispiel-

12 | Vgl. Rauh, Andreas: Die besondere Atmosphäre. Ästhetische Feldforschungen, Bielefeld: transcript 2012, S. 154.

13 | Schmitz, Hermann: Der Leib, der Raum und die Gefühle, Bielefeld: Edition Sirius 2009, S. 23.

14 | Buldt, Bernd: »Vagheit«, in: Ritter, Joachim/Gründer, Karlfried/Gabriel, Gottfried (Hg.), Historisches Wörterbuch der Philosophie. Band 11: U-V, Basel: Schwabe & Co 2001, Sp. 531-532. Zur Dreigliedrigkeit des Referenzbereiches eines Begriffes in klar positive, klar negative Anwendungsfälle und die Penumbra vgl. auch Russell, zitiert in Wolski, Werner: Schlechtbestimmtheit und Vagheit –

satz ›Das Tal grenzt an den Berg‹ zwei klar definierte Dinge an: Tal und Berg. Wo verläuft aber nun genau die Grenze? Ab wo ist der Berg nicht mehr Berg, sondern schon Tal? Derartige Abgrenzungsprobleme sind für den Herstellungskontext (nicht nur) von Atmosphären höchst relevant. Für eine umsatzförderliche Shoppingatmosphäre soll möglichst wenig dem Zufall überlassen werden.[15] Für die *Produktion* geht es um die Frage, ob Gegenstände eine Atmosphäre erzeugen oder ob nicht, ob eine Atmosphäre einer bestimmten Konstellation, einem spezifischen Raumsetting entspringt, ob man eine bestimmte Atmosphäre überhaupt im Hinblick auf eine bestimmten Wahrnehmungsqualität herstellen kann oder ob nicht. Und für die *Rezeption* geht es um die Frage, ob die Zuordnung eines Prädikates zur Beschreibung einer Atmosphäre zutreffend ist oder ob nicht, ob und wie die Atmosphärewahrnehmung von eigenen Erfahrungen abhängt oder ob nicht, ob man das Gespürte verorten kann oder ob nicht, ob die Atmosphäre nur eine subjektive Stimmung oder Laune ist oder ob nicht.

Klassischerweise wird Vagheit anhand des Sorites (›sorós‹, griechisch ›der Haufen‹), des Haufenparadoxons veranschaulicht.[16] Er ist ein Beispiel dafür, wie das Involviertsein zum markanten Problem für den Bezug von Phänomen zu dessen Beschreibung wird. Er hilft verstehen, warum Atmosphären als vage bezeichnet werden können, und woher also Aussageunschärfen in (wissenschaftlichen) Beschreibungen und das Metaphorische atmosphärischer Rede rühren. Der Sorites lässt die Grenzen eines Begriffes ins Fließen geraten. In umgedrehter soritaler Richtung (vgl. das Falakros-Paradox) ließe sich die Absurdität etwa folgendermaßen anhand einer Wolke veranschaulichen: Gegeben sei ein Tröpfchen Wasser. Ein Tröpfchen macht noch keine Wolke. Fügt man nun diesem ersten Tröpfchen ein weiteres hinzu, wird man immer noch keine Wolke ausmachen können. Fügt man noch ein weiteres hinzu, wird es immer noch keine Wolke sein, denn wenn sich Tröpfchenmengen nur durch ein Tröpfchen unterscheiden, sind entweder beide eine Wolke oder beide kei-

---

Tendenzen und Perspektiven. Methodologische Untersuchungen zur Semantik, Tübingen: Niemeyer 1980, S. 87.

15 | Vgl. Kotler, Philip: »Atmospherics as a Marketing Tool«, in: Journal of Retailing 49 (4) (1973), S. 48-64.

16 | Wenn nicht gar Vagheit und Sorites-Unschärfe gleichgestellt untersucht werden: vgl. Schöne, Tim: Was Vagheit ist, Paderborn: Mentis 2011.

ne Wolke. Leitet man nun daraus die Regel ab ›Wenn *n* Tröpfchen noch keine Wolke sind, dann auch *n+1* Tröpfchen noch nicht‹, so führt dies zu dem paradoxen Schluss, dass keine Tröpfchenmenge eine Wolke ist, folgerichtig auch Milliarden von Tröpfchen nicht, was aber bei genügend wiederholter Tröpfchenzugabe der Fall sein wird. Aber es gibt Wolken die aus Milliarden von Tröpfchen bestehen. Zusammenfassend stellt sich der Sorites/Falakros dar als ein Wechselspiel von intuitiver Plausibilität der einzelnen Argumentationsschritte und einer Absurdität als Ergebnis logischen Schlussfolgerns. Dadurch verdeutlicht er die Schwierigkeit der Grenzziehung zwischen stetig ineinander übergehenden Zuständen. Die zugrundliegenden Verfahrensbedingungen sind die iterative Anwendung des *modus ponens*, zu der keine Abbruchbedingungen formuliert sind, das Toleranzprinzip, das die kleinen Änderungen zulässt sowie das Bivalenzprinzip, das einen zweiwertigen Beurteilungsrahmen von wahr und falsch absteckt. Zur Behebung der Paradoxie lassen sich drei Auswege denken: Man kann erstens die Schlussfolgerung des Argumentes zulassen, zweitens die Logik des Folgerns für fehlerhaft halten und abweisen oder drittens die Vorbedingungen ändern oder ablehnen.[17] Das *tertium datur* der Vagheit verweist jedoch auf eine eigene Logik der Vagheit, auf einen pragmatischer Zugang zu einem Phänomen, das sich in seiner Vagheit einem sprachlichen Zugang nicht verschließt.[18]

Atmosphären können nun zwar nicht als ontologisch (Vagheit als Bestandteil der Welt und Wirklichkeit) oder semantisch (Vagheit als prinzipielle oder faktische Unschärfe von Begriffen), jedoch als epistemisch vage (Vagheit als prinzipieller oder faktischer Mangel an Wissen über den Gegenstand der Rede) bezeichnet werden. Vage wie auch präzise Begriffe ziehen klare Grenzen. Auch ganze Sätze mit vagen Begriffen sind eindeutig wahr oder falsch. Ungewissheit zeigt sich jedoch in der Unklarheit im Hinblick auf die Zuordnung von Wahrheitswerten, beispielsweise aufgrund von Unsicherheiten betreffs der vollständigen Verfügbarkeit aller

17 | Für eine ausführlichere Auseinandersetzung mit den drei genannten Möglichkeiten siehe A. Rauh: Die besondere Atmosphäre, S. 183ff.

18 | Vgl. Baecker, Dirk: »Atmosphäre als synthetisches Gestaltungsinstrument«, in: Schmidt, Alexander/Jammers, Reinhard (Hg.), Atmosphäre – Kommunikationsmedium der gebauten Umwelt, Essen: Red Dot Edition 2005, S. 33.

relevanten Informationen.[19] Im Sinne der epistemischen Vagheit dient der Sorites/Falakros als Beweis dafür, dass wenigstens eine Voraussetzung einer vagen Aussage falsch ist. Da ein Tröpfchen keine Wolke ist, und da es eine klare Grenze zwischen Wolke und Nicht-Wolke geben muss, muss etwas an der Verfahrensregel ›Wenn *n* Tröpfchen noch keine Wolke sind, dann sind *n+1* Tröpfchen auch keine Wolke‹ nicht stimmen. Mittels einer Anzahl *n* besteht jedoch keine Möglichkeit, die Grenze genau festzulegen. Denn wenn etwas ein Grenzfall für einen vagen Begriff ist, ist man aussichtslos unwissend. Epistemische Vagheit geht also von klaren Begriffen aus und problematisiert den Erkenntniszusammenhang, der schon bei der Wahrnehmung anhebt, die begrifflich festgehalten wird. Der Mensch ist mit einer Wahrnehmungsfähigkeit ausgestattet, die manche Grenzen nicht erkennt und deshalb unscharfe annehmen muss.[20] Involviert im Nebel der Atmosphäre ist eine explizite Beschreibung der Dunstkugel der Atmosphäre nur vage möglich. So alltäglich und klar der Atmosphärebegriff scheint, so sehr verflüssigen sich die Grenzen des Begriffs, will man das Phänomen einem Fragenden erklären. Mit der klaren Atmosphäredefinition scheint keine klare Atmosphärewahrnehmung verbunden zu sein. Die Und-Bestimmung der Atmosphäredefinition erschwert es tatsächlich, die subjektiven und/oder objektiven Atmosphärebestandteile eindeutig zu benennen. Das ›Und‹ sorgt nur für eine schwebende und schwelende Erkenntnis, welche Wirkfaktoren in welchem Umfang eine Atmosphäre bestimmen – und untermauert damit die Vagheit der Atmosphäre als eine epistemische. Sie lässt sich formelhaft wie ein Unschärfefaktor vor die summierende Wahrnehmungsbeziehung von Umgebung und eigenem Befinden stellen. Mit diesem Faktor lässt sich vor allem im Herstellungskontext von Atmosphären ganz treffend auf die Schwierigkeiten hinweisen, die qualitative Wahrnehmungsgegenstände auslösen. Denn während ein Aufsummieren gewöhnlich quantitativ nach dem Muster 1+1=2 funktioniert, funktioniert die Atmosphärewahrnehmung eher qualitativ nach dem Muster 1+1=1. Atmosphären zu erschließen oder zu erzeugen gelingt dann nicht über ein bloßes Aufsummierung oder Aneinanderreihen von Wahrnehmungsfaktoren, sondern muss mit einer qualitativen Einheit rechnen, einem *Surplus*.

19 | Vgl. B. Buldt: Vagheit, S. 538, W. Wolski: Schlechtbestimmtheit und Vagheit, S. 143.

20 | Vgl. weiterführend T. Schöne: Was Vagheit ist, S. 174-189.

Der Einzug des Vagheitsthemas in die Atmosphäredebatte hat positive Konsequenzen. Zugunsten der Phänomengerechtigkeit unterwandert das Vagheitsthema eine vorschnelle Exaktheit. Aufgrund des Involviertseins in atmosphärische Wahrnehmungsbezüge wird die Differenz von Erlebnis- und Beschreibungszusammenhang deutlich. Die Atmosphäredebatte wird also durch ein Gespür für unklare Grenzziehungen und methodische Unsicherheiten *formal* bereichert, und wird durch einen Fokus auf das Unbestimmbare der Wahrnehmungssituation auch *inhaltlich* bereichert. Das Alltägliche, bisweilen Poetische und Metaphorische atmosphärischer Rede wird durch die Vagheit erklärbar.[21]

Wolken: Dimensionen und Zahl

Von Atmosphären spricht man in einer semantischen Spannweite, die von einer beiläufigen Verwendung zur Benennung von Raumdekor, Gefühlslagen oder Gesprächssituationen bis zu einer didaktischen Verwendung reicht, die hohe Erwartungen hegt in Bezug auf (Lebens-)Weltzugang, Lenkung von Aufmerksamkeit oder ästh-ethische Machtausübung. In welchen Dimensionen wird nun der Atmosphärenbegriff verwendet, in welchem Rahmen, mit welcher Rolle? Wie viele Wolken welcher Art gibt es?

Mittels der beiden Fragen des ›Wann‹ und des ›Wo‹ der Atmosphärewahrnehmung werden vier Dimensionen erkennbar, die die Sicht auf das Phänomen aufspannen und mit dem Begriff der ›besonderen Atmosphäre‹ seinen Auffindungszusammenhang klären: ›Immer und Überall‹, ›Hier und Jetzt‹, ›Hier und Immer‹ sowie ›Auf Einmal‹.[22]

21 | Dies hat Auswirkungen auf die Sprache, die in empirischen Forschungen zu Atmosphären eingesetzt und ausgewertet wird. Vgl. A. Rauh: Die besondere Atmosphäre, S. 206ff.

22 | Das systematische Quadrat aus ›Wann‹ und ›Wo‹ der Atmosphärewahrnehmung ergibt noch die zugunsten des ›Auf Einmal‹ unterschlagene Dimension des ›Jetzt und Überall‹. Gekoppelt an das ›Immer und Überall‹ als allgemeine Wahrnehmungsbedingung von Atmosphäre verweist das ›Jetzt und Überall‹ als Subjektivitätsbedingung auf das Befinden aller Wahrnehmenden in einer Atmosphäre – sie ist daher eine personell erweiterte Variante des ›Hier und Jetzt‹.

Das *›Immer und Überall‹* ist die erste Dimension. Sie resultiert als formale und generelle Aussage aus dem Zusammenspiel im ›Und‹ der Atmosphäre und gibt an, dass man zu jeder Zeit in eine Atmosphäre eingebettet ist. Immer und überall gibt es Atmosphären als Wahrnehmungsgegenstand oder -haltung aufgrund des leiblichen Spürens als grundlegende Wahrnehmungsweise des affektiven Betroffenseins von Umgebungsqualitäten. Die Atmosphäre des ›Immer und Überall‹ verweist auf die Nicht-Neutralität von Ort und Wahrnehmung und auf das atmosphärische ›Wodurch‹, das den affektiven Hintergrund bildet, von dem sich Wahrnehmungssubjekt und -objekt erst als eigene Instanzen differenzieren können. Doch analog zur Ubiquität der Daten-Cloud, bei der die Daten ja nicht immer und überall sein können, sondern beim Abruf irgendwo bestimmt sind, spricht man von Atmosphären meist konkreter und weniger formal.

Das *›Hier und Jetzt‹* ist die zweite Dimension. Eine Atmosphäre nimmt man in einem konkreten Augenblick an einem konkreten Ort wahr, an dem man sich leiblich in bestimmter Weise befindet. An diesem Ort des ›Zwischen‹ zeigt sich die Atmosphäre als bestimmte Wahrnehmungstönung, ein gestimmtes ›Hier und Jetzt‹, das zum besonderen Wahrnehmungsinhalt wird. Diese ästhetische Dimension der Atmosphäre ist der Prüfstein für atmosphärische Gestaltungsbemühungen – etwa wenn sich die Einrichtung eines Supermarktes im Hinblick auf einen angenehmen Aufenthalt in der Shoppingatmosphäre und damit auf den intendierten Umsatz hin bewähren muss. Hierbei wird die Frage interessant, inwiefern dieses ›Hier und Jetzt‹ kommunizierbar ist, welche Gewichtung welche einzelsinnlichen Zugänge zur räumlichen Umgebung bekommen und wie abhängig die Qualität einer Atmosphäre von diesen einzelsinnlichen Zugängen ist. Auch: Welche Rolle spielt Sprache im »dilemma of attempting to describe as accurate as possible complex, at times vague, experiences whilst conceding ambiguity«?[23] Und wie sehr ähnelt sich die Atmosphärewahrnehmung mehrerer im Raum anwesender Personen? Wenn also etwa in einem Museum von einer erhabenen Atmosphäre gesprochen wird: Herrscht dann dort nur eine Atmosphäre, an der jeder

23 | Brünner, Margit: Constructing Atmospheres – Test Sites for an Aesthetics of Joy, Baunach: Spurbuchverlag 2015, S. 126. Für Brünner lautet die Antwort: Man greift sprachlich auf konventionelle Begriffe und Kategorien zurück – etwa dann, wenn man mit den Begriffen ›Subjekt‹ und ›Objekt‹ operiert.

Wahrnehmende teilhat, oder gibt es viele Atmosphären, die von den jeweiligen Wahrnehmenden gespürt werden und sich grob ähneln, so dass näherungsweise von Erhabenheit gesprochen werden kann?

Das ›*Hier und Immer*‹ ist die dritte Dimension. Einigen Landschaftsräumen oder Bauwerken wird eine derartige Prägung durch die vorhandenen Wahrnehmungsobjekte attestiert, so dass sich der atmosphärische Charakter der Gegend oder des Raumes nicht zu verändern scheint. ›Hier und Immer‹ trifft man auf eine eigene Umgebungsqualität, die man immer wieder – wenn auch nicht in gleicher Weise so doch gleichermaßen – spüren kann. Hotelketten bemühen sich etwa um eine weltweit gleiche Wohlfühlatmosphäre, um den weitreisenden Gast ›Hier und Immer‹ eine vertraute Atmosphäre zu bieten. Die Atmosphäre wird damit quasi objektiv, also ohne Kenntnis und in Vorwegnahme der jeweiligen leiblichen Gestimmtheit eines atmosphärisch Wahrnehmenden einem Raum zuschreibbar. Die jeweilige Atmosphäre im ›Hier und Jetzt‹ scheint einer vorhergehenden Atmosphäre im ›Hier und Jetzt‹ am selben Ort zu gleichen.[24] Die Atmosphäre im ›Hier und Immer‹ verweist damit auf eine feststehende Ortscharakterisierung, die durch Erinnerung an vorhergehende Atmosphärewahrnehmungen heraufbeschworen wird. Selbst bei einer Atmosphäre, die stark von Menschenmassen geprägt ist und somit Variationen ihrer Intensität aufweisen kann, ist sie als Umgebungsqualität wiederholbar ›Hier und Immer‹ spürbar – beispielsweise die hektische Atmosphäre eines kartierenden Schauens und sammelnden Fotografierens im Saal der Mona Lisa.

Die bisherigen drei Dimensionen basieren auf begrifflichen Bestimmungen (›Immer und Überall‹) und der Wahrnehmung mal aus einer eher auf ihren Subjektpol (›Hier und Jetzt‹), mal eher auf ihren Objektpol bezogenen Perspektive (›Hier und Immer‹). Sie beruhen auf einer unterstellten Vertrautheit mit Atmosphären. Doch im Alltag sind Atmosphären oft so subtil oder gewöhnlich, dass sie nicht als solche wahrgenommen werden. Man muss auf sie erst aufmerksam werden, man muss in eine besondere Atmosphäre geraten.

Das ›*Auf Einmal*‹ ist die vierte Dimension. Die Atmosphäre wird durch bestimmte natürliche wie gestaltete Umgebungsqualitäten ›Auf

24 | Die anwesenden Personen können hierbei »trotz der Subjektivität des Spürens sich über den Charakter dessen, was sie spüren, verständigen [...].« G. Böhme: Aisthetik, S. 49.

Einmal‹ auffällig, plötzlich als markante wahrgenommen. Man spürt eine ›besondere‹ Atmosphäre, also eine solche, die den Wahrnehmenden derart mit dem Atmosphärephänomen konfrontiert, dass eine Charakterisierung der Atmosphäre (noch) nicht stattfinden kann – sie wird als ›irgendwie besonders‹ beschrieben.[25] Die besondere Atmosphäre trägt dazu bei, das Atmosphärephänomen überhaupt zu thematisieren; sie ist der Steigbügelhalter, der den Umschwung von einer alltäglichen Wahrnehmung zum Spüren von Atmosphären ermöglicht. Sie ist primär also keine singuläre ausgezeichnete Atmosphäre unter anderen – etwa als eine herausragende im reflexiven Vergleich mehrerer Atmosphären im ›Hier und Immer‹ –, sondern das Entdeckungsmoment, der Auffindungszusammenhang der qualitativen Besonderheit des Atmosphärephänomens im ›Auf Einmal‹.[26] Dabei wird deutlich, dass die wahrgenommene Welt als Atmosphäre »dem Subjekt also weniger gegenüber[steht], als daß sie es umhüllt.«[27] In der besonderen Atmosphäre wird das ontologische Nebeneinander alltagspragmatischer Wahrnehmungsbezüge zu einem ontologischen Verflochtensein und Ineinander eines immer schon umhüllenden atmosphärischen Spürens. Für das ›Auf Einmal‹ sind dabei nicht zwingend außergewöhnliche Kontexte nötig, da es auch in der »Wahrnehmung des Gewöhnlichen bewirkt werden« kann.[28] Aufgrund ihres prominenten Bezugs zu Wahrnehmungsfragen kann jedoch v.a. Kunst zum Prüfstein, Abgrenzungspunkt und Lehrstück der Wahrnehmung

---

25 | Vgl. A. Rauh: Die besondere Atmosphäre, S. 158ff., auch Huppertz, Michael: »Spirituelle Atmosphären«, in: Debus, Stephan/Posner, Roland (Hg.), Atmosphären im Alltag. Über ihre Erzeugung und Wirkung, Bonn: Psychiatrie-Verlag 2007, S. 160.

26 | Im Englischen wäre also zu differenzieren zwischen einer ›special atmosphere‹ und einer (hier nicht gemeinten) ›particular atmosphere‹.

27 | J.-P. Thibaud: Die sinnliche Umwelt von Städten, S. 282.

28 | Fischer-Lichte, Erika: Ästhetik des Performativen, Frankfurt am Main: Suhrkamp 2004, S. 313. Zwar weist Bockemühl darauf hin, dass Atmosphären »nur in Sondersituationen bewußt erfaßt« werden und im Alltag nur spontan auftreten: Bockemühl, Michael: »Atmosphären sehen. Ästhetische Wahrnehmung als Praxis«, in: Mahayni, Ziad (Hg.), Neue Ästhetik. Das Atmosphärische und die Kunst, München: Wilhelm Fink 2002, S. 221. Diese Sondersituationen können aber auch die alltäglichen sein, in denen die ›besondere Atmosphäre‹ zum Wahrnehmungsgegenstand wird.

von Atmosphären werden. Sie initiiert das Spüren von Atmosphäre, das Reflektieren- und Reden-Können über ein Wahrnehmungsphänomen, das sinnliche Wahrnehmung umfassend thematisiert. Wird ›Auf Einmal‹ das ›Wodurch‹ als (vages) Produkt der Wahrnehmungsbestandteile deutlich, kann eine Aufmerksamkeit für das ›Und‹ Raum gewinnen, und damit auch das ›Zwischen‹ anderer Wahrnehmungsbezüge bewusst(er) wahrgenommen werden.

Bei all diesen Dimensionsdifferenzierungen wird die Frage nach der Anzahl von Atmosphären interessant. Wie viele Atmosphären gibt es oder kann es an einem Ort geben? Bei einem Besuch im Louvre grenzen scheinbar viele Atmosphären von Raum zu Raum aneinander – von der hektischen Atmosphäre im Mona-Lisa-Saal bis zur bedächtigen Atmosphäre in der Antikensammlung. Gleichwohl wird aber immer nur eine Atmosphäre im ›Hier und Jetzt‹ gespürt – aufgrund des in der Wahrnehmung einen atmosphärischen ›Zwischen‹. Während des Aufenthalts im Louvre ändert sich der Charakter dieses ›Zwischen‹, weswegen man (nur *ex post*) verschiedene Atmosphären des ›Hier und Immer‹ konstatieren kann. Für jegliche Vermittlungsarbeit heißt das, dass im Raum eine Atmosphäre herrscht, die im Sinne der Stimmungen der Anwesenden verschieden perspektiviert erscheinen mag. Die Wolkenmetapher verdeutlicht den Singular der Atmosphäre bei möglicher pluraler Wirkung besonders gut. Die Wolke ist ein umhüllendes Ganzes, das mit vorbeiziehender Zeit ihre Gestalt verändert.[29] Aufgrund des variablen ›Zwischen‹ ist die Abgrenzung einzelner Phasen schwierig. Erst im Nachhinein kann ein Plural der einen Wolke konstatiert werden, wenn aus der Distanz einzelne Phasen der Wolkenausformung als charakteristische Wolkenbilder deutlich sind. Die Atmosphärewahrnehmung gleicht dabei dem Sich-Befinden in der Wolke: Man hält sich nur in der einen Wolke auf, deren Varianz auch Einfluss auf die sich mit ändernde eigene Befindlichkeit hat. Durch das Involviertsein in einer Wolke wird das Feststellen einer Viel-

29 | Zur Rolle der Zeit vgl. Rauh, Andreas: »Atmosphäre als Patina. Das Rechnen mit Atmosphären«, in: Weidinger, Jürgen (Hg.), Atmosphären Entwerfen, Berlin: TU Verlag 2015, S. 217-231. Interessant ist hierbei auch die Frage nach der Rekonstruierbarkeit von Atmosphären der Vergangenheit (v.a. der archäologischen, die vor jedes lebende Gedächtnis zurückgeht), vgl. Sørensen, Tim F.: »More than a feeling: Towards an archaeology of atmosphere«, in: Emotion, Space and Society 15 (2015), S. 64-73.

zahl von Wolken nur aus räumlicher und zeitlicher Distanz möglich. Obwohl es aus nur einer sich wandelnden Klangwolke besteht, hat Ligeti seine Komposition ›Atmosphères‹ nicht ohne Grund mit der französischen Pluralform von Atmosphäre betitelt. Ohnehin deutet sich im französischen Äquivalent des Atmosphärebegriffs ›ambiance‹ an, dass die Welt in der Wahrnehmung eher wolkenartig umgibt als gegenübersteht.[30] Er leitet sich vom Lateinischen ›ambire‹ (= umschließen, um etwas herumgehen) ab. Wieviele Atmosphären es gibt, stellt die französische Debatte vor eine »l'unité paradoxale (Ambiance/ambiances)«, denn es gibt zwei geläufige wie gegenläufige Definitionen: zum einen ist sie singulär als die materielle und moralische Atmosphäre bestimmt, die einen Ort oder eine Person umgibt, zum anderen ist sie plural über atmosphäreerzeugende Elemente und physikalische Vorrichtungen definiert.[31] Das Wahrnehmungszusammenspiel von Umgebung und Befinden wird in einer einzelnen Atmosphäre vereinheitlicht, die aber neben vielen Atmosphären besteht, die im Zuschnitt auf einzelne Sinne etwa mittels Licht, Ton oder Temperatur gestaltet werden.[32] Aus der rezeptionsästhetischen Feststellung einer Atmosphäre und der produktionsästhetischen Erfahrung mit vielen Atmosphären wird hier das Atmosphärephänomen sowohl im Singular als auch im Plural verstanden. Beide Bereiche tragen zu einem umfassenden Verständnis der Atmosphäre bei.

Wolkenformationen: Wahrnehmung

Aufmerksam werden auf Atmosphären ist in diesen vielen Facetten und Dimensionen ein Vollzug der *Wahrnehmung der Wahrnehmung*, präziser der Gewahrung der Wahrnehmung: Die distanzierende Feststellung des betroffen machenden eigenleiblichen Spürens von Umgebungsqualitä-

30 | Vgl. J.-P. Thibaud: Une approche pragmatique des ambiances urbaines, S. 150, »le monde ambient«.

31 | Augoyard, Jean-François: »Vers une esthétique des ambiances«, in: Amphoux, Pascal/Thibaud, Jean-Paul/Chelkoff, Grégoire (Hg.), Ambiances en débats, Bernin: À la Croisée 2004, S. 18.

32 | Vgl. J.-P. Thibaud: Une approche pragmatique des ambiances urbaines, S. 156.

ten.[33] Dieser Bezug von Wahrnehmungsweisen ist kein Begründungsverhältnis von Wahrnehmungsebenen, sondern ein aisthetisch-reflexiver Bezug. Die besondere Atmosphäre ist dabei der Umschlagpunkt, an dem die Atmosphäre als Wahrnehmungshaltung und -hintergrund zum Wahrnehmungsgegenstand und -mittelpunkt wird. Das ›Auf Einmal‹ der Atmosphäre wird damit zu einem speziellen Fall von Wahrnehmung, der in jedem alltäglichen Wahrnehmungskontext seinen Platz haben kann, jedoch auch eine spezifische ästhetische Kontur verleiht.[34] Gerade durch das ›Immer und Überall‹ der Atmosphäre wird die Wahrnehmung zum transdisziplinären Forschungsthema.[35] Wann wird das Was und Wie atmosphärischer Wahrnehmung deutlich? Wann wird der Nebel zu welcher Dunstkugel? Wie bemerkt man Wolkenformationen?

Böhme differenziert zwei atmosphärische Wahrnehmungsweisen:[36] Zum einen wird mit der *Diskrepanzerfahrung* ein spürbarer und bleibender Kontrast der im Raum vorherrschenden Atmosphäre zur eigenen Stimmung bezeichnet. In dieser Diskrepanz wird die Eigenständigkeit der Atmosphäre als von außen angehende Gefühlsmacht besonders deutlich – klassischerweise illustriert anhand eines Trauerzuges, dem man fröhlich gestimmt begegnet und in dem man deutlich eine Raumstimmung spürt, die nicht die eigene ist. Im Gegensatz dazu bezeichnet zum anderen die *Ingressionserfahrung* eine Überwindung des anfänglichen Stimmungskontrastes durch Hineingeraten und Eintauchen in die Atmosphäre – man wird um- und eingestimmt auf eine im Raum herrschende Atmosphäre, wenn man sich etwa auf einer Feier von der Fröhlichkeit anstecken lässt und länger bleibt als geplant. Das Verständnis dieser beiden Zugänge

33 | Für Seel ist beim Spüren die »besondere Gegenwärtigkeit des *Gegenstands* der Wahrnehmung [...] an eine besondere Gegenwärtigkeit des *Vollzugs* dieser Wahrnehmung gebunden«. Vgl. Seel, Martin: Ästhetik des Erscheinens, Frankfurt am Main: Suhrkamp 2003, S. 60.

34 | Die besondere Atmosphäre ist der phänomenale Zugang zum Erscheinen, das Seel mittels systematischen Zugang beschreibt (vgl. G. Böhme: Aisthetik, S. 8-9). Sie holt damit die Kritik von Seel an Böhme ein, die Ästhetik unter Verlust der Kunstbezüglichkeit zu weiten und atmosphärische Wahrnehmung statt als spezielle als Grundform ästhetischer Wahrnehmung zu verstehen (vgl. M. Seel: Ästhetik des Erscheinens, S. 150).

35 | Vgl. auch M. Brünner: Constructing Atmospheres, S. 208 und S. 214.

36 | Vgl. G. Böhme: Aisthetik, S. 46ff.

konnte durch atmosphärische Feldforschungen erweitert werden. Denn ja nach Wahrnehmungsumfeld und -dauer ist nicht die Wolke alleiniges Objekt der Wahrnehmung, sondern Wolken, Wolkenformationen, Wetterlagen. Atmosphären grenzen aneinander, verschwimmen ineinander, würden einzeln in ihrer Subtilität nicht bemerkt, aber werden deutlich durch Differenzen untereinander. Eine *Diskrepanzerfahrung* ist dann die Erfahrung eines Stimmungsbruchs an einer Grenzstelle, an denen zwei eigenständige Atmosphären aufeinandertreffen, deren Eigenheiten nicht unbemerkt bleiben – etwa beim spürbaren Kontrast gestalteter und natürlicher Atmosphären. Eine *Ingressionserfahrung* ist dann die Erfahrung in Räumen, in denen sich ein atmosphärischer Eindruck vertieft hat. Man ist immer tiefer in eine Atmosphäre hineingeraten, deren Charakter erst nach längerer Exponiertheit erfasst wird. Während für diese Form der Ingression eine Verdichtung der Umgebungsqualitäten verantwortlich sein mag, kann man für den Fall einer ingressiv potenzierten Atmosphärewahrnehmung, die durch einen Gleichklang von Raumstimmung und eigener Stimmung bedingt ist, von *Konsonanzerfahrung* sprechen. Aufgrund des ›Und‹ vollzieht sich das Spüren einer Atmosphäre jedoch nicht rein pathisch, man ist auch aktiv an ihrem Entstehen und Wirken beteiligt. Jede Atmosphäre ist also eine Resonanzsphäre, die durch Affiziertwerden und Selbstwirksamkeit entsteht und Anverwandlungsprozesse ermöglicht.[37] Die Resonanz ist wichtig für das Ausbalancieren von Aktivem und Passivem – etwa wie bei der angenehmen und anregenden Atmosphäre eines Gespräches, bei der Reden und Zuhören ausgewogen sein sollten.

Statt *l'art pour l'art* ist die Atmosphäre immer *site specific*. Bei all den genannten Facetten und Dimensionen der Atmosphäre soll sie nämlich nicht als reine Effektwolke missverstanden werden, als dekontextualisierte bloße Sinnenimmersion, die beliebig abrufbar und damit beliebig in der Aussage wäre. Ein entsprechender Vorwurf kann erhoben werden, wenn die Vagheit der Atmosphäre in scheinbar gesichertem Terrain bemerkt wird. Wie auf Wolken scheint die Kunst der Gegenwart durch ihren atmosphärischen Charakter unfassbar, wolkig, vage geworden zu sein. Auf diese Weise mache sie »keinen Unterschied mehr zwischen Kunst und Leben«, das kritische Potential des Atmosphärebegriffs sei »schöne Illusi-

37 | Vgl. Rosa, Hartmut: Resonanz – Eine Soziologie der Weltbeziehung, Berlin: Suhrkamp 2016.

on«, wodurch selbst »der gefühlte ›Sinn‹ der atmosphärischen Kunst-Welten [...] in der Schwebe« bleibe.[38] Doch vielleicht würdigt derartige Kritik ästhetische Phänomene nur als Mittel zu einem Zweck und widmet sich ihnen nicht als Zweck an sich. Zwar war die Wolke ein Beispiel für den Sorites/Falakros, sie ist aber auch eine anschauliche Metapher für Atmosphäre als *Wahrnehmungsgegenstand* (Wolke von außen, Dunstkugel) wie auch als *Wahrnehmungshaltung* (Wolke von innen, Nebel). Keine Wetterwolke gleicht der anderen. Ihre unscharfe Umrandung deutet aber noch nicht darauf hin, dass sie gänzlich als vage zu bezeichnen wäre. Denn durch Erfahrungen mit Wolken und den mit ihnen zusammenhängenden Wetterphänomenen, können sie kategorisiert und charakterisiert werden. Je nachdem, ob sie sich nun als zartes Band am fernen Horizont im Abendlicht rot gefärbt präsentieren, oder ob sie tief hängen und drückend wirken, schnell dahinziehen oder sanft oder tosend abregnen: Um diese Charaktere zu erspüren, müssen sich Wahrnehmungssubjekt und -objekt an ein und demselben Ort befinden, kopräsent sein im ›Und‹ der Atmosphäre. Die dabei mögliche Stimmungscharakterisierung macht sich der Künstler Oliver Boberg zunutze, wenn er »Hunderte von Fotografien von realen Himmelssituationen« sichtet, um herauszufinden, »welche Komponenten von Wolkenformationen für eine bestimmte, wiedererkennbare Stimmung verantwortlich sind. Diese [werden] wiederum durch Skizzen fixiert und im Atelier mittels verschiedenster Sorten von Watte und unter Zuhilfenahme von Licht, Plexiglas und Kunstnebel in einer Art Modellsituation inszeniert.«[39] Seine derart reproduzierten Wolkenformationen und Atmosphären zeigt er dann in Diptychen oder bis zu zehn einzelnen Fotografien, mit nahezu gleicher, immer wieder leicht modifizierter Komposition. Boberg will festhalten, was sich ständig wandelt. Es wird die Flüchtigkeit der Wolkenformationen deutlich, die Vagheit von Atmosphären, die selbst bei genauem Hinsehen ihren Produktionskontext verschleiert. Das Illusionäre der Fotografieproduktion ist aber nicht der Hauptfokus der Arbeit, vielmehr die Konzentration auf das Phänomen: Was ist Wahrnehmung? Wo befinde ich mich, und

38 | Assheuer, Thomas: »Wie auf Wolken. Die Kunst der Gegenwart wird atmosphärisch. Was soll das bedeuten?«, in: DIE ZEIT vom 15.11.2012, Nr. 47, S. 61.

39 | Boberg, Oliver: »Erinnerungen an Atmosphären«, in: Goetz, Rainer/Graupner, Stefan (Hg.), Atmosphäre(n). Interdisziplinäre Annäherungen an einen unscharfen Begriff, München: kopaed 2007, S. 220.

wie befinde ich mich? Der Künstler Berndnaut Smilde bringt diese Wahrnehmungskontexte zusammen. Auf den Fotografien seiner Nimbus-Reihe schweben verschiedene Wolken in Innenräumen. Wolke und Raum gehen eine magrittesque Wechselwirkung ein. Auch hier konzentrieren sich die Wolkenfotografien auf das Phänomen, weniger auf einen rein ästhetischen Zweck. Die Wahrnehmbarkeit und Fassbarkeit von Wolken und Atmosphären werden zur Disposition gestellt. Dabei steht nun die Vagheit als zunächst alltagssprachlicher, aber auch epistemischer Prüfstein des Atmosphärediskurses zur Verfügung.

Dieser Atmosphärediskurs wurde vornehmlich von der Leibphänomenologie und der (Natur-)Ästhetik geprägt – ausschnittweise anhand bestimmter Vorgängerbegriffe schon in Philosophie und Soziologie lange vorbereitet. In einen genuinen Atmosphärediskurs sind im Verlauf der letzten Jahrzehnten viele Disziplinen eingeschwenkt, die sich zum Großteil international in den Netzwerken ›Reseau International Ambiance(s)‹ sowie ›Atmospheric Spaces. Aura Stimmung Ambiance‹ austauschen – etwa neben den genannten die Betriebswirtschaftslehre, Designforschung, Filmwissenschaft, Games Studies, Juristerei, Kunsthistorik und -pädagogik, Literaturwissenschaft, Museologie, Musiktherapie und -wissenschaft, Pädagogik, Psychologie, Sportwissenschaft, Stadtsoziologie, Theaterwissenschaft, Theologie, Urbanistik.[40] Nicht zuletzt auch die (Landschafts-)Architektur ist auf Atmosphären aufmerksam geworden, zumal sie in ihrer produktionsästhetischen Fragerichtung, Räume und Landschaften in bestimmter Hinsicht prägen zu wollen, in den Planungsphasen hauptsächlich auf Bilder und Architekturmodelle mit deren je eigenen Ästhetik zurückgreift. Mit dieser Optozentrik trägt sie aber dazu bei, dass »the subject of atmospheres [...] remained in such a blind spot for the architects of modernity«, und das neugierige Einlassen auf atmosphärische Wahrnehmung führt zur Erkenntnis, dass »atmosphere is something far more vague, fluid and almost indefinable«.[41] Die in diesem Bei-

40 | Für umfangreiche Literaturvorschläge (die jedoch einige interessante Neuerscheinungen seit 2012 nachvollziehbarerweise nicht enthalten) siehe: Rauh, Andreas: »Eine thematische Bibliothek«, in: Goetz, Rainer/Graupner, Stefan (Hg.), Atmosphäre(n) II. Interdisziplinäre Annäherungen an einen unscharfen Begriff, München: kopaed 2012, S. 277-289.

41 | Juhani Pallasmaa, zitiert in: Tidwell, Philip (Hg.): Architecture and Atmosphere, Espoo: Tapio Wirkkala-Rut Bryk Foundation 2014, S. 67.

trag freigelegten Facetten und Dimensionen der Atmosphäre dienen als Einhakpunkte, an denen spezifisch weiter nach dem Phänomen gefragt werden kann. Denn je nach Perspektive macht man mit der Atmosphäre eine evidente oder enigmatische Erfahrung: Entweder ist man des ›Immer und Überall‹ der Atmosphären gewiss und fragt nach Methoden der Erforschbarkeit des ›Hier und Jetzt‹ atmosphärischer Raumtönung. Oder man ist äußerst skeptisch hinsichtlich der unterstellten Ubiquität des vagen Phänomens und entdeckt nur selten Atmosphären im ›Auf Einmal‹ der besonderen Atmosphäre als einer partikularen.

Aufmerksam werden auf Atmosphären war der Vorsatz diese Beitrags: nicht nur in dem schlichten Sinne des Hinweises auf ein bestimmtes Forschungsthema, sondern auch des Hinweisens auf ein alltägliches und außeralltägliches Phänomen, das viele interessante einzel-, inter- und transdisziplinären Fragen zu stellen und wenn nicht zu lösen, so doch zu klären erlaubt. Verschiedene Disziplinen entdecken verschiedene Wolkenformationen, diskutieren verschieden um die Form von Wolken, um die Formierbarkeit von und durch Wolken, um den Einfluss auf das Klima. Folgefragen wären beispielsweise: Was sind Atmosphären und wie grenzen sie sich (begrifflich) von Stimmungen ab? Wie subjektiv sind Atmosphären (Philosophie)? Wie stark wirken Atmosphären (handlungs-)beeinflussend? In welcher psychischen Verfassung nimmt man Atmosphären deutlicher oder undeutlicher wahr (Psychologie)? Lassen sich, und wenn ja, wie lassen sich Atmosphären in vermittelnder Absicht erzeugen und steuern? Was sind Lernatmosphären (Pädagogik)? Welche und wie viele Sinneswahrnehmungen konstituieren Atmosphären oder helfen sie zu substituieren? Sind Atmosphären sinnliche kleinste gemeinsame Teiler und damit potentielle interpersonelle Kommunikationsbrücken (Sonderpädagogik)? Was sind und wie wirken Atmosphären in Gruppen, Städten, Nationen? Welche Rolle spielen Atmosphären im interkulturellen sowie -nationalen Austausch (Politikwissenschaft/Soziologie)? Welche Atmosphären entstehen durch kulturell spezifische Räume und Rituale und wie trennscharf sind diese Atmosphären? Welche Gestenkulturen etablieren sich im Rahmen typischer Inszenierungen (Theologie)? Welche atmosphärischen Wechselwirkungen bestehen zwischen Akteuren und Zuschauern sportlicher Großveranstaltungen? Sind Stadion und Publikum der 12. Mann auf dem Platz (Sportwissenschaft)? Lassen sich leiblich spürbare Atmosphären in den virtuellen Raum transponieren? Welche Rolle spielt die Atmosphäre bei der Immersion in Film, Hör- oder Computerspiel (Mensch-Computer-Medien)?

Atmosphäreforschung widmet sich den Weisen von Wahrnehmung an konkreten Orten in spezifischen Kontexten. Das Wolkige sorgt für eine Aufwertung des Metaphorischen und das Arbeiten im Modus des Metaphorischen. Wie bei der Daten-Cloud geht es um die stets zugängliche Datensphäre, die sich zwar technisch verorten lässt, dies jedoch unbemerkt vom Computernutzer – zumindest hinsichtlich des Computeralltags.

Literatur

Augoyard, Jean-François: »Vers une esthétique des ambiances«, in: Amphoux, Pascal/Thibaud, Jean-Paul/Chelkoff, Grégoire (Hg.), Ambiances en débats, Bernin: À la Croisée 2004, S. 17-30.

Assheuer, Thomas: »Wie auf Wolken. Die Kunst der Gegenwart wird atmosphärisch. Was soll das bedeuten?«, in: DIE ZEIT vom 15.11.2012, Nr. 47, S. 61.

Baecker, Dirk: »Atmosphäre als synthetisches Gestaltungsinstrument«, in: Schmidt, Alexander/Jammers, Reinhard (Hg.), Atmosphäre – Kommunikationsmedium der gebauten Umwelt, Essen: Red Dot Edition 2005, S. 30-37.

Bille, Mikkel/Bjerregaard, Peter/Sørensen, Tim F.: »Staging atmospheres: Materiality, culture, and the texture of the in-between«, in: Emotion, Space and Society 15 (2015), S. 31-38.

Boberg, Oliver: »Erinnerungen an Atmosphären«, in: Goetz, Rainer/Graupner, Stefan (Hg.), Atmosphäre(n). Interdisziplinäre Annäherungen an einen unscharfen Begriff, München: kopaed 2007, S. 211-222.

Bockemühl, Michael: »Atmosphären sehen. Ästhetische Wahrnehmung als Praxis«, in: Mahayni, Ziad (Hg.), Neue Ästhetik. Das Atmosphärische und die Kunst, München: Wilhelm Fink 2002, S. 203-222.

Böhme, Gernot: Aisthetik. Vorlesungen über Ästhetik als allgemeine Wahrnehmungslehre, München: Wilhelm Fink 2001.

Böhme, Gernot: »Kommunikative Atmosphären«, in: Basfeld, Martin/Kracht, Thomas (Hg.), Subjekt und Wahrnehmung. Beiträge zu einer Anthropologie der Sinneserfahrung, Basel: Schwabe 2002, S. 103-115.

Böhme, Gernot: Atmosphäre. Essays zur neuen Ästhetik, 7., erweiterte und überarbeitete Auflage, Berlin: Suhrkamp 2013.

Brünner, Margit: Constructing Atmospheres – Test Sites for an Aesthetics of Joy, Baunach: Spurbuchverlag 2015.

Buldt, Bernd: »Vagheit«, in: Ritter, Joachim/Gründer, Karlfried/Gabriel, Gottfried (Hg.), Historisches Wörterbuch der Philosophie. Band 11: U-V, Basel: Schwabe & Co 2001, Sp. 531-540.

Fischer-Lichte, Erika: Ästhetik des Performativen, Frankfurt am Main: Suhrkamp (Edition Suhrkamp, 2373) 2004.

Huppertz, Michael: »Spirituelle Atmosphären«, in: Debus, Stephan/Posner, Roland (Hg.), Atmosphären im Alltag. Über ihre Erzeugung und Wirkung, Bonn: Psychiatrie-Verlag 2007, S. 157-185.

Kotler, Philip: »Atmospherics as a Marketing Tool, in: Journal of Retailing 49 (4) (1973), S. 48-64.

Pfrang, Agnes/Rauh, Andreas: »Lernatmosphären«, in: Kraus, Anja/Budde, Jürgen/Hietzge, Maud/Wulf, Christoph (Hg.), ›Schweigendes‹ Wissen in Lernen und Erziehung, Bildung und Sozialisation, Weinheim: Beltz Juventa 2016 (im Erscheinen).

Rauh, Andreas: Die besondere Atmosphäre. Ästhetische Feldforschungen, Bielefeld: transcript 2012.

Rauh, Andreas: »Eine thematische Bibliothek«, in: Goetz, Rainer/Graupner, Stefan (Hg.), Atmosphäre(n) II. Interdisziplinäre Annäherungen an einen unscharfen Begriff, München: kopaed 2012, S. 277-289.

Rauh, Andreas: »Atmosphäre als Patina. Das Rechnen mit Atmosphären«, in: Weidinger, Jürgen (Hg.), Atmosphären Entwerfen, Berlin: TU Verlag 2015, S. 217-231.

Rosa, Hartmut: Resonanz – Eine Soziologie der Weltbeziehung, Berlin: Suhrkamp 2016.

Schmitz, Hermann: Der Leib, der Raum und die Gefühle, Bielefeld: Edition Sirius 2009.

Schöne, Tim: Was Vagheit ist, Paderborn: Mentis 2011.

Seel, Martin: Ästhetik des Erscheinens, Frankfurt am Main: Suhrkamp (Suhrkamp-Taschenbuch Wissenschaft, 1641) 2003.

Sørensen, Tim F.: »More than a feeling: Towards an archaeology of atmosphere«, in: Emotion, Space and Society 15 (2015), S. 64-73.

Thibaud, Jean-Paul: »Die sinnliche Umwelt von Städten. Zum Verständnis urbaner Atmosphären«, in: Hauskeller, Michael (Hg.), Die Kunst der Wahrnehmung. Beiträge zu einer Philosophie der sinnlichen Erkenntnis, Zug: Die Graue Edition (Die graue Reihe, 36) 2003, S. 280-297.

Thibaud, Jean-Paul: »Une approche pragmatique des ambiances urbaines«, in: Amphoux, Pascal/Thibaud, Jean-Paul/Chelkoff, Grégoire (Hg.), Ambiances en débats, Bernin: À la Croisée, S. 145-161.

Tidwell, Philip (Hg.): Architecture and Atmosphere, Espoo: Tapio Wirkkala-Rut Bryk Foundation 2014.

Weibel, Peter: »Elektrosphären«, in: Heibach, Christine (Hg.), Atmosphären. Dimensionen eines diffusen Phänomens, München: Wilhelm Fink 2012, S. 155-172.

Wiesing, Lambert: Das Mich der Wahrnehmung, Frankfurt am Main: Suhrkamp 2009, S. 8.

Wolski, Werner: Schlechtbestimmtheit und Vagheit – Tendenzen und Perspektiven. Methodologische Untersuchungen zur Semantik, Tübingen: Niemeyer 1980.

Deep Attention als Praxis des Verstehens[1]

Zum Verhältnis von Aufmerksamkeit und Bewusstsein

Katharina Block

Das Verhältnis zwischen Aufmerksamkeit und Bewusstsein näher zu betrachten hat aus geisteswissenschaftlicher Perspektive heute wieder an Brisanz gewonnen, da beide Phänomene innerhalb des Wissenschaftsdiskurses zumeist aus einem natur- bzw. lebenswissenschaftlichen Kontext heraus begründet werden. Insbesondere die prominente Vorstellung vom Lebendigen als eines rein organischen Vorgangs, die sich auch im Alltäglichen als die gültige durchgesetzt hat, lässt andere Zugangsweisen zu den genannten Phänomenen in den Hintergrund rücken, wodurch naturalistische Welterklärungsansprüche plausibilisiert werden.

Obwohl es sicherlich kaum noch Anhänger der klassischen Homunkulustheorien geben wird, hält sich aber die Vorstellung vom Bewusstsein als eines kognitiven Phänomens, das sich doch irgendwie im Gehirn verorten lassen muss, durchaus hartnäckig.[2] Dass diese Sicht aber nicht die einzige ist, sondern eine phänomenologisch-hermeneutische Herangehensweise an die interessierenden Phänomene ebenso ihre Berechtigung hat, ist innerhalb der Philosophie breit diskutiert worden und gibt auch heute noch Anlass zur analytischen Auseinandersetzung mit

1 | Der vorliegende Artikel ist die überarbeitete Fassung eines Vortrags, gehalten im Rahmen der Tagung »Aufmerksamkeit und Bewusstsein« des Human Dynamics Centre der Julius-Maximilans-Universität Würzburg, die am 25./26. Juni 2015 stattfand.

2 | Vgl. zur Diskussion zwischen den Naturwissenschaften und der Philosophie Krüger, Hans-Peter: »Hirn als Subjekt? Philosophische Grenzfragen der Neurobiologie«, in: Deutsche Zeitschrift für Philosophie. Sonderband 15 (Berlin 2007).

den Phänomenen.[3] Insofern ist auch immer noch die Frage nach einem Bedingungs- oder möglicherweise sogar einem Konstitutionsverhältnis zwischen Aufmerksamkeit und Bewusstsein äußerst spannend zu klären. Letztere Annahme impliziert dabei, dass mit der Verschränkung von Aufmerksamkeit und Bewusstsein etwas auftritt, worin die Realisierung eines konstitutiven Verhältnisses gelingt.

Im Folgenden wird sich diesem Verhältnis aus einer spezifischen Perspektive genähert, die zum einen nicht in Anschluss an die bekannte phänomenologische Tradition (Husserl, Heidegger, Merleau-Ponty) entwickelt wird und zum anderen eine besondere Form der Aufmerksamkeit in den Blick nimmt, nämlich die der sogenannten Deep Attention. Es wird zudem deutlich werden, dass es sich bei dem gesuchten Etwas um eine spezifisch menschliche Praxis handelt, da sie nicht nur ein Bewusst-Sein und eine Fähigkeit des Bemerkens betrifft, die wir als einfache reflexive Formen durchaus auch bei den Tieren finden.

Die These, die im Weiteren verfolgt werden soll, wird mit Überlegungen aus der Philosophischen Anthropologie Helmuth Plessners plausibilisiert und anhand des Modus der Deep Attention erprobt. Sie lässt sich wie folgt formulieren: Die Aufmerksamkeitseinstellung der Deep Attention ist bei gelingender Einnahme eine Praxis des Verstehens, wobei die Möglichkeit des Verstehens als solches auf der spezifischen Bewusstseinsstruktur menschlicher Lebewesen gründet. Oder, um es mit Plessner im Anschluss an Dilthey zu pointieren: »Leben versteht Leben«.[4]

Es soll im Folgenden also auf dem Hintergrund der Plessnerschen Anthropologie ein konstitutiver Zusammenhang zwischen Bewusstsein und Aufmerksamkeit hergestellt und die Praxis des Verstehens als das dabei Konstituierte ausgewiesen werden. Zur Gliederung des vorliegenden Beitrags sollen drei Fragen leitend sein: 1. Wie lässt sich mit Plessner die Struktur menschlichen Bewusstseins beschreiben? 2. Inwiefern ist diese Struktur Bedingung der Möglichkeit des Verstehens und hängt insofern

3 | Zu den aktuell bekanntesten phänomenologischen Arbeiten zu Aufmerksamkeit und Bewusstsein zählt insbesondere – auch wenn im vorliegenden Text nicht berücksichtigt – Waldenfels, Bernhard: Phänomenologie der Aufmerksamkeit, Frankfurt am Main: Suhrkamp 2004.

4 | Plessner, Helmuth: Die Stufen des Organischen und der Mensch. Einleitung in die philosophische Anthropologie, Berlin: De Gruyter 1975, S. 22.

mit Aufmerksamkeit zusammen? Und: 3. Warum ist die Aufmerksamkeitsform der Deep Attention eine Praxis des Verstehens?

Die Struktur menschlichen Bewusstseins nach Plessner

Plessner, der sich in Kritik am Idealismus-Naturalismus-Streit sowie an der evolutionstheoretischen Auffassung vom Leben auf die Suche nach einer die verschiedenen Positionen versöhnenden Möglichkeit der Beschreibung des Menschseins machte, hat diese in seinem Werk *Die Stufen des Organischen und der Mensch* gefunden. In den *Stufen* entwickelt Plessner – u.a. im Anschluss an Diltheys Einsicht, dass sich das Leben selbst erfährt und zum Ausdruck bringt – die möglichen Formen des Lebendigen, die offene, die zentrische und die exzentrische Form, die als Pflanze, Tier und Mensch jeweils zur Erscheinung kommen. Das uns interessierende Phänomen des Bewusstseins tritt dabei zum ersten Mal bei der zentrischen Form des Tieres auf, das jedoch auf dieser Stufe noch ein einfaches Phänomen der Reflexivität darstellt: »Jedes Tier ist der Möglichkeit nach ein Zentrum, für welches [...] eigener Leib und fremde Inhalte gegeben sind. Es lebt körperlich sich gegenwärtig in einem von ihm abgehobenen *Umfeld* oder in der Relation des *Gegenüber.* Insofern ist es *bewusst,* es merkt ihm Entgegenstehendes und reagiert aus dem Zentrum heraus, d.h. spontan, es handelt«.[5]

Wir können an diesem Zitat zweierlei Dinge erkennen: Zum einen, dass Plessner Bewusstsein als solches als ein leiblich vermitteltes Vollzugsgeschehen versteht – und nicht als ein kognitives Phänomen. Und zum anderen, dass dieser Vollzug gerade kein rein subjektabhängiges Phänomen ist, sondern sich im Zusammenspiel mit etwas gegenüber Seiendem, das ein Bemerktwerden erfordert, konstituiert. Allerdings verbleibt das Tier wahrnehmungsmäßig im sinnlich gebundenen Bemerken, wie Plessner im Rückgriff auf Jakob von Uexkülls Funktionskreis dargelegt hat.[6] D.h. das Tier merkt zwar als ein leiblich verfasstes Wesen sein Bemerken und sein Bewirken, insofern realisiert es ein Bewusstsein,

5 | Ebd., S. 240 [Herv. i. Original].

6 | Vgl. zu Plessners Rückgriff: ebd., S. 248. Vgl. zudem für die theoretische Begründung des Konzepts des Funktionskreises in der philosophisch fundierten

aber es bleibt sich selbst als ein Ich-Selbst verborgen: »Die volle Reflexivität ist dem lebendigen Körper auf der tierischen Stufe verwehrt. Sein [...] Leben aus der Mitte bildet zwar den Halt seiner Existenz, steht aber nicht in Beziehung zu ihm, ist ihm nicht gegeben. Hier ist also noch die Möglichkeit einer Realisierung offen. Die These lautet dahin, daß sie dem Menschen vorbehalten bleibt«.[7]

Damit sind wir bei der Beschreibung der menschlichen Seinsweise angelangt, die unser Thema Aufmerksamkeit und Bewusstsein in spezifischer Weise betrifft. Denn nun kommt ein Sachverhalt hinzu, der sowohl für das menschliche Bewusstsein als auch für die Aufmerksamkeit und insofern für die Praxis des Verstehens relevant ist. Es ist die Möglichkeit des menschlichen Lebewesens der reflexiven Distanznahme zu seinem leibkörperlichen Dasein, deren Realisierung ihm die Strukturform der Exzentrizität gewährt.

Die bekannte Formel Plessners zur Beschreibung der menschlichen Seinsweise, die exzentrische Positionalität, ist ganz wesentlich eine Strukturform der doppelten Abständigkeit, die realisiert werden muss, damit das, was im phänomenologischen Sinne als menschliches Bewusstsein bezeichnet wird überhaupt in Erscheinung treten kann: »Exzentrizität ist die für den Menschen charakteristische Form seiner frontalen Gestelltheit gegen das Umfeld. Als Ich, das die volle Rückwendung des lebendigen Systems zu sich ermöglicht, steht der Mensch nicht mehr im Hier – Jetzt, sondern ›hinter ihm‹, hinter sich selbst, [...]. Er lebt und erlebt nicht nur, sondern er erlebt sein Erleben«.[8]

Der lebendige Vollzug, der beim Menschen als Bewusstsein angesprochen wird, realisiert sich also nicht mehr lediglich in einem einfach reflexiven, leiblich gebundenen Be-Merken, wie dies beim Tier der Fall ist. Vielmehr realisiert sich in diesem Vollzug eine doppelte Distanz, die es dem Menschen ermöglicht, auf seinen Leib auch als Körper aufmerksam zu werden und insofern sich zu seiner leibkörperlichen Existenz als ein Ich ins Verhältnis zu setzen. Damit liegt beim Menschen ein dreifaches Erleben vor, das nach Plessner in den Formen Außen-, Innen- und Mit-

---

Biologie Jakob von Uexkülls: Uexküll, Jakob von: Theoretische Biologie, Frankfurt am Main: Suhrkamp 1973.

7 | H. Plessner: Die Stufen des Organischen und der Mensch, S. 289.

8 | Ebd., S. 292.

welt als je unmittelbar erfahrbare Wirklichkeit erscheint.[9] Ob der doppelten Distanz aber, die auf der Exzentrizität gründet, kann dieses Wirklichkeitserleben strukturmäßig nur eine vermittelte Unmittelbarkeit sein. Anders gesagt: Nur weil der Mensch als exzentrisch positionierter eine doppelte Distanz einhält, ist ihm die Möglichkeit des Erlebens einer objektiven Realität vergönnt. Das, was den Objektcharakter der Dinge auszeichnet ist ein phänomenal vermittelter Verweisungszusammenhang, der den »Schein der Unmittelbarkeit«[10] evoziert.

Diese vermittelte Unmittelbarkeit, die Plessner als das zweite anthropologische Grundgesetz ausweist, stiftet als Strukturform menschlichen Wirklichkeitserlebens nun ein spezifisches Bedingungsverhältnis zwischen Bewusstsein und Aufmerksamkeit, wodurch das Verstehen konstituiert wird.[11]

Zum Zusammenhang von Aufmerksamkeit, Bewusstsein und Verstehen

Da oben deutlich wurde, dass Bewusstsein keine rein subjektivistische Angelegenheit, sondern eine lebendige Relation des Gegenüber meint und insofern dieses Gegenüber mindestens ein Bemerktwerden erfordert, stellt sich nun die Frage, was sich in einem Bewusstseinsvollzug zu bemerken gibt, wenn die Vollzugsstruktur eine vermittelte Unmittelbarkeit ist.

Es ist der phänomenale Für-sich- und An-sich-Charakter wirklicher Gegenstände der sich erst im Einhalten der Distanz offenbart, denn das Gegenüber erhält durch seine Vermitteltheit überhaupt erst den Spielraum auf seine Eigengegründetheit aufmerksam zu machen: »Erscheinung ist ja nicht wie ein Blatt, wie eine Maske zu denken, hinter der das Reale steckt und die man von ihm ablösen kann, sondern ist wie das Gesicht, welches verhüllt, *indem* es enthüllt. In solcher verdeckenden Offenbarung liegt das Spezifische des in der Erscheinung selbst Daseienden – und doch ›nicht ganz‹ Daseienden, sondern noch Dahinterseienden, des

9 | Vgl. ebd., S. 293.

10 | Ebd., S. 330.

11 | Vgl. zur vermittelten Unmittelbarkeit als zweites anthropologisches Grundgesetz: ebd., S. 321-341.

Verborgenen, des Für sich und An sich Seienden«.[12] Dieses Für und An sich der Wirklichkeit, ihre der instrumentellen Aneignung unverfügbare Eigengegründetheit ist es, die folglich ein Verstehen erfordert. Denn darin gibt sich das Gegenüber der Relation selbst zu bedeuten, das als ein zu Interpretierendes oder eben zu Deutendes nur verstanden werden kann.[13]

Das anthropologische Grundgesetz der vermittelten Unmittelbarkeit, das die aufmerkende Bewusstseinssituation bezeichnet, ist somit die Bedingung der Möglichkeit des Verstehens, das für das Innen-, Außen- und Mitwelterleben konstitutiv ist oder, mit anderen Worten, für die Realisierung einer Selbst-Welt-Beziehung. Denn in ihm realisiert sich die exzentrische Positionalität, die ihrer Struktur nach erst jene Distanz gewährleistet, die für den verstehenden Vollzug als Form des Sich-Ins-Verhältnis-Setzen-Könnens einzunehmen ist. Denn insofern das menschliche Erleben, d.h. die menschliche Bewusstseinssituation, sich durch die vermittelte Unmittelbarkeit auszeichnet, ist Verstehen das Verstehen von Etwas, das nicht nur ein Bemerken, sondern ein Gerichtet-Sein-*Auf*-Etwas verlangt, eine *Auf*merksamkeit also, damit es gedeutet werden kann.

Für die genannte menschliche Fähigkeit des Sich-Ins-Verhältnis-Setzen-Könnens zur Innen-, Außen- und Mitwelt ist somit das bedeutungsimmanente Bemerken der tierischen Lebensform nicht ausreichend. Denn ein Sich-Setzen-Können impliziert zugleich ein Anheben oder Aufrichten,[14] bzw. – verstanden als bewusster Vollzug – eine richtungsweisende Aufmerksamkeit. Diese Möglichkeit der Setzung ist den Tieren – wie oben deutlich wurde – nicht möglich. Verstehen als spezifisch

12 | Ebd., S. 329.

13 | Vgl. zu Plessners Begriff des Verstehens: Lindemann, Gesa: »Verstehen und Erklären bei Helmuth Plessner«, in: Greshoff, Rainer/Kneer, Georg/Schneider, Wolfgang L. (Hg.), Verstehen und Erklären. Sozial- und Kulturwissenschaftliche Perspektiven, München: Wilhelm Fink 2008, S. 117-142. Sowie: Plessner, Helmuth: »Macht und menschliche Natur«, in: Dux, Günther/Marquard, Odo/ Ströker, Elisabeth (Hg.), Macht und menschliche Natur, GS. Bd. 5, Frankfurt am Main: Suhrkamp 2003, S. 135-234 und S. 175-185.

14 | Vgl. zum Verhältnis von Anhebung und Setzung H. Plessner: Die Stufen des Organischen und der Mensch, S. 129. Sowie zum dortigen Anschluss Plessners an Fichte'sche Begrifflichkeiten: Beaufort, Jan: »Gesetzte Grenzen, begrenzte Setzungen. Fichte'sche Begrifflichkeit in Helmuth Plessners Phänomenologie des Lebendigen«, in: Deutsche Zeitschrift für Philosophie 48 (2) (2000), S. 213-236.

menschliche Form des Sich-Ins-Verhältnis-Setzens erfordert somit Aufmerksamkeit, um gelingen zu können.

Um zu verdeutlichen, dass die hier im Anschluss an Plessner formulierte These vom Zwischenphänomen Verstehen als Realisierung eines konstitutiven Verhältnisses zwischen Aufmerksamkeit und Bewusstsein auch in einem anderen Ansatz, der sich phänomenologisch inspiriert mit Aufmerksamkeit und Bewusstsein beschäftigt, als implizite Annahme zu finden ist, wird nachfolgend nun eine Definition von Aufmerksamkeit eingeführt. Sie stammt von dem französischen Philosophen Bernard Stiegler, der sich gleichwohl an der Husserlschen Phänomenologie orientiert: »Aufmerksamkeit ist ein Bewußtseinsstrom. [...] Bei der Formierung von Aufmerksamkeit geht es immer schon um eine sowohl psychische wie auch soziale Fähigkeit, und zwar in dem Maße, in dem bei ihrer Gewinnung die primären Retentionen [Objektkonstitution] von den sekundären Retentionen [vergangene Erfahrungen] des Individuums kanalisiert werden, wobei diese wiederum in *kollektive* sekundäre Retentionen [geteilter Sinnhorizont] eingebettet sind«.[15]

Auch wenn Stiegler hier den Begriff des Verstehens in seiner Bedeutung als geteilte Praxis nicht in Anspruch nimmt, um die von ihm beschriebene Formierung von Aufmerksamkeit zu beschreiben, so ist sie doch implizit enthalten. Denn insofern diese Formierung auch immer schon eine soziale Fähigkeit ist, d.h. in einen kollektiv geteilten Sinnhorizont konstitutiv eingebettet ist, ist sie eine Praxis des Verstehens. Verstehen ist mit Plessner stets ein Deuten von vermitteltem Sinn und damit grundsätzlich intersubjektiv: »Denn der ›Andere‹ ist unbeschadet struktureller Wesensgleichheit mit mir als Person schlechthin eine individuelle Realität (wie ich), deren Innenwelt mir primär so gut wie ganz verborgen ist und durch sehr verschiedene Arten der Deutung erst aufgeschlossen werden muß«.[16]

15 | Stiegler, Bernard: Die Logik der Sorge. Verlust der Aufklärung durch Technik und Medien, Frankfurt am Main: Suhrkamp 2008, S. 35. Es soll an dieser Stelle noch einmal betont werden, dass es im vorliegenden Text nicht um den Anschluss an Husserl geht, sondern eine andere Einsicht Stieglers, die im Fortgang des Textes deutlich wird, hervorgehoben werden soll.

16 | H. Plessner: Die Stufen des Organischen und der Mensch, S. 301. An späterer Stelle fügt Plessner außerdem hinzu: »Jede Lebensregung der Person, die in Tat, Sage oder Mimus faßlich wird, ist [...] ausdruckshaft, bringt das Was

Sinnausdruck macht nur Sinn als geteilter Sinn, womit Verstehen als solches den primären Weltzugang menschlicher Lebewesen darstellt. Mehr noch: Damit der Mensch seine distanzbedingte Gleichgewichtslosigkeit, die ihm als eine fragwürdige Existenz in Erscheinung tritt, auch tatsächlich ausgleichen kann, ist er auf eine antwortende Welt angewiesen und hat insofern ein existentielles Bedürfnis nach einem Selbst- und Weltverständnis. Somit ist es die Realisierung einer ausgleichenden Antwortbeziehung zwischen Selbst und Welt, die eine konkrete Praxis des Verstehens erfordert, um gelingen zu können. Plessner hat diese resonanzkonstituierende Beziehung in seinem Text *Mit anderen Augen* als eine auf das Verstehen als Praxis bezogene herausgestellt: »Im Verstehen muss ich mich selbst zum Einsatz bringen, soll der Gegenstand, um den es geht, zum Reden gebracht werden. Je größer der Einsatz, d.h. je reicher und tiefer die persönliche Resonanzfähigkeit ist, je stärker sie ins Gewicht fällt, um so schwerer, um so gewichtiger wird der Gegenstand«.[17]

---

eines Bestrebens irgendwie, d.h. zum *Ausdruck*, ob sie den Ausdruck will oder nicht« (Ebd., S. 337).

17 | Plessner, Helmuth: »Mit anderen Augen«, in: Dux, Günther/Marquard, Odo/Ströker, Elisabeth (Hg.), Conditio humana, GS. Bd. 8, Frankfurt am Main: Suhrkamp 2003, S. 88-104, hier S. 102. Es ist wichtig zu erwähnen, dass die Autorin mit der Praxis des Verstehens etwas anderes meint als die menschliche Möglichkeit des Verstehens als solches. Letztere ist, wie der Abschnitt zur Bewusstseinsstruktur gezeigt hat, grundsätzlich mit den bewusstseinsmäßigen Fähigkeiten des Menschen verknüpft und erfordert insofern auch das Aufmerken als solches. Mit Verstehen als Praxis ist hingegen das aktive Einlassen auf das Verstehen als Sinn erschließende Möglichkeit gemeint, die sich an der Begegnung mit dem Unverfügbaren, Fremden entfaltet und als gegenteiliger Modus der instrumentellen Aneignung von Welt in Form von Verfügungswissen gedacht wird. Denn damit sind zwei verschiedene Formen kultureller Praxis angesprochen, die von der Autorin im Hinblick auf eine soziologische Analyse verstanden werden und eine kritische Perspektive auf spätmoderne Weltverhältnisse eröffnen sollen. Dafür wird unterstellt, dass der Modus der instrumentellen Aneignung von Welt in der Spätmoderne der primäre Modus ist, in dem die Realisierung einer Selbst-Welt-Beziehung vollzogen wird, die Praxis des Verstehens hingegen nur wenige Entfaltungsmöglichkeiten findet, das Bedürfnis nach den Erfahrungsqualitäten, die sich im Verstehen als kulturelle Praxis konstituieren, jedoch bestehen bleibt (Vgl. zu diesen Überlegungen im Anschluss an Plessner: Block, Katharina: Von

Verstehen als Praxis ist demnach wesentlich für die Realisierung einer resonanten Selbst-Welt-Beziehung. Doch stellt sich das dafür konstitutive Selbst-Welt-Verständnis nicht einfach ein, wenn etwas unsere Aufmerksamkeit erregt. Dazu bedarf es einer spezifischen Aufmerksamkeitseinstellung, deren Einnehmen als Vollzug des Verstehens den Gegenstand zum Reden bringen kann.

Deep Attention als Praxis des Verstehens

Der Begriff der Deep Attention, der von der US-amerikanischen Literaturwissenschaftlerin Katherine Hayles geprägt wurde, beschreibt eine vornehmlich kognitiv bestimmte und von der Konzentrationslänge abhängige Form der Aufmerksamkeit: »Deep attention, the cognitive style traditionally associated with the humanities, is characterized by concentrating on a single object for long periods [...], ignoring outside stimuli while so engaged, preferring a single information stream, and having a high tolerance for long focus times«.[18]

Interessant an dieser Definition ist, dass Hayles darin den Begriff der Tiefe mit dem der Länge gleichsetzt. D.h. das Deep, also die Tiefe in dem Begriff der Deep Attention, steht für die Länge des kognitiv aufgebrachten Focus'. Nun ist aber die Länge der aufgebrachten Fokussierung auf eine bestimmte Sache noch kein ausgezeichnetes Merkmal der Verstehenspraxis. Auch Tiere können sich über eine längere Zeit auf beispielsweise ein bemerktes Beutetier fokussieren. Jede Person, die schon einmal eine Katze beim Jagen beobachtet hat, kann dies bestätigen.

Stiegler, der sich kritisch mit Hayles' Konzept der Deep Attention auseinandergesetzt hat, betont daher zu Recht, dass es durchaus Formen von Aufmerksamkeit gibt, die zwar andauern, wie etwa das Fernsehen, aber keine wirkliche, tiefe Konzentration erfordern.[19] Das, was aber eine Tiefe, ein wirkliches Einlassen erfordert, d.h. die Einstellung einer Deep Attention, ist das sich selbst zu bedeuten Gebende, das durch die Praxis des

der Umwelt zur Welt. Der Weltbegriff in der Umweltsoziologie, Bielefeld: transcript 2016, Kapitel 4).

18 | Hayles, Katherine: »Hyper and Deep Attention. The Generational Divide in Cognitive Modes«, in: Profession 2007, S. 187-199, hier S. 187.

19 | Vgl. B. Stiegler: Die Logik der Sorge, S. 121.

Verstehens erschlossen werden muss. Und um diesen tiefen und sinnenthüllenden Einblick gewährt zu bekommen, muss die mit Plessner oben beschriebene reflexive Distanz zum Objekt realisiert sein. Ohne diese Distanz gerät nämlich das Wesentliche im Anderen aus dem Blick. Dies ist die Offenheit der sinnstiftenden Bedeutung. Sie zeigt sich erst im Gedeutetwerden, d.h. im praktischen Vollzug des Verstehens. Insofern konstituiert sich auch die Selbst-Welt-Beziehung immer wieder aufs Neue im Deuten, wenn sich das Selbst selbst zum Einsatz bringt, indem es den distanzierenden Blick einnimmt. Denn »Verstehen ist nicht das sich Identifizieren mit dem Anderen, wobei die Distanz zu ihm verschwindet, sondern das Vertrautwerden in der Distanz, die das Andere als das Andere und Fremde zugleich sehen läßt«.[20]

Das Selbst und Weltverständnis gründet dabei auf dem geteilten Sinnhorizont, der zwar kulturell bedingt, als solcher aber grundsätzlich nicht abschließbar, d.h. unergründlich ist. Dies wird auch in Stieglers Verständnis der Deep Attention deutlich: »Ich denke, es ist weniger die Dauer, die die Tiefe der Aufmerksamkeit erzeugt, als vielmehr die [...] *Weite der Kreisläufe der Transindividuation* die diese aktiviert«.[21] Transindividuation meint dabei in etwa das, was bei Plessner als Konzept der Mitwelt firmiert, die durch die exzentrische Positionalität gewährleistete Geistsphäre, d.h. der geteilte Sinnhorizont, der die gegenseitige und insofern gleichursprüngliche Realisierung von Selbst und Welt trägt.[22]

Begreift man die Aufmerksamkeitsform der Deep Attention mit Plessner und Stiegler also als eine zum Verständnis von Selbst und Welt realisierte Aufmerksamkeit, die eine Praxis des Verstehens ist, kann entgegen Hayles' Betonung der kognitiv geleisteten Länge, nun auch die leibliche Dimension des Aufmerkens sichtbar werden. Denn das gleichursprünglich vermittelte Verständnis von Selbst und Welt schließt die Vermittlung der eigenen und anderen Leiblichkeit als Eigengegründetheit mit ein, da dem Menschen qua seiner strukturmäßigen Bewusstseinssituation die Unmittelbarkeit der erlebten Wirklichkeit der Welt stets als eine leiblich vermittelte gegeben ist. Damit ist gleichwohl nicht gemeint, dass Kognition und Länge überhaupt keine Rolle bei der Konstituierung von Aufmerksamkeit spielen. Die spezifische Form der Deep Attention aber, die

20 | H. Plessner: Mit anderen Augen, S. 102.

21 | B. Stiegler: Die Logik der Sorge, S. 122.

22 | H. Plessner: Die Stufen des Organischen und der Mensch, S. 302-306.

hier mit Plessner und Stiegler entwickelt wurde, zeichnet sich wesentlich durch Tiefgründigeres aus als durch diese Parameter.

Dennoch scheint dem Vollzug des Verstehens durchaus auch eine gewisse Dauer inhärent zu sein, allerdings weniger im Sinne von chronologisch messbaren Zeiteinheiten, sondern vielmehr im Sinne der Bergson'schen Durée bzw. Intensität, insofern Verstehen als ein Vollzug des Lebendigen und Lebendiges als ein dynamischer Vollzug, als »eine ständig in Bewegung bleibende Zirkulation zwischen Erfahrung und dem, was sie möglich macht«[23] begriffen wird, um zum Schluss noch einmal auf Plessners Anschluss an Diltheys prägnante Formel »Leben versteht Leben« zurückzukommen.

Das gesuchte Phänomen, in dem Aufmerksamkeit und Bewusstsein ein konstitutives Verhältnis realisieren, scheint somit in der Praxis des Verstehens gefunden zu sein. Es stellt sich nun also die Frage: Was damit anfangen? Eine konstruktive Möglichkeit könnte beispielsweise sein, die Praxis des Verstehens als Ausgangspunkt für die Entwicklung einer Soziologie des Verstehens, die nicht lediglich deskriptiv sein, sondern auch ein kritisch-diagnostisches Potential entfalten möchte, zu nehmen. Die zeitdiagnostisch-soziologische These, die den Zusammenhang von Deep Attention und Verstehen einschließt, könnte auf dem Hintergrund der Praxis des Verstehens dabei wie folgt lauten: Das Leben in spätmodernen Weltverhältnissen ist geprägt durch einen Mangel an Entfaltungsmöglichkeiten für die Praxis des Verstehens. Denn das, was überwiegend auf sich aufmerksam macht, erfordert kaum mehr die Einnahme einer Deep Attention.[24] Dadurch gehen in spätmodernen Gesellschaften die Erfahrungsqualitäten, die auf der Praxis des Verstehens ein Verständnis von

23 | H. Plessner: Macht und menschliche Natur, S. 174.

24 | Diese These könnte zudem anschlussfähig für bildungstheoretische bzw. erziehungswissenschaftliche Überlegungen sein, die sich kritisch mit den aktuellen Lehrpraktiken in Schule, Universität, aber auch schon in den Kindergärten auseinandersetzen (vgl. dazu den Beitrag von Malte Brinkmann in diesem Band sowie zur Auseinandersetzung Brinkmanns mit dem Verstehensbegriff, die in Teilen zu ähnlichen Ergebnissen kommt, wie die der Autorin: Brinkmann, Malte: »Verstehen, Auslegen und Beschreiben zwischen Hermeneutik und Phänomenologie. Zum Verhältnis und zur Differenz hermeneutischer Rekonstruktion und phänomenologischer Deskription am Bespiel von Günther Bucks Hermeneutik der Erfahrung«, in: Schenk, Sabrina/Pauls, Torben (Hg.), Aus

Selbst und Welt realisieren, tendenziell verloren und den spätmodernen Subjekten somit die Möglichkeiten der Realisierung einer resonanten Selbst-Welt-Beziehung.[25]

Literatur

Beaufort, Jan: »Gesetzte Grenzen, begrenzte Setzungen. Fichte'sche Begrifflichkeit in Helmuth Plessners Phänomenologie des Lebendigen«, in: Deutsche Zeitschrift für Philosophie 48 (2) (2000).

Block, Katharina: Von der Umwelt zur Welt. Der Weltbegriff in der Umweltsoziologie, Bielefeld: transcript 2016.

Brinkmann, Malte: »Verstehen, Auslegen und Beschreiben zwischen Hermeneutik und Phänomenologie. Zum Verhältnis und zur Differenz hermeneutischer Rekonstruktion und phänomenologischer Deskription am Bespiel von Günther Bucks Hermeneutik der Erfahrung«, in: Schenk, Sabrina/Pauls, Torben (Hg.), Aus Erfahrung lernen. Anschlüsse an Günther Buck, Paderborn: Schöningh 2014, S. 199-222.

Hayles, Katherine: »Hyper and Deep Attention. The Generational Divide in Cognitive Modes«, in: Profession 2007, S. 187-199.

Krüger, Hans-Peter: »Hirn als Subjekt? Philosophische Grenzfragen der Neurobiologie«, in: Deutsche Zeitschrift für Philosophie, Sonderband 15 (Berlin 2007).

Lindemann, Gesa: »Verstehen und Erklären bei Helmuth Plessner«, in: Greshoff, Rainer/Kneer, Georg/Schneider, Wolfgang L. (Hg.), Verstehen und Erklären. Sozial- und Kulturwissenschaftliche Perspektiven, München: Wilhelm Fink 2008.

Plessner, Helmuth: »Macht und menschliche Natur«, in: Dux, Günther/Marquard, Odo/Ströker, Elisabeth (Hg.), Macht und menschliche Natur, GS. Bd. 5, Frankfurt am Main: Suhrkamp 2003.

Erfahrung lernen. Anschlüsse an Günther Buck, Paderborn: Schöningh 2014, S. 199-222.

25 | Vgl. für eine resonanztheoretisch konzipierte Soziologie: Rosa, Hartmut: Weltbeziehungen im Zeitalter der Beschleunigung. Umrisse einer neuen Gesellschaftskritik, Frankfurt am Main: Suhrkamp 2012. Sowie zur anthropologischen Fundierung der Rosa'schen Soziologie der Weltbeziehungen im Anschluss an Plessner: K. Block: Von der Umwelt zur Welt, Kapitel 4.

Plessner, Helmuth: »Mit anderen Augen«, in: Dux, Günther/Marquard, Odo/Ströker, Elisabeth (Hg.), Conditio humana, GS. Bd. 8, Frankfurt am Main: Suhrkamp 2003.

Plessner, Helmuth: Die Stufen des Organischen und der Mensch. Einleitung in die philosophische Anthropologie, Berlin: De Gruyter 1975.

Rosa, Hartmut: Weltbeziehungen im Zeitalter der Beschleunigung. Umrisse einer neuen Gesellschaftskritik, Berlin: Suhrkamp 2012.

Stiegler, Bernard: Die Logik der Sorge. Verlust der Aufklärung durch Technik und Medien, Frankfurt am Main: Suhrkamp 2008.

Uexküll, Jakob von: Theoretische Biologie, Frankfurt am Main: Suhrkamp 1973.

Waldenfels, Bernhard: Phänomenologie der Aufmerksamkeit, Frankfurt am Main: Suhrkamp 2004.

Aufmerksamkeitsdefizitkultur[1]

Christoph Türcke

Menschen sind Wiederholungstäter. Mehr noch: Erst dadurch, dass sie zu Wiederholungstätern wurden, wurden sie zu Menschen. So wenig wir vom Menschheitsanfang auch wissen, eines ist sicher: Zur Menschwerdung gehört die Ausbildung von Sitten und Gebräuchen, und die haben ihren Ursprung in sakralen Riten. Die wiederum haben eine gemeinsame Wurzel: das Opferritual. Und Opfern ist Wiederholen. Anfangs höchst blutige, verzweifelte Wiederholung. Immer wieder menschliche Stammesgenossen und kostbare Tiere schlachten, um so den Schrecken und das Grauen der Naturgewalten zu mildern, oder, theologisch gesprochen, die höheren Mächte zu besänftigen. Die Logik des Opfers ist die physiologische des Wiederholungszwangs. Durch ständige Wiederholung soll das Unerträgliche allmählich erträglich, das Unfassliche fasslich, das Ungewöhnliche gewöhnlich werden. Physiologisch gesprochen ist das der Versuch, geeignete Nervenbahnen anzulegen, um in ihnen einen ungeheuren Erregungsschwall zu kanalisieren und zur Abfuhr zu bringen. Das Opfer vollzieht Grauenhaftes, um von Grauenhaftem loszukommen. Es ist ein erster, unbeholfener Selbstheilungsversuch. Auf die Länge eines individuellen steinzeitlichen Menschenlebens wird dieser Versuch nicht viel gefruchtet haben. Auf 20 oder 30 Jahrtausende gerechnet aber hat die Wiederholung genügend Zeit gehabt, ihre beruhigende, deeskalierende Wirkung zu entfalten und sich als Kulturstifter *par excellence* zu erweisen.

Rituale, Sitten, Grammatiken, Gesetze, Institutionen sind Niederschläge des traumatischen Wiederholungszwangs. Und zwar ebenso Niederschläge seines Wirkens wie seines tendenziellen Aufhörens. Er ist in ihnen verebbt; er hat sich darin beruhigt. Das ist allerdings immer erst

1 | Dieser Text besteht aus bearbeiteten Auszügen meiner *Philosophie des Traums* (Türcke, Christoph: Philosophie des Traums, München: C.H.Beck 2008.)

im Nachhinein feststellbar. Nie lässt sich im Einzelfall voraussagen, ob er zu einem verbohrten ausweglosen Kreisen in sich selbst führen wird oder zu einem allmählichen Abbau seiner selbst. Und sein welthistorischer Abbau hat ein Übermaß an Nerven gekostet. Er musste sich nämlich durch zahllose individuelle Nervenzerrüttungen hindurcharbeiten, um sich allmählich zu jenen Riten, Sitten und Gebräuchen zu temperieren, die die Grundstrukturen menschlicher Gemeinschaften ausmachen. Der traumatische Wiederholungszwang ist buchstäblich in der Kultur untergegangen. Er lebt darin fort als ein unberuhigter Rest, als ein sporadischer Störenfried, ein pathologisches Überbleibsel der Vorzeit – in einer Umgebung, die aus seinen Niederschlägen besteht. Er selbst ist furchtbar, seine Niederschläge sind kostbar. Jede Kultur braucht erhebende Rituale, vertraute Gewohnheiten, routinemäßige Abläufe. Sie sind die Basis jeglicher freien individuellen Entfaltung.

Reeskalierung

Bis zum Beginn der Neuzeit war Wiederholung gleichbedeutend mit tendenzieller Deeskalierung und Beruhigung. Dann wurde eine bahnbrechende Erfindung gemacht: der Automat. Werkzeuge gibt es, seit es Menschen gibt. »Automobile« Werkzeuge hingegen, die sich, gleichsam von selbst, immer wieder in gleicher Weise bewegen, gibt es erst seit der Neuzeit. Ihre Prototypen, durch Dampf, Benzin, schließlich durch Strom getriebene Maschinen, übernehmen menschliche Bewegungsabläufe. Das Können von Maschinen ist eine neue, gleichsam übermenschliche Art von Wiederholen-Können. Was Maschinen leisten, erledigen sie gewöhnlich weit schneller, genauer und ausdauernder als Menschen. Allerdings nie ohne dass Menschen sich an ihnen zu schaffen machen, mit ihnen umgehen, sich ihrem standardisierten Bewegungsablauf angleichen. »Angleichung eines Ichs an ein fremdes«[2] aber ist die stehende Freudsche Formel für Identifizierung. Und in der Tat: Menschen sind gar nicht in der Lage, Maschinen zu steuern oder zu bedienen (und steuern kann sie nur, wer sie auch bedient), ohne sich bis zu einem gewissen Grad mit ihnen zu identifizieren. Identifizierung aber gilt stets einer überlegenen

2 | Freud, Sigmund: Vorlesungen zur Einführung in die Psychoanalyse. Neue Folge, Studienausgabe, Band 1, Frankfurt am Main: Fischer 1969, S. 501.

Instanz, die etwas hat oder kann, was einem selbst fehlt. Und Maschinen können stets etwas, was ihr Benutzer nicht kann. Sie beschämen ihn. »Prometheische Scham«[3] hat Günther Anders das genannt.

Die Dampfmaschine übernahm Bewegungsabläufe. Die Bildmaschine übernahm Wahrnehmungsabläufe. Ähnlich wie das Auge auf seiner Netzhaut Bilder entstehen lässt, so tut das die Kamera auf chemisch präparierten Flächen. Dort fängt sie Licht auf. Die Bilder, die dabei entstehen, hält sie genau so fest, wie sie sich abzeichnen. Sie werden der Fläche buchstäblich eingebildet – und dann auch noch beliebig vielen menschlichen Augen zugänglich gemacht. Welch ein Fortschritt in der Geschichte der Einbildung! Während Menschen auf ihrem Weg vom Kleinkind zum Erwachsenen mühsam von diffusen Eindrücken zu distinkter Wahrnehmung gelangen müssen, dann von der Wahrnehmung zur Einbildung, dann lernen müssen, das Eingebildete als innere Vorstellung zu konservieren und zu modifizieren und ihre Vorstellungen zudem nur indirekt durch Gesten und Worte mitteilen können, schafft die Kamera das alles simultan und direkt – dank eines grundstürzenden neuen Vermögens: der technischen Einbildungskraft. Verständlich, dass die Identifizierung mit diesem Wunderwerk ungleich intensiver ausfiel als die mit der Dampfmaschine.

Vor allem die Phantasie der Filmpioniere und ihres Publikums bekam durch die Errungenschaft einer technischen Einbildungskraft einen Schub nach dem andern. Neue Ausdrucks- und Wahrnehmungsweisen eröffneten sich. Bildern schien ungeahnte Kraft zuzuwachsen. Eines entging den Hoffnungsträgern des neuen Mediums allerdings: wie sehr ihre eigene Einbildungskraft noch von traditionellen, vergleichsweise beschaulichen Medien und Spektakeln geformt war: Brief, Zeitung, Buch; Volksfest, Konzert, Theater. Daran hatte sich die Einbildungskraft gebildet, die sie mit ins Kino brachten. Und die Filmvorführungen waren zunächst Raritäten: festliche Abend- oder Wochenendereignisse. Zwischen den einzelnen Filmen war viel Zeit, um das Erlebte sacken zu lassen. Es drängte nicht sogleich der nächste Streifen, die nächste Talkshow oder Nachrichtensendung nach. Erst als der Film sich durch seinen rasanten Siegeszug selbst inflationierte und vom Highlight zur Alltäglichkeit ab-

3 | Anders, Günther: Die Antiquiertheit des Menschen, Band 1, München: C.H. Beck 1956, S. 21.

sank, erreichte er allmählich das Stadium, in dem sein maschineller Ablauf auf seine Rezipienten voll zurückwirken konnte.

Die idealen Rezipienten des Films sind anachronistische Rezipienten: Menschen, die noch in der Lage sind, anderen einen gerade gesehenen Film zusammenhängend zu erzählen, über ihn nachzudenken, ihn zu diskutieren, womöglich zu rezensieren, kurzum Menschen, die ihn mit einer Ausdauer verfolgen und mit Verhaltensweisen umgeben, die sie bei kindlichen Bastelarbeiten und Geschicklichkeitsspielen, beim Betrachten und Malen von Bildern, beim Lesen und Schreiben von Texten gelernt haben, aber nicht am Film selbst. Ist dessen Prinzip doch gerade, wie schon von Benjamin klar gesehen, der unablässige »Wechsel der Schauplätze und Einstellungen«, »welche stoßweise auf den Beschauer eindringen«. »In der Tat wird der Assoziationsablauf dessen, der diese Bilder betrachtet, sofort durch ihre Veränderung unterbrochen. Darauf beruht die Chockwirkung des Films«.[4]

Bildschock

Nun lässt zwar die Schockwirkung nach, wenn Bildschirme zur alltäglichen Kulisse werden, aber der ruckartige »Wechsel der Schauplätze und Einstellungen« hört damit keineswegs auf. Er wird allgegenwärtig. Nach wie vor wirkt jeder Bildschnitt als optischer Ruck, der ein »Achtung«, »Aufgemerkt«, »Hierhergesehen« auf den Betrachter ausstrahlt, ihm eine neue kleine Aufmerksamkeitsinjektion verabreicht, einen winzigen Adrenalinstoß – und seine Aufmerksamkeit gerade dadurch zermürbt, dass er sie ständig stimuliert. Der Bildschock zieht durch seinen abrupten Lichtwechsel das Auge magnetisch an; er verspricht ständig neue, noch ungesehene Bilder; er übt in die Allgegenwart des Marktes ein; sein »Hierhergesehen« preist die nächste Szene an wie ein Marktschreier seine Ware. Und seit der Bildschirm ebenso dem Computer wie dem Fernseher angehört, nicht mehr nur die Freizeit füllt, sondern das gesamte Arbeitsleben durchdringt, fallen auch Bildschock und Arbeitsauftrag in-

4 | Benjamin, Walter: »Das Kunstwerk im Zeitalter seiner technischen Reproduzierbarkeit«, in: Tiedemann, Rolf/Schweppenhäuser, Hermann (Hg.), Gesammelte Schriften, Band I.2, Frankfurt am Main: Suhrkamp 1974, S. 502f.

einander. Die Daten, die ich mir ruckartig aufrufe, rufen mich ebenso ruckartig auf, sie zu bearbeiten – oder mit Kündigung zu rechnen.

Mit alledem ist der Bildschock zum Brennpunkt eines globalen Aufmerksamkeitsregimes geworden, das durch Dauererregung von Aufsehen abstumpft. Die Gestalter von Fernsehprogrammen setzen längst nicht mehr darauf, dass ein durchschnittlicher Zuschauer längere Sendungen von Anfang bis Ende verfolgt. Sie kalkulieren von vornherein ein, dass er beim geringsten Spannungsabfall auf andere Sender umschaltet, und sind froh, wenn sie ihn wenigstens an die Highlights ihres Programms, die sie durch spektakuläre Vorschau ankündigen, temporär binden können. *Dieser* Zuschauer ist dem Aufmerksamkeitsregime des Bildschocks kongenial. Und nach seinem Bilde formt sich zunehmend der Leser, auch der intellektuelle. Jedes Printprodukt, das noch beachtet sein will, muss sich ähnlich ruckartig wie ein Filmbild ans Auge herandrängen. Man halte nur einmal das heutige Erscheinungsbild großer Tageszeitungen gegen das von vor zwanzig Jahren; im Vergleich zu damals mutet es wie das einer Illustrierten an. Ohne große Farbphotos kann es sich kaum mehr blicken lassen. Zu den stillen Voraussetzungen des gesamten Printdesigns gehört, dass kaum mehr jemand die Konzentration und Ausdauer hat, um einen Text von der ersten bis zur letzten Seite Zeile für Zeile zu studieren.

Dies alles sind manifeste Aufmerksamkeitsdefizitsymptome. Das sogenannte Aufmerksamkeitsdefizitsyndrom (ADS) oder sogar Aufmerksamkeitsdefizit-Hyperaktivitätssyndrom (ADHS) ist nur ein krasser Sonderfall davon. Da geht es um Kinder, denen es nicht gelingt, sich auf irgend etwas zu konzentrieren, bei etwas zu verweilen, eine Freundschaft aufzubauen, ein gemeinsames Spiel durchzuhalten, Kinder, die alles Mögliche anfangen und nichts zu Ende bringen. Sie sind von ständiger motorischer Unruhe getrieben, die kein Ventil, keine Ruhestätte findet und sie zu ständigen Störenfrieden in Schule, Familie und Jugendgruppen macht. Um sie ruhig zu stellen, gibt es gleichwohl ein hoch wirksames Mittel. »Wenn man Kinder, die keine Sekunde stillsitzen können und ihre Augen nach rechts und links bewegen, suchend und ausweichend, vor einen Computer setzt, wird ihr Blick klar und fixierend, ihre Aktivitäten sind zielgerichtet und geduldig«, schreibt der Kindertherapeut Wolfgang Bergmann. »Jedenfalls ist es mehr als auffällig, wie gut sich die hyperaktiven Kinder und Jugendlichen, die in der realen Welt wie verloren wirken, in den Computern zurecht finden und sich in den Spielen und online-Kontakten mit einer Sicherheit bewegen, über die sie in der so genannten ›ersten Realität‹, im Alltag ihres Lebens, nicht verfügen«. Und warum wird ihnen diese Maschine im Nu vertraut? Es »reichen wenige Handbewegungen aus, um ein gewünschtes Objekt in den Bereich der Verfügbarkeit zu holen, oder einen Kommunikationspartner für den Austausch dieser oder jener Phantasie, dieser oder jener Kontakte aufzurufen – alles steht wie auf Abruf bereit«. Jedoch: »Alles ist auf die jeweils eigene *Jetzt-Befriedigung* gerichtet. Sobald sie sich eingestellt hat, erlischt die Repräsentanz des eben noch ersehnten Objekts, der Aktion oder des Kontakts zu Anderen; mit einer Handbewegung, einem Klick auf der Tastatur, werden sie entfernt«, »als hätte es sie nie gegeben«.[5]

ADHS-Herd

Freilich laborieren auch Kinder mit Hirnschäden, manifesten psychotischen Störungen oder nachweisbaren traumatischen Erfahrungen an gravierenden Aufmerksamkeitsdefiziten. Doch es stiftet Verwirrung, wenn diese in der Regel klar diagnostizierbaren Fälle ebenfalls unter ADHS verbucht werden. Denn was die Bezeichnung ADHS aufgebracht hat, war ja gerade die Ratlosigkeit gegenüber einer Symptomatik, bei der diese diagnostischen Muster nicht greifen, sogar unklar ist, ob es sich überhaupt um eine Krankheit handelt; einer Symptomatik, die sich rasant und quer durch alle soziale Schichten verbreitet, also keine zu vernachlässigende unaufgeklärte Restmenge darstellt – und signifikant mit Fixierung auf Bildmaschinen verbunden ist.

In diesem Bezugsfeld – man darf es vielleicht als den ADHS-Herd bezeichnen – hat man es in der Regel mit Kindern und Jugendlichen zu tun, deren Aufmerksamkeitsdefizit zunächst einmal dasjenige ist, das sie selbst *erlebt* haben. Die Aufmerksamkeit, die sie nicht zu geben vermögen, ist ihnen zuvor selbst vorenthalten worden. Kleinkinder wissen zwar nicht, was ein Aufmerksamkeitsregime ist, aber sie haben überfeine Antennen für Aufmerksamkeitsverhältnisse. Und wenn sie ihr ganzes Säuglingsleben bereits von einer Fernsehkulisse umgeben verbringen,

5 | Bergmann, Wolfgang: »Ich bin nicht in mir und nicht außer mir«, in: Ahrbeck, Bernd (Hg.), Hyperaktivität. Kulturtheorie, Pädagogik, Therapie, Stuttgart: Kohlhammer 2007, S. 54.

haben sie alle Chancen, früh und traumatisch zu erleben, wie die Aufmerksamkeit ihrer nächsten Bezugspersonen sich zwischen ihnen und dieser Kulisse verteilt, wie zwischenmenschliche Zuwendung unter den Aufmerksamkeitsansprüchen, die diese Kulisse permanent erhebt, flach und unwirklich wird. An traumatischen frühkindlichen Aufmerksamkeitsentzug, der auf derart unspektakuläre Weise entsteht, kommt man mit empirischer Forschung schwer heran, wie man ja auch noch nicht weiß, was Mütter, die beim Stillen telefonieren, oder Eltern, die beim Spielen ständig Mails checken, ihren Kindern antun. Sie misshandeln sie ja nicht, empfinden sich selbst womöglich nicht einmal als lieblos. Vielfach sind bei ADHS-Kindern weder manifeste Verletzungen feststellbar noch unterlassene Fürsorge oder überlange Abwesenheitsphasen der Eltern – und doch: Irgendeine Art vitalen Entzugs muss stattfinden, sonst gäbe es nicht die motorische Dauerunruhe, die unablässige Suche nach etwas, was die Gestalt eines verlorenen Objekts noch gar nicht angenommen hat. Erst nachträglich, wenn die Betroffenen geradezu kollektiv auf Bildmaschinen fliegen wie die Motten zum Licht, wird erkennbar, woher ihre Unruhe kommt. Längst ehe sie nämlich Bildmaschinen als Objekte, den Bildschirm als Ding wahrnehmen konnten, haben sie die aufmerksamkeitsabsorbierende Kraft ihres Flimmerns erlebt: als Entzug. Dieser Entzug verlangt nach Wiederholung, um bewältigt zu werden. Er sucht sein Verlangen dort zu stillen, wo es entstand. Und so suchen die »kleinen Hypies« gerade bei den Maschinen Ruhe, die sie auf diffuse Weise, noch präobjektal, gewissermaßen spukhaft, und dennoch prägend als Stifter ihrer Unruhe erlebt haben. Das ist die Logik des traumatischen Wiederholungszwang: »Vor dem mir graut, zu dem michs drängt.«[6] Nach dieser Logik hat die werdende Menschheit einst den Naturschrecken durch Ritualisierung und überhöhende Halluzinierung zu bewältigen gesucht. Bei den »kleinen Hypies« feiert dies Verhaltensmuster seine hochtechnologische Wiederauferstehung. »Was mir die Zuwendung raubt, dem wende ich mich zu. Was mich haltlos macht, daran suche ich Halt«.

Im Kraftfeld der neuen Aufmerksamkeitsverhältnisse gewinnen die zwischenmenschlichen Primärbeziehungen nicht mehr so viel Nachhaltigkeit, dass sie solchen Kindern ein Elementarmaß an Halt und Orientierung böten. *Die neuen Leiden der Seele*, schreibt Julia Kristeva, haben

6 | Otto, Rudolf: Das Heilige. Über das Irrationale in der Idee des Göttlichen und sein Verhältnis zum Rationalen, München: C.H.Beck 1963, S. 42.

»einen gemeinsamen Nenner: die Schwierigkeit der Repräsentation«.[7] Es handelt sich um unrepräsentative, fluktuierende Leidensformen mit einer diffusen Symptomatik, die kaum mehr die konkrete Gestalt greifbarer Krankheitsbilder annimmt. Einen signifikanten Trend dorthin gibt es aber erst seit einigen Jahrzehnten: seit das neue Aufmerksamkeitsregime deutliche Konturen zeigt. Jeglichen Zusammenhang zwischen ihm und den signifikant diffuser werdenden Krankheitsbildern leugnen ist wie bestreiten, dass Infekt und Fieber etwas miteinander zu tun haben.

»Schwierigkeit der Repräsentation«: darum geht es, wenn der Kinderanalytiker Michael Günter ADHS als »Denkstörung« bezeichnet.[8] Denken bindet. All seine differenzierenden Leistungen erbringt es nur auf der Basis einer synthetischen, um nicht zu sagen, alchemistischen Elementarleistung: Reize und Impulse so ineinander zu schieben, dass sie sich zu inneren beharrlichen Gestalten verbinden, statt bloß Unruhe stiftend durchs Nervensystem zu vagabundieren. Das glückt natürlich nicht auf Anhieb. Es bedarf zahlloser wiederholender Anläufe. Denken ist ein Abkömmling des traumatischen Wiederholungszwangs.[9] Es beginnt mit innerer Gestaltbildung – mit dem, was bei Freud Primärvorgang heißt: Verdichtung, Verschiebung, Umkehrung. Analysiert hat er diesen Prozess am Traum, aber man vergesse nicht, dass er den Traum »primitive Denktätigkeit«[10] nannte. Und wenn bei ADHS-Kindern eine signifikante Abnahme von konturierten, erzählbaren Traumsequenzen beobachtet wird, dann zeugt das davon, dass sich diese Denktätigkeit bei ihnen nicht mehr von selbst versteht.

Es liegt auf der Hand, dass jenes diffuse Phänomen, für das »ADHS« mehr eine Verlegenheitsbezeichnung als eine trennscharfe pathologische Diagnose ist, ohne umfassende kulturtheoretische Perspektive gar nicht angemessen begriffen werden kann. ADHS ist ja nicht einfach eine Krankheit in gesunder Umgebung. Umgekehrt: Nur wo schon eine Aufmerksamkeitsdefizitkultur besteht, gibt es ADHS. Ihr Wahrzeichen ist

7 | Kristeva, Julia: Die neuen Leiden der Seele, Hamburg: Junius 1994, S. 15.

8 | Günter, Michael: »ADHS. Eine Denk- und Affektverarbeitungsstörung?«, in: Günter, Michael/von Klitzingen, Kai (Hg.), Kinderanalyse, 17. Jahrgang, Heft 4, Stuttgart: Klett-Cotta 2009, S. 388.

9 | Ch. Türcke: Philosophie des Traums, S. 60ff.

10 | Freud, Sigmund: Die Traumdeutung, Studienausgabe, Band 2, Frankfurt am Main: Fischer 1972, S. 539.

das, was ich »konzentrierte Zerstreuung«[11] nenne. Durch Milliarden winziger audiovisueller Schocks wird die menschliche Aufmerksamkeit auf etwas konzentriert, was sie gerade zermürbt. Das ist das Aufmerksamkeitsdefizitgesetz, dessen Dynamik unsere gesamte Kultur durchdringt. Gegen seine Wirkung kann man sich wehren; verhindern lässt sie sich auf absehbare Zeit nicht. Wer bis drei zählen kann, kann sich daher auch ausrechnen, dass das, was gegenwärtig unter ADHS firmiert – etwa jedes sechste Kind ist hierzulande nach vorsichtigen Schätzungen davon betroffen –, nur eine Ouvertüre ist: ein Anfang, eine Einstimmung, Ankündigung, Vorwegnahme zentraler Themen, ohne dass schon genau ersichtlich würde, was kommt – ganz wie in der Musik.

Aufmerksamkeitsregime

Allerdings ist das hochtechnologische Aufmerksamkeitsregime seinerseits in eine gesamtkulturelle Perspektive zu rücken, wenn man ermessen will, welch epochale Zäsur es in der Geschichte menschlicher Wiederholung setzt. Als Wiederholungstäter hat der Homo sapiens es vermocht, ein singuläres Reizverarbeitungssystem auszubilden. In unzähligen Wiederholungsschüben, die den größten Teil seiner Frühzeit beanspruchten, hat er nie gekannte Verdichtungs-, Verschiebungs- und Umkehrungskräfte mobilisiert, um sich den traumatischen Schrecken einzubilden, dessen diffuses Bild durch viele weitere Bilder zu dämpfen, zu begrenzen, zu konturieren, zu synthetisieren und so schließlich zur inneren Vorstellungswelt zu entfalten.[12] Und dann kam das Wunderwerk einer technischen Einbildungskraft und leistete dies alles auf verblüffend einfache Weise im Handstreich: durch das Auffangen von Licht auf chemisch präparierten Flächen.

Damit ist aber eine neue Art von Wiederholungszwang über die Menschheit gekommen. Eine technisch perfektionierte audiovisuelle Maschinerie läuft rund um die Uhr, wiederholt unablässig die Ausstrahlung ihrer aufmerksamkeitsheischenden Impulse, aber sie wiederholt nicht mehr jene Art von Bewegungsabläufen, die sich zu Ritualen und

11 | Türcke, Christoph: Erregte Gesellschaft. Philosophie der Sensation, München: C.H.Beck 2002, S. 271.

12 | Ch. Türcke: Philosophie des Traums, S. 60ff.

Gewohnheiten sedimentieren. Im Gegenteil: Sie desedimentiert sie. Die traumatische Erregung, die einst zur Bildung und Wiederholung von Ritualen trieb, der Wunsch, diese Erregung loszuwerden und Ruhe zu finden – dies alles ist dem technischen Wiederholungszwang fremd. Er läuft einfach bloß mechanisch ab; ohne Schmerz, ohne Müdigkeit, ohne Wunsch, ohne Ziel. Und die ungeheure Kraft seiner Bedürfnislosigkeit und Selbstgenügsamkeit setzt nichts Geringeres in Gang als die Umkehrung der menschlichen Wiederholungslogik. Bis zur Neuzeit lief sie auf Deeskalierung, Sedimentierung, Beruhigung hinaus. Nun wendet sich die technische Einbildungskraft gegen die menschliche und geht deren Weg rückwärts.

Die technische Einbildungskraft besticht dadurch, dass ihre Bilder echt, sinnlich, vorzeigbar sind, Direktabdrücke der äußeren Realität, die sich ebenso direkt auch wieder nach außen kehren lassen. Damit beschämt sie die menschliche Einbildungskraft, die an der Blässe und Nicht-Vorzeigbarkeit ihrer Bilder krankt. Sie tut aber noch mehr: Sie nimmt eine der größten Errungenschaften der menschlichen Einbildungskraft zurück: die Differenz von Halluzination und Vorstellung. So richtig blass und abstrakt sind mentale Bilder ja erst geworden, als sie sich von der Halluzination abhoben, sich zur Sphäre der Vorstellung lichteten und ihren eigenen halluzinatorischen Herd zu ihrem Untergrund degradierten.[13] Und dann diese paradoxe Umkehrung: Nur Menschen mit hoch entwickeltem Vorstellungs- und Abstraktionsvermögen haben eine technische Einbildungskraft aushecken können, die diesen Vorstellungen nun ihre eigene Blässe vorführt und ihnen durch eine Flut satter, praller, zudringlicher Bilder ständig die Frage stellt: Wer seid ihr schon, ihr Bleichgesichter? Wollt ihr euch nicht ergeben?

Filmbilder, gleichgültig, ob dokumentarisch oder fiktional, dringen mit halluzinatorischer Intensität auf den Betrachter ein. Er sieht sie, ob er will oder nicht, durch das mechanische Auge einer Kamera, die die Differenz von Wahrnehmung und Vorstellung nicht kennt. Beide nicht auseinanderhalten können, Stimmen hören, Gestalten sehen, die lediglich in der Imagination, aber nicht physisch präsent sind: das aber macht den psychotischen Zustand aus. Das Kameraauge funktioniert gewissermaßen auf psychotischem Niveau. Wer seinen Blick in den der Kamera einlässt, tritt in ein nach außen gekehrtes, technisch präzisiertes Traum-

13 | Ebd., S. 73ff.

szenario ein – ein Szenario, das andere schon für ihn geträumt haben. Er muss es nicht selbst erst durch Verdichtung, Verschiebung und Umkehrung latenter Motive zustande bringen und kann es deshalb so mühelos mitträumen, weil es vom Traum nur die Außenseite übrig gelassen hat: den manifesten Trauminhalt. Keine Frage, dass der Film durch seine besondere Art der Traumähnlichkeit eine neue Dimension der Welterfahrung erschlossen hat. Für seine großen Werke gilt ohne Einschränkung die berühmte Definition Paul Klees: »Kunst gibt nicht das Sichtbare wieder, sondern macht sichtbar«.[14] Nur eben um einen hohen Preis. Auch in ihren größten Werken macht die technische Einbildungskraft keinen Unterschied zwischen Halluzination und Vorstellung – und arbeitet unweigerlich daran mit, auch der menschlichen Einbildungskraft diese Unterscheidung abzugewöhnen. Sie hat eine repsychotisierende Tendenz.

Ließe sich der Rückfall in die Indifferenz doch auf ein paar erholsame Kinostunden beschränken! Phasen der Regression, des entspannten, zerstreuten Absinkens in einen Zustand, worin Vorstellung und Halluzination spielerisch ineinander verschwimmen, braucht jeder, gerade um sich seine Realitätstüchtigkeit zu erhalten; genauso wie jeder den Traum braucht, den Freud einmal als harmlose Psychose bezeichnet hat.[15] Das Problem ist die *konzentrierte* Zerstreuung: das Regime. In großen Filmen feiert es seine Sternstunden. In den Niederungen des Alltags nimmt die Rückannäherung der Vorstellung an die Halluzination die Gestalt von Jammer und Elend an. Davon zeugen die ADHS-Kinder. Ihre Vorstellungen sind kaum mehr als Wurmfortsätze dessen, was sie gerade erleben und wünschen, und indem sie sich diesem Hier-Jetzt überlassen und darin um so besser versinken können, je unruhiger es flimmert und zuckt, nähern sie sich einer neuen Art des Tagträumens an – nicht jenem beschaulichen, in das ein gedankenverlorenes Sinnieren übergeht, wenn seine Vorstellungen zu Bildern absinken und für Momente halluzinatorische Plastizität gewinnen, sondern einem hektischen, wo Traum- und Wachzustand so ineinander rutschen, dass die Betroffenen weder mehr intensiv träumen noch zur Strukturiertheit wachen Verhaltens gelangen. Wo der mentale Vorstellungsraum, also der innere Wachraum, kein nennenswertes Volumen mehr gewinnt, gewinnt auch der Traumraum keines mehr. Er vertieft sich nicht mehr zum mentalen *back office*, wo die

14 | Klee, Paul: Kunst-Lehre, Leipzig: Reclam 1987, S. 60.

15 | S. Freud: Vorlesungen zur Einführung in die Psychoanalyse, S. 459.

Tagesreste, die das Wachbewusstsein unverarbeitet gelassen hat, nachbearbeitet werden, so dass etwas stattfinden kann, was das menschliche Nervensystem nicht minder braucht als den Schlaf: das mentale Nachsitzen.

Nachsitzen

Die Paukschule bestrafte aufsässige Kinder mit Nachsitzen. Sie mussten länger in der Schule bleiben. Das ist heute zum Glück nicht mehr gestattet. Aber nachgesessen wird weiterhin: überall dort, wo Hausaufgaben gemacht werden. Ihr Sinn ist, dass im Unterricht Erarbeitetes sich durch Wiederholung, Nachbearbeitung, Variierung setzt. Und je weniger man im Unterricht aufnahm, desto länger sitzt man über den Hausaufgaben nach. Dass man dazu oft keine Lust hat, ist ganz natürlich. Etwas anderes ist, wenn man dazu sensomotorisch unfähig ist. Das ist ähnlich fatal wie nicht schlafen oder nicht träumen zu können. Ja, es ist keine Übertreibung, zu sagen: Alle Kultur ist Nachsitzen der Natur. Nicht anders nämlich als durch wiederholende Nachbearbeitung von Naturkatastrophen ist der Homo sapiens einst zur Kultur gelangt. Eine Kultur, die nicht mehr nachzusitzen vermag, gibt sich selbst auf.

Nachsitzen lernen und Muße dazu haben ist das Element aller Bildung. Kindergärtnerinnen und Grundschullehrerinnen, die erst einmal mit viel Geduld und Ruhe gemeinsame Rhythmen und Rituale einüben, in deren Bahnen die gemeinsame Zeit mit den ihnen anvertrauten Kindern verlaufen soll; die sich weigern, durch ständigen Methodenwechsel den Unterricht den Unterhaltungsstandards des Fernsehens anzupassen; die den Gebrauch des Computers aufs Allernötigste reduzieren; die mit den Kindern kleine Theateraufführungen einstudieren, ihnen ein Repertoire von Versen, Reimen, Sprichwörtern, Gedichten beibringen, das auswendig, aber mit Bedacht und Verstand aufgesagt wird; die ihnen nicht dauernd Arbeitsblätter servieren, sondern sie das Wesentliche hübsch ins Heft eintragen lassen: sie gehören zu den Widerstandskämpfern von heute. Das Abschreiben von Texten und Formeln, einst ein ganz gemeines Kennzeichen der Paukschule, kann unter den Bedingungen allgemeiner Bildschirmunruhe unversehens zu einer Maßnahme der motorischen, affektiven, mentalen Sammlung, der inneren Einkehr, um nicht zu sagen, der Andacht werden. Und je früher die Atmosphäre solch *profaner* Andacht eingeübt wird, desto weniger muss später der Förderunterricht die ADHS-Scherben zusammenlesen. In Worten von Nicolas Malebranche: »Die Aufmerksamkeit des Geistes ist ein natürliches Gebet«.[16] Kinder in diesem übertragenen Sinne gebetsfähig zu machen, fähig, sich derart in eine Sache zu versenken, dass sie sich selbst dabei vergessen, aber gerade so eine Ahnung davon bekommen, was erfüllte Zeit wäre: das ist vielleicht die vordringlichste Bildungsaufgabe unserer Epoche.

Von Nachhaltigkeit reden viele; aber es gibt keine Nachhaltigkeit ohne Nachsitzen. Nachsitzen hat einen miserablen Ruf, aber im Zeitalter seines Bedrohtseins auch die Chance, in nie gekannter Weise zur Tugend zu werden. Jedenfalls ist es heute Bestandteil dessen, was Benjamin als die eigentlich revolutionäre Tätigkeit erahnte: »Marx sagt, die Revolutionen sind die Lokomotive der Weltgeschichte. Aber vielleicht ist dem gänzlich anders. Vielleicht sind die Revolutionen der Griff des in diesem Zuge reisenden Menschengeschlechts nach der Notbremse«.[17]

Literatur

Anders, Günther: Die Antiquiertheit des Menschen, Band 1, München: C.H.Beck 1956.

Benjamin, Walter: »Das Kunstwerk im Zeitalter seiner technischen Reproduzierbarkeit«, in: Tiedemann, Rolf/Schweppenhäuser, Hermann (Hg.), Gesammelte Schriften, Band I.2, Frankfurt am Main: Suhrkamp 1974.

Benjamin, Walter: »Notizen und Vorarbeiten zu den Thesen ›Über den Begriff der Geschichte‹«, in: Tiedemann, Rolf/Schweppenhäuser, Hermann (Hg.), Gesammelte Schriften, Band I.3, Frankfurt am Main: Suhrkamp 1974.

Bergmann, Wolfgang: »Ich bin nicht in mir und nicht außer mir«, in: Ahrbeck, Bernd (Hg.), Hyperaktivität. Kulturtheorie, Pädagogik, Therapie, Stuttgart: Kohlhammer 2007.

16 | Malebranche, Nicole: Traite de Morale, Paris: Flammarion 1995 [1707], S. 105.

17 | Benjamin, Walter: »Notizen und Vorarbeiten zu den Thesen ›Über den Begriff der Geschichte‹«, in: Tiedemann, Rolf/Schweppenhäuser, Hermann (Hg.), Gesammelte Schriften, Band I.3, Frankfurt am Main: Suhrkamp 1974, S. 1232.

Freud, Sigmund: Die Traumdeutung, Studienausgabe, Band 2, Frankfurt am Main: Fischer 1972.

Freud, Sigmund: Vorlesungen zur Einführung in die Psychoanalyse. Neue Folge, Studienausgabe, Band 1, Frankfurt am Main: Fischer 1969.

Günter, Michael: »ADHS. Eine Denk- und Affektverarbeitungsstörung?«, in: Günter, Michael/von Klitzingen, Kai (Hg.), Kinderanalyse, 17. Jahrgang, Heft 4, Stuttgart: Klett-Cotta 2009.

Klee, Paul: Kunst-Lehre, Leipzig: Reclam 1987.

Kristeva, Julia: Die neuen Leiden der Seele, Hamburg: Junius 1994.

Malebranche, Nicole: Traite de Morale, Paris: Flammarion 1995 [1707].

Otto, Rudolf: Das Heilige. Über das Irrationale in der Idee des Göttlichen und sein Verhältnis zum Rationalen, München: C.H.Beck 1963.

Türcke, Christoph: Erregte Gesellschaft. Philosophie der Sensation, München: C.H.Beck 2002.

Türcke, Christoph: Philosophie des Traums, München: C.H.Beck 2008.

Aufmerken und Zeigen

Theoretische und empirische Untersuchungen zur pädagogischen Interattentionalität

Malte Brinkmann

Die folgenden theoretischen und empirischen Untersuchungen wollen einen Beitrag für die pädagogische Bestimmung und Erforschung von Aufmerksamkeit als soziale und geteilte Praxis in pädagogischen Situationen im Unterricht leisten. Dieser Beitrag entwickelt im ersten Teil eine phänomenologisch orientierte Theorie pädagogischer Aufmerksamkeit. Im zweiten Teil wird diese für videographische Forschungen im Schulunterricht fruchtbar gemacht.

Die pädagogische Theorie der Aufmerksamkeit wird im ersten Teil in fünf Schritten entwickelt. Sie wird zunächst bildungs-, erziehungs- und sozialtheoretisch als Korrelation von erzieherischem Zeigen (als Aufmerksam-Machen) und lernendem Aufmerken (als Aufmerksam-Werden) bestimmt (1). Geteilte Aufmerksamkeit bzw. pädagogische Interattentionalität wird dann genauer als interkorporales Geschehen im Unterricht exponiert, das von normativen Aspekten durchzogen ist (2). Mit einem anthropologisch-phänomenologischen Zugang wird danach pädagogisches Zeigen als Geschehen deutlich, indem jemandem von jemandem etwas als etwas vor anderen gezeigt wird. Pädagogisches Zeigen ist damit leiblich, sozial und transformativ strukturiert (3). Die pädagogische Übung ist die besondere Lernform, mit der Aufmerksamkeit eingeübt und bildende Erfahrungen ermöglicht werden können (4). Konkret erfordern pädagogische Übungen Ordnungen der Aufmerksamkeit, in denen erzieherisch Aufmerksamkeit mittels Zeigen erzeugt und fokussiert wird. Insofern ist pädagogische Interattentionalität auch eine Praxis der Macht. Diese manifestiert sich – wie in einem genealogischen Exkurs aufgezeigt wird – in zwei Praxen: in der Subjektivierung von Unaufmerksamkeit als

Willensschwäche des Schülers und in der Pathologisierung des unaufmerksamen Schülers, der einer pädagogischen Normalisierung bedarf (5). Die fünf Aspekte einer pädagogischen Theorie der Aufmerksamkeit werden an Beispielen veranschaulicht, die aus dem Projekt SZENE der pädagogisch-phänomenologischen und videographischen Unterrichtsforschung stammen.

Im zweiten Teil werden Ergebnisse aus dieser empirischen Forschung anhand von zwei Beispielen exemplarisch vorgestellt. Pädagogische Interattentionalität kann einmal im Zuge eines deprofessionalisierten und methodisierten Unterrichts zu einer Produktion von Unaufmerksamkeit führen – gleichsam als Effekt einer technisierten Unterrichtsform, die kollektives Lernen ermöglichen soll (6.1). Sie kann auch – positiv gewendet – als intensive, fokussierte Praxis der pädagogischen Übung inszeniert werden (6.2). Pädagogische Interattentionalität wird so als ambivalente und wechselseitige Praxis zwischen zeigendem Aufmerksam-Machen und lernendem Aufmerksam-Werden empirisch gehaltvoll beschrieben und intersubjektiv validiert.

1. Aufmerksamwerden und Aufmerksammachen

Es gibt eine neue Aufmerksamkeit für das Phänomen der Aufmerksamkeit – nicht nur in der Phänomenologie,[1] in den Kulturwissenschaften,[2] in der Psychologie und den Neurowissenschaften,[3] in der Medientheo-

1 | Waldenfels, Bernhard: Phänomenologie der Aufmerksamkeit, Frankfurt am Main: Suhrkamp 2004. Blumenberg, Hans: »Auffallen und Aufmerken«, in: ders. (Hg.), Zu den Sachen und zurück. Aus dem Nachlass von H. Sommer, Frankfurt am Main: Suhrkamp 2002, S. 182-206.

2 | Crary, John: Aufmerksamkeit. Wahrnehmung und moderne Kultur, Frankfurt am Main: Suhrkamp 2002. Assmann, Aleida: Druckerpresse und Internet – Von einer Gedächtniskultur zu einer Aufmerksamkeitskultur, Vortrag auf der VdW-Jahrestagung am 6.5.2002, online abrufbar unter http://www.wirtschaftsarchive.de/vdw/veroeffentlichungen/zeitschrift/weitere-hefte/aufsatz_Assmann.pdf (8.12.15).

3 | Gallagher, Shaun: How the body shapes the mind, Oxford: Clarendon Press 2005. Breyer, Thiemo: Attentionalität und Intentionalität. Grundzüge einer phä-

rie[4] und in der evolutionären Anthropologie,[5] sondern auch in der Erziehungswissenschaft. Hier wird sie in unterschiedlichen Ansätzen unterschiedlich thematisiert. In systemtheoretisch orientierten Studien wird Aufmerksamkeit als Übergangsbegriff der pädagogischen Kommunikation zwischen Erziehung und Gesellschaft bestimmt,[6] in historischer Perspektive als Begriff bzw. Grundbegriff der Erziehungswissenschaft,[7] in empirischen Untersuchungen im Hinblick auf Üben und Zeigen analysiert[8] und in phänomenologischen Studien theoretisch und empirisch dimensioniert.[9]

---

nomenologisch-kognitionswissenschaftlichen Theorie der Aufmerksamkeit, München: Wilhelm Fink 2011.

4 | Franck, Georg: Ökonomie der Aufmerksamkeit, München: Hanser 2007.

5 | Tomasello, Michael: Die Ursprünge der menschlichen Kommunikation, Frankfurt am Main: Suhrkamp 2009.

6 | Kade, Jochen: »Aufmerksamkeitskommunikation. Zu einem erziehungswissenschaftlichen Grundbegriff«, in: Amos, Karin/Meseth, Wolfgang/Proske, Matthias (Hg.), Öffentliche Erziehung revisited. Erziehung, Politik und Gesellschaft im Diskurs, Wiesbaden: Springer VS 2011, S. 75-100.

7 | Reh, Sabine: »Der ›Kinderfehler‹ Unaufmerksamkeit. Deutungsmuster zwischen Kulturkritik und Professionellen Handlungsproblemen im Schulsystem in Deutschland um 1900«, in: Reh, Sabine/Berdelmann, Kathrin/Dinkelacker, Jörg (Hg.), Aufmerkamkeit: Geschichte - Theorie - Empirie, Wiesbaden: Springer VS 2015, S. 71-94. Scholz, Joachim: »Aufmerksamkeit im Schulmännerdiskurs der Sattelzeit«, in: Reh et al. (Hg.), Aufmerksamkeit, S. 35-54. Prondcynzky, Andreas: »Zerstreutheit vs. Aufmerksamkeit. Historische Rekonstruktion eines spannungsvollen Verhältnisses«, in: Jahrbuch für historische Bildungsforschung 13 (2007), S. 115-137.

8 | Dinkelaker, Jörg: »Aufmerksamkeit«, in: Kade, Jochen/Helsper, Werner/Lüders, Christian/Egloff, Birte/Radtke, Frank-Olaf/Thole, Werner (Hg.), Pädagogisches Wissen. Erziehungswissenschaft in Grundbegriffen, Stuttgart: Kohlhammer 2011, S. 75-182. Dinkelaker, Jörg: »Varianten der Einbindung von Aufmerksamkeit. Zeigeinteraktionen in pädagogischen Feldern«, in: Reh et al. (Hg.), Aufmerksamkeit, S. 241-264.

9 | Meyer-Drawe, Käte: »Aufmerken - eine phänomenologische Studie«, in: Reh et al. (Hg.), Aufmerksamkeit, S. 117-126. Brinkmann, Malte: »Übungen der Aufmerksamkeit: Phänomenologische und empirische Analysen zum Aufmerksamwerden und Aufmerksammachen«, in: Reh et al. (Hg.), Aufmerksamkeit, S. 199-220.

Wenn ich im Folgenden Aufmerksamkeit als pädagogisches Phänomen und Problem zu fassen versuche, dann werde ich davon ausgehen, dass es sich *erstens* um ein Phänomen in temporaler Vorgängigkeit zu Lernen und Bildung handelt. Aufmerksamkeit ist der »Anfang der Bildung«.[10] Mit ihr kann ein Bildungs- und Lernprozess beginnen. Aufmerksamkeit ist insofern als Kategorie der Bildungstheorie interessant.

Aufmerksamkeit in pädagogischen Kontexten ist *zweitens* eine soziale Praxis. In pädagogischen Situationen wird nicht nur voneinander gelernt, sondern von Anderen etwas gelernt und darin auch vor anderen etwas voneinander gelernt.[11] Damit werden die sozialen und gesellschaftlichen sowie die institutionellen Kontexte relevant,[12] die situativ eine Ordnung der Aufmerksamkeit vorgeben. Als Kategorie der Erziehungstheorie ist sie demnach interessant, insofern sie die Interaktionen zwischen den Akteuren als ein auf Lernen gerichtetes Handeln genauer in den Blick rücken kann. Zugleich können so die pädagogischen Ordnungen[13] etwa in der Schule und im Unterricht, als soziale und institutionelle Bedingungen von praktizierter Aufmerksamkeit eingeholt werden.

Aufmerksamkeit als soziales Phänomen und pädagogische Praxis werde ich *drittens* als »geteilte« oder »gemeinsame« Aufmerksamkeit beschreiben, wie sie aktuell in den Forschungen von Tomasello[14] sowie von Campbell und Baldwin untersucht wird.[15] Erst in der gemeinsamen

---

10 | Hegel, Georg Wilhelm Friedrich: Enzyklopädie der philosophischen Wissenschaften im Grundriss. Dritter Teil. Die Philosophie des Geistes. Mit mündlichen Zusätzen, Frankfurt am Main: Suhrkamp 1970, S. 13.

11 | Vgl. Ricken, Norbert: »Zeigen und Anerkennen. Anmerkungen zur Form pädagogischen Handelns«, in: Berdelmann, Kathrin/Fuhr, Thomas (Hg.), Operative Pädagogik: Grundlegung, Anschlüsse, Diskussion, Paderborn: Schöningh 2009, S. 111-133.

12 | Vgl. Brinkmann, Malte: »Allgemeine Erziehungswissenschaft als Erfahrungswissenschaft. Versuch einer sozialtheoretischen Bestimmung als theoretisch-empirische Teildisziplin«, in: VjwP 2/2016 (im Erscheinen).

13 | Vgl. Reh, Sabine/Rabenstein, Kerstin/Idel, Till-Sebastian: »Unterricht als pädagogische Ordnung. Eine praxistheoretische Perspektive«, in: Meseth, Wolfgang/Proske, Matthias/Radke, Frank-Olaf (Hg.), Unterrichtstheorien in Forschung und Lehre, Bad Heilbrunn: Julius Klinkhardt 2011, S. 209-222.

14 | M. Tomasello: Die Ursprünge der menschlichen Kommunikation.

15 | Vgl. T. Breyer: Attentionalität und Intentionalität, S. 276ff.

Aufmerksamkeit bzw. Interattentionalität erschließt sich der soziale und thematische Sinn von Situationen. Der thematische Sinn ist für die Pädagogik insofern wichtig, als dass über die zu vermittelnde Sache intergenerational Kultur und Kulturtechniken weiter gegeben werden. Der soziale Sinn ist, Tomasello zufolge, bedeutsam, weil die gemeinsame Aufmerksamkeit als gegenseitiges Verstehen von intentionalen Zuständen erst die kulturelle Evolution als intergenerationale Weitergabe von kulturellen Beständen möglich macht.

Gemeinsame und geteilte Aufmerksamkeit basiert auf zweierlei Praxen: Während das Aufmerksamwerden als subjektive Leistung zwischen Auffallen, Aufmerken und Bemerken unterschiedliche Qualitäten aufweist,[16] möchte ich das Aufmerksammachen als Praxis des Zeigens untersuchen. Die Praxis des auf Aufmerksamkeit gerichteten Zeigens erfährt momentan in unterschiedlichen Disziplinen, etwa in der Philosophie[17], der Sozialwissenschaft,[18] der Ethologie[19] und der Kunst- und Bildwissenschaft[20] recht große Beachtung. In der Regel wird es mit Lernen und Erziehen in Verbindung gebracht. Erziehen kommt schon nach der lebensweltlichen Erfahrung kaum ohne Geste, ohne Hin- und Verweise und ohne Fokussierung der Aufmerksamkeit aus. Tatsächlich spricht vieles dafür, Zeigen als aufmerksamkeitsbezogene Praxis zu verstehen.[21] Für die Pädagogik ist es dabei wichtig, den Unterschied zwischen Lernen und Erziehen zu bestimmen. Lernen als subjektives Bewusstseinsphänomen ist von der sozialen Praxis der Erziehung zu unterscheiden. Die Differenz zwischen Lernen und Erziehen wird als »pädagogische Differenz« be-

16 | Vgl. M. Brinkmann: Übungen der Aufmerksamkeit, S. 199-220.

17 | Landweer, Hilge: »Zeigen, Sich-zeigen und Sehen-lassen. Evolutionstheoretische Untersuchungen zu geteilter Intentionalität in phänomenologischer Sicht«, in: van den Berg, Karen/Gumbrecht, Hans Ulrich (Hg.), Politik des Zeigens, München [u.a.]: Wilhelm Fink 2010, S. 29-58. Wiesing, Lambert: Sehen lassen. Die Praxis des Zeigens, Berlin: Suhrkamp 2013.

18 | Van den Berg, Karen/Gumbrecht, Hans Ulrich (Hg.): Politik des Zeigens, München [u.a.]: Wilhelm Fink 2010.

19 | M. Tomasello: Die Ursprünge der menschlichen Kommunikation.

20 | Boehm, Gottfried (Hg.): Zeigen. Die Rhetorik des Sichtbaren, Paderborn, München: Wilhelm Fink 2010.

21 | Vgl. H. Landweer: Zeigen, Sich-zeigen und Sehen-lassen.

stimmt.[22] Man geht dabei von dem einfachen Sachverhalt aus, dass erzieherische Intentionen, Absichten und Handlungen nicht direkt und kausal in Lernaktivitäten überführbar sind. Ich werde diese Differenz unter der Perspektive der Aufmerksamkeit im Folgenden als Differenz zwischen individuellem Aufmerken und erziehendem bzw. aufmerksam-machendem Zeigen beschreiben. Ich gehe von der These aus, dass Aufmerken und Bemerken mit der Praxis des Zeigens korreliert sind, ohne dass es sich um kausale, direkte oder unmittelbare Zusammenhänge handelt. Lernendes Aufmerksamwerden und zeigendes Aufmerksammachen stehen vielmehr in einem wechselseitigen und unsicheren Bezug, der sich im Wechselspiel von aktiver Sinnstiftung und passiver Sinngebung konstituiert. In der Differenz zwischen *Aufmerksam-Machen* und *Aufmerksam-Werden* kann es zum Ereignis einer geteilten Aufmerksamkeit kommen.

2. Gemeinsame Aufmerksamkeit: Pädagogische Interattentionalität

Ich möchte zunächst einen pädagogisch-phänomenologischen Zugang zur Aufmerksamkeit in Korrelation zur Praxis des Zeigens vorstellen: Die pädagogische Perspektive kann die Perspektive der ersten Person, wie sie in der Phänomenologie mit der Analyse des Bewusstseins, seiner Leistungen und Korrelate entwickelt wurde, mit der Perspektive der dritten Person, aus der heraus die Psychologie und die Kognitionswissenschaften ihre Gegenstände untersuchen, in ein Wechselverhältnis bringen. Das kann gelingen mit einer Perspektive auf die zweite Person. Diese Perspektive auf das Verhältnis zum Du, das heißt auf intersubjektive und interkorporale Interaktionen, ist insofern als etwas spezifisch Pädagogisches zu verstehen, als dass hier neben interaktiven auch normative Aspekte eine wichtige Rolle spielen: Jene Ziele, Werte und Normen, mit und zu denen erzogen werden soll. Aufmerksamkeit als pädagogische Kategorie und Praxis erfordert auf Seiten des Lernenden eine Wachheit oder Aufgewecktheit, die sich im Aufmerken und Bemerken manifestiert und verkörpert. Auf Seiten des Erziehenden erfordert es ein Ethos der

22 | Prange, Klaus: Die Zeigestruktur der Erziehung. Grundriss der operativen Pädagogik, Paderborn: Schöningh 2005, S. 58.

Achtsamkeit.[23] Wachheit und Achtsamkeit können als zwei Aspekte einer sozial dimensionierten und situativen »geteilten« oder »gemeinsamen« Aufmerksamkeit gesehen werden.

Der Zeigefinger ist in diesen Situationen (Englischunterricht, 6. Klasse Berliner Grundschule; Chemieunterricht 9. Klasse Gymnasium) direktiv eingesetzt, als Ermahnung, die Aufgabe bzw. das Experiment vorsichtig und sachkundig durchzuführen. Die Geste des Zeigens bezieht sich also sowohl auf die Personen als auch auf den Umgang mit der Sache. Achtsamkeit wird hier sowohl vom Lehrer praktiziert als auch Wachheit (als Bedingung von Aufmerksamkeit und Lernen) von den Schülern eingefordert. Das kann als erster Hinweis darauf gelten, dass die Verhältnisse zwischen achtsamen Zeigen und wachem Aufmerken in der (pädagogischen) Praxis nicht nur einseitig und linear (vom Lehrer zum Schüler) verlaufen. Zugleich wird hier die spezifische Normativität pädagogischen Zeigens deutlich.

Ich möchte im Folgenden darlegen, dass die Koordination von Wachheit und Achtsamkeit im Unterricht als die Koordination von erziehendem Zeigen und lernender Aufmerksamkeit stattfindet. Im Zeigen ge-

23 | Vgl. K. Meyer-Drawe: Aufmerken – eine phänomenologische Studie, S. 120ff.

winnt das Ethos der Achtsamkeit eine pädagogische Relevanz, insofern es sich auf eine bestimmte Operation richtet. Das Ethos der Achtsamkeit als Einstellung empathischer Anerkennung[24] entspricht so einem Ethos des Zeigens, das sich in einer Haltung verkörpert und in einer Praxis artikuliert, Aufmerken taktvoll[25] zu wecken und zu fokussieren. Zeigendes Aufmerksam-Machen ist so gesehen die erzieherische Antwort auf die Tatsache des Aufmerkens als Beginn des Lernens. Zeigen als Praxis ist auf Aufmerksamkeit gerichtet, vom moralischen Zeigefinger bis hin zum Zeigen abstrakter Formen und Symbole.

Zusammenfassend:

- Pädagogische Aufmerksamkeit ist a) in bildungstheoretischer Perspektive als Anfang der Bildung zu sehen; b) in erziehungstheoretischer Perspektive als kulturelle Weitergabe im Kontext von pädagogischen Ordnungen zu bestimmen und c) in sozialtheoretischer Perspektive als soziale Praxis geteilter Aufmerksamkeit zu beschreiben.
- Lernendes Aufmerken kann als Wirkung von erzieherischem Zeigen bestimmt werden. Zeigendes Aufmerksam-Machen ist die erzieherische Antwort auf die Tatsache des Aufmerkens als Beginn des Lernens.
- In erzieherischen und institutionellen Kontexten findet eine Korrelation von erziehendem Zeigen und lernendem Aufmerken statt.

3. Zeigen, Etwas zeigen, Sich-Zeigen

Tomasellos ethologische Forschungen machen deutlich, dass in der menschlichen Evolution das Verstehen der intentionalen Zustände im Zeigen eine entscheidende Rolle spielt. Die kooperative Kommunikation tritt in der Evolution zuerst »in der Form natürlicher, spontaner Gesten des Zeigens und des Gebärdenspiels«[26] vor der Sprache und ihrer Grammatik auf: »Der springende Punkt des gemeinsamen Hintergrunds ist,

24 | Waldenfels, Bernhard: »Wahrnehmung und Anerkennung beim frühen Husserl«, in: Philosophische Rundschau 52 (2005), S. 302-310.

25 | Vgl. Manen, Max von: »Herbart und der Takt im Unterricht«, in: Zeitschrift für Pädagogik (33) (1995), S. 61-80.

26 | M. Tomasello: Die Ursprünge der menschlichen Kommunikation, S. 22.

dass er dem Menschen ermöglicht, über seine egozentrische Perspektive auf die Welt hinauszugehen.«[27] Mit der Zeigegeste muss erstens verstanden werden, *was* gezeigt wird, d. i. der propositionale Gehalt des Zeigens (Sache). Das setzt voraus, *dass* die Intention, *mit* der gezeigt wird, verstanden wird. Im deiktischen, hinweisenden Zeigen schaut das Kind beispielsweise nicht auf den Zeigefinger, sondern folgt mit dem Blick der Richtung, die angezeigt wird. Zugleich versteht es, dass damit etwas *ihm selbst* gezeigt wird. Es agiert unter Bedingungen einer primären geteilten Intentionalität und Attentionalität. Es kann auch ikonische Gesten entziffern, die keinen direkten Referenten aufweisen und unmittelbar gegeben sind, sondern repräsentativ auf etwas nicht Anwesendes verweisen. Das wiederum bedeutet, dass verstanden wird, dass etwas gezeigt wird, weil *es dem Anderen ausschließlich zu dem Zweck des Zeigens gezeigt wird.* Diese reflexive Intentionalität und Attentionalität erzieherischer Situationen ist nach Tomasello die Voraussetzung des menschlichen kulturellen Lernens und, so kann man anfügen, die Voraussetzung des menschlichen Erziehens.

Prange hat in einer ähnlichen Perspektive im Zeigen die Form pädagogischen Handelns ausgemacht.[28] Zeigen wird in seiner operativen Pädagogik in unterschiedlichen Formen differenziert und kann als Form pädagogischen Handelns systematisch von anderen Handlungsformen unterschieden werden. Pädagogisches Zeigen emergiert aus einem Geschehen zwischen Zeigendem, Aufmerkendem, Sache und Anderen. Die pädagogischen Sachen oder Themen sind im institutionellen Lernen insofern spezifisch, als dass diese als kulturelle Themen symbolisch sind. Wenn nämlich, nach Dietrich Benner, schulisches Lernen im Unterschied zu vor- und außerschulischem Lernen »gerade nicht auf einer Einheit von Lernen und Anwenden [basiert], sondern [...] in Kulturtechniken, Wissensformen und Reflexionsweisen [einführt, M.B.], die, wie Schriftsprache, Mathematik [...] oder Fremdsprachen, aber auch sozialer Umgang mit Andersdenkenden und Fremden im unmittelbaren Gebrauch weder erlernt noch überprüft werden« können, wenn also Unterricht das Ziel hat, unmittelbare, lebensweltliche und intuitive Erfahrung zu »über-

27 | Ebd., S. 87.

28 | K. Prange: Die Zeigestruktur der Erziehung.

schreiten und zu erweitern«,[29] dann muss in institutionellen Kontexten wie der Schule anders als in der Lebenswelt, nämlich abstrakter gezeigt werden.[30]

Zeigen setzt voraus, dass das, was gezeigt wird, sich zeigt. Wie Heidegger im § 7 von »Sein und Zeit« zur »phänomenologische[n] Methode« verdeutlicht,[31] bezeichnet ein Phänomen etwas, das sich zeigt.[32] Das Phänomen (*phainomenon*) als das Erscheinende verweist im phänomenologischen Sinn entgegen dem abendländischen onto-theologischen Dualismus gerade nicht auf etwas Verborgenes, Eigentliches, Wesenhaftes oder Latentes,[33] sondern es ist eben deshalb Phänomen, weil es oberflächlich ist. Phänomenologie kann daher als Praxis des Sich-zeigen-lassens bestimmt werden: »Das was sich zeigt, so wie es sich zeigt, von ihm selbst her sehen lassen.«[34]

29 | Benner, Dietrich: »Jenseits des Duals von Input- und Output. Über vergessene und neue Zusammenhänge zwischen Erfahrung, Lernen und Lehren«, in: Vierteljahrsschrift für wissenschaftliche Pädagogik 84 (4) (2008), S. 421.

30 | Allerdings bleibt Pranges operative Theorie des Zeigens einem konventionellen (autonomen) Subjektverständnis und damit einem traditionellen Intentionalitäts- und einem (abbildtheoretischen) Repräsentationsmodell verpflichtet. Damit aber wird weder die Medialität und die Performativität des Zeigens (vgl. Thompson, Christiane: »Zeigen und Sprechen: Ironie und Unbestimmtheit in der Erziehung«, in: Aßmann, Alex/Krüger, Jens Oliver (Hg.), Ironie in der Pädagogik, Weinheim und München: Beltz Juventa 2011, S. 69ff.) noch dessen Sozialität als auf etwas Drittes bezogene und in Anwesenheit von Dritten vollzogene Praxis (vgl. N. Ricken: Zeigen und Anerkennen) hinreichend erfasst. Um Zeigen als Modell für die empirische Pädagogik fruchtbar machen zu können, müsste es aus der Prange'schen subjekt- und repräsentationstheoretischen Engführung herausgelöst werden (vgl. Brinkmann, Malte: »Üben: Wissen – Können – Wiederholen. Zeitphänomenologische Überlegungen zur pädagogischen Übung«, in: Vierteljahrsschrift für wissenschaftliche Pädagogik 85 (4) (2009), S. 413-434. Brinkmann, Malte: Pädagogische Übung. Praxis und Theorie einer elementaren Lernform, Paderborn: Schöningh 2012, S. 138ff.).

31 | Heidegger, Martin: Sein und Zeit, Tübingen: Niemeyer 2001, S. 27ff.

32 | Ebd., S. 29.

33 | Vgl. ebd., S. 36.

34 | Ebd., S. 34.

In der »signifikativen Differenz«,[35] etwas *als* etwas zu sehen, zu verstehen und zu erfahren,[36] stößt daher die intentionale Sinn*bildung* des aktiven Selbst auf die Sinn*gebung* des Phänomens, auf das also, was einem vom Anderen oder den Anderen zukommt und über das das Selbst nicht verfügt.[37] Vor der Tatsache, dass sich etwas als etwas zeigt, zeigt sich etwas auf dem Boden einer »regionalen Ontologie«.[38]

Husserls Analysen zur Intentionalität und Attentionalität zeigen, dass ein simpler Analogieschluss vom äußeren Verhalten auf innerpsychische Vorgänge, wie er etwa von Lipps und Dilthey oder auch von Vertretern der Psychologie favorisiert wird, nicht ausreichend ist. Vielmehr müsse der Intentionalitätsmodus der Fremderfahrung mit seinem korrespondierenden Erfüllungsmodus herausgearbeitet werden und mit anderen Modi der Wahrnehmung vergleichen werden.[39] »Die Ähnlichkeit des fremden Körpers zu meinem eigenen motiviert die Zuschreibung mentaler Zustände analog zu meinen eigenen. Das bedeutet aber nicht, dass die Zuschreibung per Analogieschluss abgeleitet wird, sondern Wahrnehmung des Anderen immer schon geleistet ist«.[40] Für die Aufmerksamkeits-Situation im Unterricht bedeutet das, dass Aufmerken und Zeigen nicht nur als Handlungen, sondern in ihrer aktivisch-passischen Verschränkung als situatives und performatives Geschehen zu fassen sind.

Dem Zeigen steht so das Sich-Zeigen von etwas ebenbürtig zur Seite, verstanden als Sichtbar-Werden eines Anderen oder einer Sache, der, die oder das mich anspricht und auf den, die oder das ich antworte. Mit dem Blickwechsel auf die gleichermaßen sinnbildenden und sinngebenden Momente im Zeigen können die nicht-intentionalen, die materialen und die stimmungsmäßigen Momente erfassbar werden, können im Zeigen

35 | Waldenfels, Bernhard: Einführung in die Phänomenologie, München: Wilhelm Fink 1992.

36 | M. Heidegger: Sein und Zeit, S. 31.

37 | Vgl. Brinkmann, Malte: »Phänomenologische Forschungen in der Erziehungswissenschaft«, in: ders. (Hg.), Erziehung. Phänomenologische Perspektiven, Würzburg: Königshausen und Neumann 2011, S. 7-20.

38 | Husserl, Edmund: Husserliana: Gesammelte Werke, Den Haag: Nijhoff 1950ff, S. 19.

39 | Vgl. ebd., S. 122.

40 | T. Breyer: Attentionalität und Intentionalität, S. 270.

auch die Antworten auf die Dinge,[41] die sich zeigen und die uns ansprechen, thematisch werden.[42] Auf dieser anthropologisch-phänomenologischen Grundlage kann das auf Aufmerksamkeit gerichtete pädagogische Zeigen weiter differenziert werden:

- Etwas zeigt sich (das Phänomen) unter Bedingungen einer regionalen Ontologie.
- Erst dann kann ich jemandem etwas zeigen,
- indem sich dieses als etwas zeigt.
- In einem pädagogischen Kontext wird zudem etwas von jemandem *als* etwas vor anderen gezeigt,
- und zwar, indem ich mich als jemand zeige und
- indem sich andere vor anderen zeigen.

Als wechselseitiges Geschehen können Lehrer wie Schüler wechselseitig zeigen. In der folgenden Abbildung zeigt im Chemieunterricht der 9. Klasse ein Schüler vor anderen (auch vor dem Lehrer) etwas (ein Reagenzglas), in dem und mit dem sich etwas als etwas zeigt (nämlich das Gelingen oder Scheitern eines Experimentes, die richtige Berechnung einer Formel), indem er sich selbst zeigt (als Forscher, als Person, als Schüler).

Deutlich wird damit

- die leiblich-gestische Struktur des Zeigens,
- die vierseitige Struktur des Zeigens zwischen Zeigendem, Aufmerkenden, Sache und Anderen,
- die Sozialität des Settings in den Antworten der Anderen,

41 | Vgl. Stieve, Claus: Von den Dingen lernen: Die Gegenstände unserer Kindheit, München: Wilhelm Fink 2008.

42 | Vgl. Brinkmann, Malte: »Phänomenologische Methodologie und Empirie in der Pädagogik. Ein systematischer Entwurf für die Rekonstruktion pädagogischer Erfahrungen«, in: Brinkmann, Malte/Kubac, Richard/Rödel, Sales S. (Hg.), Pädagogische Erfahrung. Theoretische und empirische Perspektiven (Band 1 Phänomenologische Erziehungswissenschaft), Wiesbaden: Springer VS 2015, S. 31-57. Wilde, Denise: »Wieso ist das kein Spielzeug? Eine phänomenologische Suche nach Antworten auf Dinge im Unterricht«, in: Brinkmann et al. (Hg.), Pädagogische Erfahrung, S. 243-259.

- die Künstlichkeit der Kommunikation (über kulturelle Symbolsysteme),
- der Transformationscharakter des schulischen Zeigens von der konkreten lebensweltlichen Wahrnehmung hin zur Repräsentation eines Abstrakten im Anschaulichen.

4. Auffallen, Aufmerken, Bemerken: Polarisierung der Aufmerksamkeit

Phänomenologische Analysen machen deutlich, dass ich nur aufmerksam auf etwas sein kann, das sich zeigt und das mich angeht und affiziert, und auf das ich mich richte. Aufmerken geschieht daher im Modus der Intentionalität weg vom Selbst hin auf etwas oder jemand anderes. Es ist zunächst das Selbst, was aktiv ist. Auch wenn ich mich nicht ausdrücklich auf mich selbst im Modus des Aufmerkens beziehe, ist es immer beteiligt.

Bernhard Waldenfels' Entwurf einer »pathischen Form der Phänomenologie«[43] unterzieht das Phänomen der Aufmerksamkeit einer genauen

43 | B. Waldenfels: Phänomenologie der Aufmerksamkeit.

Analyse.[44] Aus der Grundfigur des Doppelten zwischen Sinnstiftung und Sinngebung entspringt ein Zwischen, das Waldenfels als Hiatus bzw. Bruch fasst. Der Fokus auf Zwischenereignisse und Brüche führt auch für den Prozess der Aufmerksamkeit hin zu »Bruchlinien der Erfahrung«.[45] Im Aufmerksamwerden kann *Auffallen* von *Aufmerken* und darin *Aufmerken* von *Bemerken* differenziert werden. Während Auffallen zunächst ein noch ungerichteter und unthematischer Akt ist, in dem etwas wahrgenommen wird, was vorher nicht gesehen, gerochen, geschmeckt, gefühlt oder gedacht wurde, ist im Unterschied dazu das Aufmerken und dann das Bemerken zunehmend auf dieses etwas ausgerichtet und fokussiert. Auffallen geschieht zunächst im Modus einer nicht-gerichteten »impressionistischen Öffnung«[46] der Welt gegenüber, in der uns darin ereignishaft etwas widerfährt. Das Widerfahrnis des Auffallens in seiner »diffusen Affektion«[47] gerät im Aufmerken in den Fokus intentionaler und rezeptiver Wahrnehmung. Wahrnehmen und Auffallen einerseits und Aufmerken und Bemerken andererseits signalisieren also unterschiedliche Intensitätsgrade als zunehmend intentionales Gerichtetsein auf etwas *als* etwas und zunehmende Ausdrücklichkeit dieses intentionalen Bezuges.

Wir nehmen im Aufmerken etwas *als* etwas wahr. Darin vollzieht sich ein Übergang »vom Aufmerken *auf etwas* zum Bemerken und Behalten *von etwas*«.[48] Waldenfels zeigt, dass dieser Übergang als »Doppelbewegung«[49] zu verstehen ist, die in der Verschränkung von pathischem Widerfahrnis im Auffallen einerseits und intentionaler Bewahrung des »Ich-Strahl[s]«[50] im Aufmerken andererseits geschieht.

44 | Waldenfels knüpft insofern an Plessner und Merleau-Ponty an, als auch er sich gegen eine duale Gegenüberstellung von »Spontanität und Rezeptivität, Aktion und Passion« (B. Waldenfels: Phänomenologie der Aufmerksamkeit, S. 41) wendet.

45 | Waldenfels, Bernhard: Bruchlinien der Erfahrung, Frankfurt am Main: Suhrkamp 2002.

46 | B. Waldenfels: Phänomenologie der Aufmerksamkeit, S. 67.

47 | Ebd.

48 | Ebd., S. 10. (Hervorh. im Orig.)

49 | Ebd., S. 80.

50 | E. Husserl: Husserliana III, S. 228.

Das Verhältnis von Auffallen und Aufmerken ist temporal strukturiert. »Was uns auffällt, kommt stets zu früh, das Aufmerken zu spät.« Darin schieben sich »Eigenes und Fremdes, Einheimisches und Auswärtiges ineinander«.[51]

Im Bemerken, so Waldenfels mit James, findet eine »Reliefbildung«[52] und eine »*Konzentration* auf ein Thema und ein Themenfeld« statt, was zugleich eine »Sammlung als eine Bündelung der Kräfte« mit sich bringt.[53] In der Fokussierung und Polarisierung des Bemerkens kann sich eine »Umorganisation des Erfahrungsfeldes« vollziehen.[54] Pädagogisch bedeutsam daran ist, dass in der Polarisierung ein Erfahrungsrelief oder ein Erfahrungsindex gebildet wird, das eine intentionale und fokussierte Zuwendung zu einem Thema oder zu einem Themenkreis möglich macht und sich darin zugleich die Umorganisation des Erfahrungsfeldes und des Erfahrungshorizontes ereignen kann. In der Polarisierung der Aufmerksamkeit kann sich also eine bildende Erfahrung ereignen.[55]

Lern- und übungstheoretisch ist das Phänomen und die Praxis der polarisierenden Aufmerksamkeit als Fokussierung des Bemerkens von großer Bedeutung. Um Aufmerken und Bemerken auf eine gewisse Dauer zu stellen, d. h. um Aufmerksamwerden in Aufmerksamsein zu überführen, bedarf es der Übung.[56] Aus Sicht der Übungstheorie sind zwei Aspekte wichtig: Zum einen wird der Übende mit seinem Nicht-Können konfrontiert. Aufmerken und Bemerken als fragile und prekäre Zustände entgleiten schnell, Distraktionen und Attraktionen anderer Art schieben sich oft hervor. Hier sind pädagogische Operationen gefragt, die im Modus der Achtsamkeit Hilfen und Settings für Sammlung und Fokussierung bereitstellen. Zum anderen braucht die Übung Zeit und Muße (*skolé*). »Intelligente« Übungen entstehen dann, wenn in der Wiederholung eine Verzögerung, ein Innehalten oder Epoché möglich wird.[57] Dann kann in der wiederholenden Übung, mit Andreas Dörpinghaus ge-

51 | B. Waldenfels: Phänomenologie der Aufmerksamkeit, S. 72.

52 | Ebd., S. 101.

53 | Ebd., S. 103.

54 | Ebd.

55 | Vgl. M. Brinkmann: Übungen der Aufmerksamkeit.

56 | Vgl. M. Brinkmann: Pädagogische Übung.

57 | Vgl. Brinkmann, Malte: »Üben«, in: Kade et al. (Hg.), Pädagogisches Wissen, Stuttgart: Kohlhammer 2011, S. 140-146.

sprochen[58], eine reflexive und verstehende Distanz zu den eigenen Erfahrungen, ggf. zum eigenen Nicht-Können, entstehen, ein Aufmerken auf das, was in der Fokussierung stattgefunden hat.[59] Aufmerksamkeitstheoretisch gesprochen: Gerade im Zeitlassen der wiederholenden Übung kann im Aufmerken ein Bemerken als Umstrukturierung der Erfahrung ermöglichen.[60] Damit kann erstens, didaktisch gesprochen, ein Transfer möglich werden, in dem das bisher Gewusste und Gekonnte mit Neuem verknüpft wird.[61] In der wiederholenden Übung könnte sich zweitens mit einem didaktisch inszenierten Aufschub eine Epoché ereignen, die die eigene Wahrnehmungs- und Urteilskategorien reflektiert und eine bildende Erfahrung ermöglicht.

Zusammenfassend:

- in der Fokussierung und Polarisierung der Aufmerksamkeit kann bildende Erfahrung möglich werden.
- Die pädagogische Übung ist die besondere Lernform der Aufmerksamkeit. Aufmerken-Können muss geübt werden.
- Verlangsamende, verzögernde und wiederholende Übungen können eine Umstrukturierung der Erfahrung, das heißt Bildung, ermöglichen.

58 | Dörpinghaus, Andreas: »Bildung als Verzögerung: Über Zeitstrukturen von Bildungs- und Professionalisierungsprozessen«, in: Pädagogische Rundschau 59 (5) (2005), S. 563-574.

59 | Vgl. M. Brinkmann: Üben, sowie M. Brinkmann: Übungen der Aufmerksamkeit.

60 | Vgl. Buck, Günther: Lernen und Erfahrung – Epagogik. Zum Begriff der didaktischen Induktion, Darmstadt: Wissenschaftliche Buchgesellschaft 1989, und M. Brinkmann: Pädagogische Übung.

61 | Vgl. Brinkmann, Malte: »Vom Sinn des Übens. Die Pädagogische Übung verstehen und gestalten«, in: Die Grundschulzeitschrift. Üben – Situationen im Unterricht gestalten 27 (2013), S. 48-51.

5. Pädagogische Ordnungen der Aufmerksamkeit

Aufmerksammachen findet in einem situativen und »thematischen Feld«[62] der Grenzziehung statt. Dieses thematischen Feld wird mittels erzieherischer Praktiken räumlich, sozial und thematisch eingegrenzt und ausgegrenzt. Insbesondere die pädagogische Aufmerksamkeitspraxis hat besondere Erziehungstechniken der Begrenzung, Eingrenzung und Ausgrenzung (Foucault) sowie der Distinktion (Bourdieu) hervorgebracht, mit denen die Störung der Aufmerksamkeit (*attentio*) durch andere Themen oder andere Personen (Ablenkung) und die Abnahme oder Unterbindung der Aufmerksamkeit durch Zerstreuung (*distractio*) gemindert werden soll.[63] Insofern ist die Praxis der Aufmerksamkeit im pädagogischen Raum immer auch eine Machtpraxis.

Diese Lehrerin hat in einer Stillarbeitsphase eine Ordnung der Aufmerksamkeit errichtet. Sie hat die Voraussetzungen für gemeinsames

62 | B. Waldenfels: Phänomenologie der Aufmerksamkeit, S. 102.

63 | Vgl. Kant, Immanuel: »Schriften zur Anthropologie, Geschichtsphilosophie, Politik und Pädagogik 2«, in: Weischedel, Wilhelm (Hg.), Werke. Band 12, Frankfurt am Main: Suhrkamp 1977, Anthropologie § I.3.

Lernen in der Klasse hergestellt, Ablenkungen eingeschränkt und über eine Aufgabe die Aufmerksamkeit fokussiert. In dieser Szene weist sie einen Schüler zeigend auf einen Fehler hin, indem sie ihm, sich von hinten nähernd, körperlich nah über die Schulter greift. Sie hat also, traditionell gesprochen, die unwillkürliche Aufmerksamkeit eingeschränkt, gelenkt und diszipliniert. Zugleich werden die Schüler in die normative Ordnung der Schule und des Unterrichts als einer Ordnung der Aufmerksamkeit eingespannt. Diese Ordnung manifestiert sich in der Sitzordnung und in Sozialformen sowie, leiblich erfahrbar, in der erzieherischen Bestimmung von Nähe und Distanz. In diesen Manifestationen werden sie als Ordnungen der Macht sinnfällig.

Diese Ordnungen der Aufmerksamkeit haben in der Pädagogik eine lange Tradition. Aus dieser heraus lassen sich die tiefengeschichtlichen Strukturen[64] aktueller Praxen und Tendenzen besser verstehen. Ich möchte daher in einem kurzen historischen Exkurs die pädagogischen Praxen zur Aufmerksamkeitsherstellung kenntlich machen. In dieser genealogischen Vergewisserung zur Geschichte der Aufmerksamkeit beschränke mich auf zwei wesentliche Aspekte: Aufmerksamkeit als subjektives Phänomen des Willens und als pathologisches Phänomen.

Exkurs: Genealogie pädagogischer Ordnungen der Aufmerksamkeit

Die Erweckung der Aufmerksamkeit ist schon in der aufgeklärten Pädagogik um 1800 ein Grundthema.[65] Aufmerksamkeit wird als Voraussetzung für die Entwicklung der Verstandeskräfte angesehen und avanciert zum Ausgangspunkt für pädagogisches Handeln.[66] In dieser Zeit wird zwischen äußerlicher und innerlicher, willkürlicher und unwillkürlicher

64 | Vgl. Foucault, Michel: Die Ordnung des Diskurses, Frankfurt am Main: Fischer 1991.

65 | Vgl. J. Scholz: Aufmerksamkeit im Schulmännerdiskurs der Sattelzeit, S. 37ff.

66 | Ehrenspeck, Yvonne: »Die Bildung der Aufmerksamkeit. Pädagogische Konstruktionen eines Wahrnehmungs- und Bewusstseinsphänomens im 18., 19. und 20. Jahrhundert«, in: Bilstein, Johannes/Brumlik, Micha (Hg.), Die Bildung des Körpers, Weinheim u.a.: Beltz Juventa 2013, S. 78f.

Aufmerksamkeit unterschieden.[67] Aufmerksamkeit wird als Willensphänomen, Unaufmerksamkeit als Willensschwäche gedeutet.[68] Im Zuge der sensualistischen Aufwertung der unteren Erkenntnisvermögen wird Bildung als Verstandesbildung in einem prekären Dualismus eingespannt, weil nämlich willkürliche Aufmerksamkeit immer in Gefahr steht, abgelenkt und zerstreut zu werden. Im Philanthropismus, etwa bei Campe, Basedow und Rudoff, ersinnt die pädagogische Reflexion über Aufmerksamkeit eine Fülle von aufmerksamkeitsfördernden Arrangements und Übungen. Diese Übungen der Aufmerksamkeit sind im Kontext eines Regimes der Willensbildung[69] zu sehen, als pädagogische Eindämmung und Disziplinierung unwillkürlicher Zerstreuung im Kontext einer Erziehung zur Sittlichkeit.[70]

---

67 | A. Prondcynzky: Zerstreutheit vs. Aufmerksamkeit, S. 117.

68 | Y. Ehrenspeck: Bildung der Aufmerksamkeit, S. 83.

69 | Vgl. ebd., S. 33.

70 | Im weiteren Verlauf des 19. Jahrhunderts wird Aufmerksamkeit im pädagogischen Diskurs der Schulmänner, eines sich herausbildenden pädagogischen Establishments und vorschulpädagogischer Reflexion (Tenorth, Heinz-Elmar: »Schulmänner, Volkslehrer und Unterrichtsbeamte: Friedrich Adolph Diesterweg, Friedlich Wilhelm Dörpfeld, Friedrich Dittens«, in: ders. (Hg.), Klassiker der Pädagogik. 1. Band: Von Erasmus bis Helene Lang, München: C.H.Beck 2003, S. 224-245), als Kollektivmerkmal von Unterrichtsklassen beschrieben (J. Scholz: Aufmerksamkeit im Schulmännerdiskurs der Sattelzeit, S. 46). Bei Herbart findet sich dann der erste systematisch ausgeführte Versuch, Aufmerksamkeit als pädagogischen Begriff zu fassen. Herbarts Beschäftigung mit der Kunst des Unterrichts macht deutlich, dass Aufmerksamkeit nicht einfach zu erzeugen ist, sondern durch eine Didaktik als Kunst des Zeigens und der Artikulation (K. Prange: Die Zeigestruktur der Erziehung) hervorgebracht werden kann. Die voluntaristische Sicht auf Aufmerksamkeit (Nießeler, Andreas: »Die anthropologische Bedeutung der Aufmerksamkeit: Anmerkungen zu einer zentralen Leistungskategorie schulischer Bildung«, in: Neue Sammlung 37 (3) (1997), S. 459-474, hier S. 464) wird von einer systematischen Reflexion der erzieherischen Probleme der Erzeugung von Aufmerksamkeit durchkreuzt. Herbart konstatiert sehr wohl, dass Aufmerksamkeit nicht einfach erzeugt werden kann, sondern einer besonderen Achtsamkeit des Lehrers und einer Kunst des Unterrichts bedarf. Hier zeigt sich eine pädagogische Reflexivität, die die Praxis des Unterrichts »als ästhetische Darstellung der Welt« bestimmt, das heißt als ein Zeigen, das darauf

Die aus der Psychologie und aus der Anthropologie übernommene, dualistische und voluntaristische Bestimmung der Aufmerksamkeit zwischen willkürlicher und unwillkürlicher[71] hat historisch zur Folge, dass Unaufmerksamkeit zunehmend ab der zweiten Hälfte des 19. Jahrhunderts als persönliche Unfähigkeit, als Makel und als Versagen des Willens gesehen wird. Die »Entdeckung« des unaufmerksamen Schülers im Zuge einer »pädagogischen Pathologie«[72] macht den Schüler selbst für seine Zerstreutheit und Nervosität verantwortlich. Aufmerksamkeit wird nicht mehr vornehmlich als pädagogisches Phänomen (wie im Philanthropismus oder bei Herbart), sondern als medizinisches und neurologisches Phänomen bestimmt. Dieses medizinisch-psychiatrische Verständnis von Aufmerksamkeit feiert heute immer noch unter den Titeln »ADHS« und »Ritalin« Urstände und treibt weiter die Pathologisierung der Unaufmerksamen voran.[73] Das normale, aufmerksame Kind wird zum Garant einer pädagogischen Ordnung, indem es sich selbst zu disziplinieren und zu normalisieren hat – Montessori nennt das die Polarisation der Aufmerksamkeit als Normalisierung.[74] In dieser Hinsicht wird der unauf-

---

baut, dass sich etwas zeigt: »Die Vernunft vernimmt; und sie urteilt, nachdem sie vollendet vernahm« (Herbart, Johann Friedrich: Über die ästhetische Darstellung der Welt als Hauptgeschäft der Erziehung, Weinheim: Beltz 1804 [1982], S. 63). Vernunft wird hier nicht nur als Urteilsvermögen, sondern als Vernehmungsvermögen bestimmt, ein Vermögen, das auf ein Primat der Welt, das heißt dessen, was vernommen wird, insistiert. Hier deutet sich die passive Seite der Aufmerksamkeit an: Das Sich-Öffnen gegenüber dem, was sich zeigt.

71 | A. Nießeler: Die anthropologische Bedeutung der Aufmerksamkeit, S. 464.

72 | Strümpell, Ludwig von: Die pädagogische Pathologie oder die Lehre von den Fehlern der Kinder, Leipzig: Boehme 1890. Vgl. S. Reh: Der »Kinderfehler« Unaufmerksamkeit, S. 73.

73 | Vgl. Rabenstein, Kerstin/Reh, Sabine: »Die pädagogische Normalisierung der ›selbstständigen Schülerin‹ und die Pathologisierung des ›Unaufmerksamen‹. Eine diskursanalytische Skizze«, in: Bilstein, Johannes/Ecarius, Jutta (Hg.), Standardisierung – Kanonisierung. Erziehungswissenschaftliche Reflexionen, Wiesbaden: Springer VS 2009, S. 159-180.

74 | Vgl. Brinkmann, Malte: »Übung und Macht in der Pädagogik Montessoris: Pädagogische Analysen zu Polarisiation, Normalisation und Hygiene«, in: Bühler, Patrick/Bühler, Thomas/Osterwalder, Fritz (Hg.), Zur Inszenierungsgeschichte pädagogischer Erlöserfiguren, Bern: Haupt 2013, S. 199-223.

merksame Schüler nicht nur zum Deutungsmuster, sondern auch zum Resultat einer Unterrichtsform, die auf kollektives Lernen ausgerichtet ist.[75]

Pädagogische Ordnungen der Aufmerksamkeit, so lässt sich festhalten,

- entstehen aus der erzieherischen Ein- und Ausgrenzung im thematischen Feld des Aufmerksam-Machens,
- sind Praxen der Macht, die sich in materialen, leiblichen und institutionellen Arrangements finden und
- haben eine historische Tiefendimension, die genealogisch auf eine Subjektivierung (Aufmerksamkeit als Phänomen des subjektiven Willens) und eine Pathologisierung (Normalisierung als Kalibrierung der pädagogischen Ordnung) verweist.

6. Praxen pädagogischer Interattentionalität

Die knappe genealogische Vergewisserung kann dazu dienen, für Zuschreibungen für Aufmerksamkeit (als Willensphänomen) und Unaufmerksamkeit (als pathologisches Phänomen) auch im heutigen Unterricht zu sensibilisieren. Im Folgenden soll das anhand von zwei Beispielen unternommen werden – im ersten in Sinne einer Pathologisierung unaufmerksamen Verhaltens. Im zweiten Beispiel wird umgekehrt eine kurze Situation gelungener geteilter Aufmerksamkeit beschrieben. Obwohl das wechselseitige Antwortgeschehen hier von Missverstehen durchzogen ist, kann diese Szene als Beispiel einer Übung der Aufmerksamkeit gelten. Dazu bedarf es allerdings einer Verschiebung der Perspektive auf das Verhältnis von Ordnungserhaltung und Ordnungsbildung im Unterricht.

Die folgenden Beispiele stammen aus einem Projekt im Rahmen der Berliner pädagogisch-phänomenologischen Unterrichtsforschung mit dem Titel Szene (Schulunterrichtliches Zeigen und Negativität).[76] Darin

75 | Vgl. S. Reh: Der »Kinderfehler« Unaufmerksamkeit.

76 | Vgl. M. Brinkmann: Phänomenologische Methodologie und Empirie in der Pädagogik. Brinkmann, Malte: »Phänomenologische Erziehungswissenschaft. Ein systematischer Überblick von ihren Anfängen bis heute«, in: ders./Rödel, Sales S./Buck, Marc F. (Hg.), Pädagogik – Phänomenologie; Phänomenologie – Pädagogik. Verhältnisbestimmungen und Herausforderungen, Wiesbaden: Springer

wird Bildungstheorie und Bildungsforschung wechselseitig miteinander in Bezug gesetzt. Dies wird in der qualitativen Bildungsforschung unter dem Titel »Theoretische Empirie«[77] zum Gegenstand methodologischer und theoretischer Reflexion gemacht.[78] Im Projekt wird Unterricht in unterschiedlichen Schulformen (Grundschule, Gesamtschule, Gymnasium), in zwei unterschiedlichen Jahrgangsstufen (Klasse 6, Klasse 9) und in unterschiedlichen Fächern (Deutsch, Englisch, Chemie) untersucht. Die Untersuchung verläuft mehrstufig: Der Feldforschung folgen videographische Untersuchungen und Interviews mit den Lehrerinnen und Lehrern. Als Vorbereitung auf die videographische Erfassung des Unterrichts werden zunächst Feldnotizen und dichte Beschreibungen verfasst. Die erhobenen Daten werden mit Fachdidaktikern in dafür eingerichteten Datensitzungen diskutiert, im Ganzen gesichtet und didaktische sowie szenische Verlaufsprotokolle erstellt. Daran anschließend werden besonders prägnante Szenen ermittelt und diese mikroanalytisch ausgewertet. Zum Einsatz kommt dabei ein Partiturprogramm (Feldpartitur), das sowohl für qualitative als auch quantitative Herangehensweisen einsetzbar ist.

VS 2016 (in Vorbereitung). Rödel, Sales S.: »Der Andere und die Andere. Überlegungen zu einer Theorie pädagogischen Antwortgeschehens im Angesicht von Dritten«, in: Brinkmann et al. (Hg.), Pädagogische Erfahrung, S. 199-222. D. Wilde: Wieso ist das kein Spielzeug?

77 | Kalthoff, Herbert (Hg.): Theoretische Empirie. Zur Relevanz qualitativer Forschung, Frankfurt am Main: Suhrkamp 2008.

78 | Brinkmann, Malte: »Pädagogische Empirie – Phänomenologische und methodologische Bemerkungen zum Verhältnis von Theorie, Empirie und Praxis«, in: Zeitschrift für Pädagogik 61 (4) (2015), S. 527-545. Schäfer, Alfred/Thompson, Christiane (Hg.): Arbeit am Begriff der Empirie. Wittenberger Gespräche II. 2014, online abrufbar unter http://www.pedocs.de/volltexte/2014/9019/pdf/Schaefer_Thompson_2014_Empirie.pdf. Thompson, Christiane/Jergus, Kerstin/Breidenstein, Georg (Hg.): Interferenzen. Perspektiven kulturwissenschaftlicher Bildungsforschung, Weilerswist: Velbrück 2014. Miethe, Ingrid/Müller, Hans-Rüdiger (Hg.): Qualitative Bildungsforschung und Bildungstheorie, Opladen, Berlin, Toronto: Babara Budrich 2012.

6.1 Methodische Produktion von Unaufmerksamkeit

In einer Berliner 6. Grundschulklasse sollen die Kinder Schlüsselbegriffe, die auf Kärtchen gedruckt sind, laut vorlesen und in eine logische Reihenfolge bringen. Sie sollen dann an der Tafel angeklebt werden. Dazu sind sie auf der Rückseite mit einem Klebepunkt versehen. Die Lehrerin verteilt hierzu die Kärtchen an alle Schülerinnen und Schüler. Noch während sie verteilt, beginnen die Schüler sich diese an die Stirn oder an den Po zu kleben – versehen mit entsprechenden Kommentaren. Die Kärtchen werden zum »Nummernschild« oder zum »Brett vorm Kopf« usw. Die Lehrerin greift nach einiger Zeit ein mit den Worten: »So stopp jetzt mal des ist kein Spielzeug […], ist das klar?« Daraufhin stellen alle Schülerinnen und Schüler ihren Umgang mit den Kärtchen ein und wenden sich der Lehrerin zu.

Diese Szene ließe sich zunächst als klassische Unterrichtsstörung auffassen. Es fällt auf, dass die verwendeten Unterrichtsmaterialen für die Schülerinnen und Schüler einen besonderen Reiz entwickeln, auf den diese spielerisch antworten. Sie zweckentfremden die Kärtchen, geben ihnen einen anderen Sinn und zeigen diesen den anderen, indem sie dabei auch sich selbst zeigen. Den Schülern fällt etwas auf, auf das sie nicht aufmerksam werden sollen, das aber als Aufforderung fungiert. Der Aufforderungscharakter der Dinge[79] gewinnt hier Oberhand über die zweckbezogen und instrumentell eingesetzten Materialen im Unterricht und erwirkt eine epidemisch sich ausbreitende Unaufmerksamkeit. Die Ordnung des Unterrichts ist gestört. Der Ausruf der Lehrerin: »des ist kein Spielzeug!« markiert diese Störung.

Gleichwohl macht die Lehrerin im Unterricht eigentlich alles richtig. Sie wendet vieles an, was in der Lehrerausbildung mittlerweile als *state of the art* des technisierten und methodisierten Unterrichts gilt. Hier lässt sich deutlich die »merkwürdige Ehe«[80] von technokratischer Steuerung und reformpädagogischen Settings beobachten: Sie setzt unterschiedliche Materialien und individualisierende und aktivitätsbezogene Lernformen ein (wie die Gruppenarbeit); sie inszeniert häufig einen Phasenwechsel verbunden mit einem Wechsel der Sozialform; sie beginnt die Stunden mit einer ritualisierten Einstiegssequenz und sie setzt ein Belohnungssystem ein, das am Ende der Stunde aufmerksames Verhalten mit Punkten belohnt. Dies alles kann als Strategie effizienten *class-room-managements* gelten, das auf die Stärkung aufmerksamkeitsbezogener primärer »kollektiver Handlungsvektoren« und die »Schwächung auftretender sekundärer Vektoren« zielt.[81]

Die kurzatmige Sequenzialisierung des Unterrichts führt dazu, dass längere Phasen konzentrierten Arbeitens nicht mehr stattfinden. Statt Auseinandersetzung mit der Sache wird Aktivität belohnt, die aufgrund eines instrumentellen Verständnisses der Materialien ablenkend und zerstreuend wirkt. Die Rituale und Belohnungssysteme nutzen sich schnell ab und erzeugen ebenfalls Unaufmerksamkeit. Statt aber diese Technologien in ihrem didaktischen Gehalt kritisch zu reflektieren, werden sie nach einiger Zeit durch andere ersetzt. Im Interview erklärt die Lehrerin, dass dies als »kreativer« Umgang mit den Technologien gelten könne – so hätte es auch im Referendariat geheißen. Unruhe und Unaufmerksamkeit werden als Problem den Schülern zugeschrieben. Von diesen sei nicht mehr zu erwarten, auch weil sie aus einem schwierigen

79 | C. Stieve: Von den Dingen lernen.

80 | Bellmann, Johannes/Waldow, Florian: »Die merkwürdige Ehe zwischen technokratischer Bildungsreform und emphatischer Reformpädagogik«, in: Bildung und Erziehung 60 (4) (2007), S. 481-503.

81 | Ophardt, Diemut/Thiel, Felicitas: »Kompetenzen des Klassenmanagements. Steuerung von Aufmerksamkeit«, in: Reh et al. (Hg.), Aufmerksamkeit, S. 183.

sozialen Umfeld stammen (Neukölln) und viele verhaltensauffällig oder ADHS-belastet seien. M.a.W.: soziale Benachteiligung wird mittels Zuschreibung als subjektives (pathologisches) Problem der Schüler ausgegeben, eine traditionelle Strategie im Umgang mit Unaufmerksamen. Die Wirkung eines solchen technisierten Unterrichts ist pervers. Mit instrumentellen Mitteln soll er Aufmerksamkeit herstellen, bewirkt aber das Gegenteil: Unaufmerksamkeit. Im Zuge eines instrumentellen Verhältnisses zu Theorien und Methoden können Probleme nur als subjektive Probleme der Schüler, nicht aber als solche des Unterrichts reflektiert werden. Der technisierte Unterricht produziert unaufmerksame Schüler und deprofessionalisierte Lehrer. Deprofessionalisierung zeigt sich hier als fehlende didaktische Urteilskraft (Unfähigkeit Probleme als pädagogische zu reflektieren).

6.2 Fokussierte Aufmerksamkeit: Interattentionales Zeigen

Wird der Übergang vom Auffallen zum Aufmerken und ggf. zum Bemerken weder als Problem eines subjektiven Willens noch als Frage einer normalisierenden Ordnung, sondern als Übergangs- und Zwischenphänomen gesehen, dann ergibt sich eine Verschiebung für die pädagogische Perspektive auf Aufmerksamkeit. Nicht mehr nur die ordnungsstabilisierenden und -erhaltenden Praktiken, sondern auch die Ordnung unterlaufenden und damit neue Ordnungen hervorbringenden Aspekte im interattentionalen Geschehen werden interessant.[82] Diese lassen sich meist dann beobachten, wenn die disziplinarische und thematische Ordnung in der Klasse schon »hergestellt« ist. Besonders auffällig sind dabei jene Prozesse, in denen das Wechselspiel zwischen Aufmerken und Zeigen als Differenz deutlich wird. Diese sind Situationen responsiver und geteilter Aufmerksamkeit, die zwischen erzieherischem Aufmerksammachen und lernendem Aufmerksamwerden, zwischen Verstehen und Nicht-Verstehen, Können und Nicht-Können sowie Intentionalität und Negativität spielen. In ihnen verkörpert sich gleichsam der unsichere Bezug im Wechselspiel von Sinnstiftung und Sinngebung. Ihr Sinn lässt sich oftmals an den verkörperten Stellungnahmen zum Anderen ablesen.

82 | Zur Verhältnis von Ordnungserhaltung und Ordnungsbildung in der Erfahrung vgl. M. Brinkmann: Üben.

In einer pädagogischen Perspektive erhalten diese Situationen eine bildungstheoretische und erziehungstheoretische Relevanz. Sie sind bildungstheoretisch relevant, insofern subjektives Aufmerksamwerden unterhalb der pädagogischen Ordnung als Beginn des Lernens möglich werden kann. Sie sind erziehungstheoretisch relevant, insofern unterhalb oder diesseits der pädagogischen Ordnung und Normalisierung einerseits und der pädagogischen Intentionen der Lehrkraft andererseits ein Aufmerken und/oder Bemerken stattfindet, das sich nicht mit der Ordnung des Unterrichts deckt, das aber vielleicht gerade deswegen einen Bildungssinn offenbart.

Auf der Abbildung sind links die Lehrerin und rechts ein Ausschnitt einer Lerngruppe der 6. Jahrgangsstufe im Sitzkreis einer Deutschstunde zu sehen. Schülerkamera- und Lehrerkameraperspektive sind zusammengeschnitten. Es findet eine gemeinsame Suche einer Lösung statt, die einem arithmetischen und moralischen Problem entstammt. Die Lehrerin hatte Äsops Fabel »Die Krähe und der Krug« vorgelesen bis zu dem Punkt, an dem das Problem exponiert wird.

Im Sitzkreis werden unterschiedliche Lösungsmöglichkeiten diskutiert. Juri meldet sich. Es entspinnt sich folgender Dialog:

01:30 L	Mhm! Juri!
01:35 S	Ehm, sie baut n Nest oben drauf, dann geht'se runter und baut da nochmal n Nest bis se am Wasser is
01:43 L	Also n Nest auf dem Krug?
01:47 S	Aufm Krug und dann bohrt se da n Loch rein und baut unter dem Nest da dran nochmal n Nest ...
01:51 L	Aah! Also Hausbau rückwärts!? Das Hochhaus von oben angefangen? Okee, auch ne Idee!

Im Video ist deutlich zu sehen, dass das gestische Zeigen den gesprochenen Worten vorgängig ist. Ostensives (vorzeigendes), repräsentatives (darstellendes) und direktives (aufforderndes) Zeigen verschränken sich.[83] Es wird etwas gezeigt und im Sprechen auf das Gesagte bezogen, indem es wieder gezeigt wird. So entsteht ein Moment intensiver geteilter Aufmerksamkeit unter Bedingungen einer schon existierenden unterrichtlichen Ordnung. Offensichtlich ist auch, dass beide sich missverstehen. Die Lehrerin vollzieht nicht die Konsequenzen nach, die die Nestbautheorie für die Lösung des Problems haben könnte. Schließlich werden die Aussagen des Schülers relativiert: »Ok, auch ne Idee« und im Unterricht weitergeschritten. Deshalb kann der Schüler auch nicht bemerken, ob und warum er das Problem gelöst bzw. nicht gelöst hat. Die Lehrerin fragt sokratisch nach. Sie verschleiert einerseits ihr eigenes Wissen (warum sagt sie nicht einfach die Lösung?) und will andererseits vielleicht aus didaktischen Gründen zu diesem Zeitpunkt keine Diskussion von Lösungsmöglichkeiten, sondern nur eine Sammlung zulassen. Deshalb will sie vielleicht gar nicht alles *en detail* verstehen, sondern lässt es zunächst für sich stehen.

Nimmt man die Nestbautheorie sachlich ernst, so ist festzustellen: Diese Lösung ist umständlich. Es bleibt unklar, wie eine Krähe durch einen Gang ein zweites Nest unter dem oberen bauen könnte. Physikalisch gesehen steigt aber dann der Wasserspiegel, das Problem wäre gelöst.

Obwohl in diesem Beispiel das interattentionale Antwortgeschehen von einem Missverstehen durchzogen ist, lässt sich ein Aufmerken an den Verkörperungen der Beteiligten deutlich ablesen: konzentriertes und fokussiertes Zeigen, intensiver Blickkontakt, hohes Maß gegenseitiger Aufmerksamkeit und Achtsamkeit. Im Unterschied zum ersten Beispiel kann dieses als Beispiel für eine Übung der Aufmerksamkeit gelten –

83 | Vgl. K. Prange: Die Zeigestruktur der Erziehung, S. 66.

und zwar hinsichtlich der gegenseitigen Fokussierung als auch hinsichtlich der im Rahmen des Unterrichtsverlaufs ermöglichten Verzögerung. Ob sich hier allerdings ein Bemerken oder gar eine Epoché eingestellt hat, lässt sich nicht beurteilen.

7. Schluss

Ich habe an einigen Beispielen aus dem Forschungsprojekt Szene versucht deutlich zu machen, dass die Perspektive auf die Korrelation von erzieherischem Zeigen und lernendem Aufmerken wichtige Aufschlüsse hinsichtlich der Wirkung und Effekte erzieherischer Operationen geben können. Bildende Erfahrungen und erzieherische Operationen werden gleichermaßen qualitativ beschreibbar und intersubjektiv validierbar.

Für eine pädagogische Theorie der Aufmerksamkeit sind folgende Aspekte bedeutsam:

1. Aufmerksam-Werden (als Auffallen, Aufmerken oder Bemerken im Modus zunehmend fokussierter Aufmerksamkeit) ist bildungstheoretisch als Beginn von Bildung (Hegel) bzw. als lernende Erfahrung zu bestimmen. Es lässt sich erziehungstheoretisch als Wirkung von erzieherischem Zeigen in der »ästhetischen Darstellung der Welt«[84] im Unterricht beschreiben. Sozialtheoretisch gesehen lässt sich pädagogische Aufmerksamkeit als ein interattentionales Geschehen fassen, in dem wechselseitig jemand etwas vor anderen jemand anderem gezeigt wird und in dem wechselseitig Wachheit und Achtsamkeit praktiziert wird.

2. Aufmerksamkeit wird geübt. Die pädagogische Übung der Aufmerksamkeit ist eine verzögernde und wiederholende Lernform, die Zeit, Muße und Ruhe erfordert. In einem methodisierten und technisierten Unterricht, der durch kurzatmige Sequenzialisierung und inhaltsentleerter Sozial- und Methoden-Arrangements gekennzeichnet ist, wird statt Aufmerksamkeit Unaufmerksamkeit produziert. Das kann als ein Ergebnis der videographischen Forschungen im Projekt Szene zur Korrelation von Zeigen und Aufmerken im Unterricht festgehalten werden.

3. Pädagogische Übungen im Unterricht fungieren im Horizont pädagogischer Ordnungen. In einem kurzen genealogischen Abriss des päda-

84 | J.F. Herbart: Über die ästhetische Darstellung der Welt als Hauptgeschäft der Erziehung.

gogischen Diskurses des 19. Jahrhunderts konnten zwei wichtige Tendenzen herausgearbeitet werden: die Subjektivierung der Aufmerksamkeit als Problem des Willens und die Pathologisierung des unaufmerksamen Schülers als Effekt eines Unterrichts, der Schüler als Kollektivsubjekt behandelt. Im Beispiel zeigen sich daher die zuvor genealogisch aufgewiesenen Strukturen: Unaufmerksamkeit wird sowohl als subjektives Problem in die Verantwortung des Schülers gestellt als auch als pathologisches Phänomen beschrieben.

4. Findet interattentionale Aufmerksamkeit im Unterricht statt, dann ereignet sie sich – das zeigt das zweite Beispiel aus dem videographischen Forschungsprojekt SZENE – in Situationen intensiver geteilter Aufmerksamkeit und wechselseitigem, leiblich-fundiertem Zeigen. Sie manifestiert sich als ambivalentes Geschehen in der und gegen die Ordnung des Unterrichts, in dem sie – wie hier – im Missverstehen die Grundlagen für Verzögerung und Fokussierung legt.

Literaturverzeichnis

Assmann, Aleida: Druckerpresse und Internet – Von einer Gedächtniskultur zu einer Aufmerksamkeitskultur, Vortrag auf der VdW-Jahrestagung am 6.5.2002, online abrufbar unter http://www.wirtschaftsarchive.de/vdw/veroeffentlichungen/zeitschrift/weitere-hefte/aufsatz_Assmann.pdf (8.12.15).

Bellmann, Johannes/Waldow, Florian: »Die merkwürdige Ehe zwischen technokratischer Bildungsreform und emphatischer Reformpädagogik«, in: Bildung und Erziehung 60 (4) (2007), S. 481-503.

Benner, Dietrich: »Jenseits des Duals von Input- und Output. Über vergessene und neue Zusammenhänge zwischen Erfahrung, Lernen und Lehren«, in: Vierteljahrsschrift für wissenschaftliche Pädagogik 84 (4) (2008), S. 414-435.

Blumenberg, Hans: »Auffallen und Aufmerken«, in: ders. (Hg.), Zu den Sachen und zurück. Aus dem Nachlass von H. Sommer, Frankfurt am Main: Suhrkamp 2002, S. 182-206.

Boehm, Gottfried (Hg.): Zeigen. Die Rhetorik des Sichtbaren, Paderborn, München: Wilhelm Fink 2010.

Breyer, Thiemo: Attentionalität und Intentionalität. Grundzüge einer phänomenologisch-kognitionswissenschaftlichen Theorie der Aufmerksamkeit, München: Wilhelm Fink 2011.

Brinkmann, Malte: »Üben: Wissen – Können – Wiederholen. Zeitphänomenologische Überlegungen zur pädagogischen Übung«, in: Vierteljahrsschrift für wissenschaftliche Pädagogik 85 (4) (2009), S. 413-434.

Brinkmann, Malte: »Phänomenologische Forschungen in der Erziehungswissenschaft«, in: ders. (Hg.), Erziehung. Phänomenologische Perspektiven, Würzburg: Königshausen und Neumann 2011, S. 7-20.

Brinkmann, Malte: »Üben«, in: Kade, Jochen/Helsper, Werner/Lüders, Christian/Egloff, Birte/Radtke, Frank-Olaf/Thole, Werner (Hg.), Pädagogisches Wissen. Erziehungswissenschaft in Grundbegriffen, Stuttgart: Kohlhammer 2011, S. 140-146.

Brinkmann, Malte: Pädagogische Übung. Praxis und Theorie einer elementaren Lernform, Paderborn: Schöningh 2012.

Brinkmann, Malte: »Vom Sinn des Übens. Die Pädagogische Übung verstehen und gestalten«, in: Die Grundschulzeitschrift. Üben – Situationen im Unterricht gestalten 27 (2013), S. 48-51.

Brinkmann, Malte: »Übung und Macht in der Pädagogik Montessoris: Pädagogische Analysen zu Polarisiation, Normalisation und Hygiene«, in: Bühler, Patrick/Bühler, Thomas/Osterwalder, Fritz (Hg.), Zur Inszenierungsgeschichte pädagogischer Erlöserfiguren, Bern: Haupt 2013, S. 199-223.

Brinkmann, Malte: »Pädagogische Empirie – Phänomenologische und methodologische Bemerkungen zum Verhältnis von Theorie, Empirie und Praxis«, in: Zeitschrift für Pädagogik 61 (4) (2015), S. 527-545.

Brinkmann, Malte: »Phänomenologische Methodologie und Empirie in der Pädagogik. Ein systematischer Entwurf für die Rekonstruktion pädagogischer Erfahrungen«, in: ders./Kubac, Richard/Rödel, Sales S. (Hg.), Pädagogische Erfahrung. Theoretische und empirische Perspektiven (Band 1 Phänomenologische Erziehungswissenschaft), Wiesbaden: Springer VS 2015, S. 31-57.

Brinkmann, Malte: »Übungen der Aufmerksamkeit: Phänomenologische und empirische Analysen zum Aufmerksamwerden und Aufmerksammachen«, in: Reh, Sabine/Berdelmann, Kathrin/Dinkelacker, Jörg (Hg.), Aufmerksamkeit: Geschichte – Theorie – Empirie, Wiesbaden: Springer VS 2015, S. 199-220.

Brinkmann, Malte: »Allgemeine Erziehungswissenschaft als Erfahrungswissenschaft. Versuch einer sozialtheoretischen Bestimmung als theoretisch-empirische Teildisziplin«, in: VjwP 2/2016 (im Erscheinen).

Brinkmann, Malte: »Phänomenologische Erziehungswissenschaft. Ein systematischer Überblick von ihren Anfängen bis heute«, in: ders./Rödel, Sales S./Buck, Marc F. (Hg.), Pädagogik – Phänomenologie; Phänomenologie – Pädagogik. Verhältnisbestimmungen und Herausforderungen, Wiesbaden: Springer VS 2016 (in Vorbereitung).

Buck, Günther: Lernen und Erfahrung – Epagogik. Zum Begriff der didaktischen Induktion, Darmstadt: Wissenschaftliche Buchgesellschaft 1989.

Crary, John: Aufmerksamkeit. Wahrnehmung und moderne Kultur, Frankfurt am Main: Suhrkamp 2002.

Dinkelaker, Jörg: »Aufmerksamkeit«, in: Kade, Jochen/Helsper, Werner/Lüders, Christian/Egloff, Birte/Radtke, Frank-Olaf/Thole, Werner (Hg.), Pädagogisches Wissen. Erziehungswissenschaft in Grundbegriffen, Stuttgart: Kohlhammer 2011, S. 75-182.

Dinkelaker, Jörg: »Varianten der Einbindung von Aufmerksamkeit. Zeigeinteraktionen in pädagogischen Feldern«, in: Reh, Sabine/Berdelmann, Kathrin/Dinkelacker, Jörg (Hg.), Aufmerksamkeit: Geschichte – Theorie – Empirie, Wiesbaden: Springer VS 2015, S. 241-264.

Dörpinghaus, Andreas: »Bildung als Verzögerung: Über Zeitstrukturen von Bildungs- und Professionalisierungsprozessen«, in: Pädagogische Rundschau 59 (5) (2005), S. 563-574.

Ehrenspeck, Yvonne: »Die Bildung der Aufmerksamkeit. Pädagogische Konstruktionen eines Wahrnehmungs- und Bewusstseinsphänomens im 18., 19. und 20. Jahrhundert«, in: Bilstein, Johannes/Brumlik, Micha (Hg.), Die Bildung des Körpers, Weinheim u.a.: Beltz Juventa 2013, S. 72-89.

Foucault, Michel: Die Ordnung des Diskurses, Frankfurt am Main: Fischer 1991.

Franck, Georg: Ökonomie der Aufmerksamkeit, München: Hanser 2007.

Gallagher, Shaun: How the body shapes the mind, Oxford: Clarendon Press 2005.

Hegel, Georg Wilhelm Friedrich: Enzyklopädie der philosophischen Wissenschaften im Grundriss. Dritter Teil. Die Philosophie des Geistes. Mit mündlichen Zusätzen, Frankfurt am Main: Suhrkamp 1970.

Heidegger, Martin: Sein und Zeit, Tübingen: Niemeyer 2001.

Herbart, Johann Friedrich: Über die ästhetische Darstellung der Welt als Hauptgeschäft der Erziehung, Weinheim: Beltz 1804 [1982].

Husserl, Edmund: Husserliana: Gesammelte Werke, Den Haag: Nijhoff 1950ff.

Kade, Jochen: »Aufmerksamkeitskommunikation. Zu einem erziehungswissenschaftlichen Grundbegriff«, in: Amos, Karin/Meseth, Wolfgang/Proske, Matthias (Hg.), Öffentliche Erziehung revisited. Erziehung, Politik und Gesellschaft im Diskurs. Festschrift für Frank-Olaf Radtke, Wiesbaden: Springer VS 2011, S. 75-100.

Kalthoff, Herbert (Hg.): Theoretische Empirie. Zur Relevanz qualitativer Forschung, Frankfurt am Main: Suhrkamp 2008.

Kant, Immanuel: »Schriften zur Anthropologie, Geschichtsphilosophie, Politik und Pädagogik 2«, in: Weischedel, Wilhelm (Hg.), Werke. Band 12, Frankfurt am Main: Suhrkamp 1977.

Landweer, Hilge: »Zeigen, Sich-zeigen und Sehen-lassen. Evolutionstheoretische Untersuchungen zu geteilter Intentionalität in phänomenologischer Sicht«, in: van den Berg, Karen/Gumbrecht, Hans Ulrich (Hg.), Politik des Zeigens, München [u.a.]: Wilhelm Fink 2010, S. 29-58.

Meyer-Drawe, Käte: »Aufmerken – eine phänomenologische Studie«, in: Reh, Sabine/Berdelmann, Kathrin/Dinkelacker, Jörg (Hg.), Aufmerksamkeit: Geschichte – Theorie – Empirie, Wiesbaden: Springer VS 2015, S. 117-126.

Miethe, Ingrid/Müller, Hans-Rüdiger (Hg.): Qualitative Bildungsforschung und Bildungstheorie, Opladen, Berlin, Toronto: Barbara Budrich 2012.

Nießeler, Andreas: »Die anthropologische Bedeutung der Aufmerksamkeit: Anmerkungen zu einer zentralen Leistungskategorie schulischer Bildung«, in: Neue Sammlung 37 (3) (1997), S. 459-474.

Ophardt, Diemut/Thiel, Felicitas: »Kompetenzen des Klassenmanagements. Steuerung von Aufmerksamkeit«, in: Reh, Sabine/Berdelmann, Kathrin/Dinkelaker, Jörg (Hg.), Aufmerksamkeit: Geschichte – Theorie – Empirie, Wiesbaden: Springer VS 2015, S. 173-198.

Prange, Klaus: Die Zeigestruktur der Erziehung. Grundriss der operativen Pädagogik, Paderborn: Schöningh 2005.

Prondcynzky, Andreas: »Zerstreutheit vs. Aufmerksamkeit. Historische Rekonstruktion eines spannungsvollen Verhältnisses«, in: Jahrbuch für historische Bildungsforschung 13 (2007), S. 115-137.

Rabenstein, Kerstin/Reh, Sabine: »Die pädagogische Normalisierung der ›selbstständigen Schülerin‹ und die Pathologisierung des ›Unaufmerksamen‹. Eine diskursanalytische Skizze«, in: Bilstein, Johannes/Ecarius, Jutta (Hg.), Standardisierung – Kanonisierung. Erziehungswissenschaftliche Reflexionen, Wiesbaden: Springer VS 2009, S. 159-180.

Reh, Sabine/Rabenstein, Kerstin/Idel, Till-Sebastian: »Unterricht als pädagogische Ordnung. Eine praxistheoretische Perspektive«, in: Meseth, Wolfgang/Proske, Matthias/Radke, Frank-Olaf (Hg.), Unterrichtstheorien in Forschung und Lehre, Bad Heilbrunn: Julius Klinkhardt 2011, S. 209-222.

Reh, Sabine: »Der ›Kinderfehler‹ Unaufmerksamkeit. Deutungsmuster zwischen Kulturkritik und Professionellen Handlungsproblemen im Schulsystem in Deutschland um 1900«, in: Reh, Sabine/Berdelmann, Kathrin/Dinkelacker, Jörg (Hg.), Aufmerksamkeit: Geschichte – Theorie – Empirie, Wiesbaden: Springer VS 2015, S. 71-94.

Ricken, Norbert: »Zeigen und Anerkennen. Anmerkungen zur Form pädagogischen Handelns«, in: Berdelmann, Kathrin/Fuhr, Thomas (Hg.), Operative Pädagogik: Grundlegung, Anschlüsse, Diskussion, Paderborn: Schöningh 2009, S. 111-133.

Rödel, Sales S.: »Der Andere und die Andere. Überlegungen zu einer Theorie pädagogischen Antwortgeschehens im Angesicht von Dritten«, in: Brinkmann, Malte/Kubac, Richard/Rödel, Sales S. (Hg.), Pädagogische Erfahrung. Theoretische und empirische Perspektiven (Band 1 Phänomenologische Erziehungswissenschaft), Wiesbaden: Springer VS 2015, S. 199-222.

Schäfer, Alfred/Thompson, Christiane (Hg.): Arbeit am Begriff der Empirie. Wittenberger Gespräche II. 2014, online abrufbar unter http://www.pedocs.de/volltexte/2014/9019/pdf/Schaefer_Thompson_2014_Empirie.pdf.

Scholz, Joachim: »Aufmerksamkeit im Schulmännerdiskurs der Sattelzeit«, in: Reh, Sabine/Berdelmann, Kathrin/Dinkelacker, Jörg (Hg.), Aufmerksamkeit: Geschichte – Theorie – Empirie, Wiesbaden: Springer VS 2015, S. 35-54.

Stieve, Claus: Von den Dingen lernen: Die Gegenstände unserer Kindheit, München: Wilhelm Fink 2008.

Strümpell, Ludwig von: Die pädagogische Pathologie oder die Lehre von den Fehlern der Kinder, Leipzig: Boehme 1890.

Tenorth, Heinz-Elmar: »Schulmänner, Volkslehrer und Unterrichtsbeamte: Friedrich Adolph Diesterweg, Friedlich Wilhelm Dörpfeld, Friedrich Dittens«, in: ders. (Hg.), Klassiker der Pädagogik. 1. Band: Von Erasmus bis Helene Lang, München: C.H.Beck 2003, S. 224-245.

Thompson, Christiane: »Zeigen und Sprechen: Ironie und Unbestimmtheit in der Erziehung«, in: Aßmann, Alex/Krüger, Jens Oliver (Hg.), Ironie in der Pädagogik, Weinheim und München: Beltz Juventa 2011, S. 67-84.

Thompson, Christiane/Jergus, Kerstin/Breidenstein, Georg (Hg.): Interferenzen. Perspektiven kulturwissenschaftlicher Bildungsforschung, Weilerswist: Velbrück 2014.

Tomasello, Michael: Die Ursprünge der menschlichen Kommunikation, Frankfurt am Main: Suhrkamp 2009.

Van den Berg, Karen/Gumbrecht, Hans Ulrich (Hg.): Politik des Zeigens, München [u.a.]: Wilhelm Fink 2010.

von Manen, Max: »Herbart und der Takt im Unterricht«, in: Zeitschrift für Pädagogik (33) (1995), S. 61-80.

Waldenfels, Bernhard: Einführung in die Phänomenologie, München: Wilhelm Fink 1992.

Waldenfels, Bernhard: Bruchlinien der Erfahrung, Frankfurt am Main: Suhrkamp 2002.

Waldenfels, Bernhard: Phänomenologie der Aufmerksamkeit, Frankfurt am Main: Suhrkamp 2004.

Waldenfels, Bernhard: »Wahrnehmung und Anerkennung beim frühen Husserl«, in: Philosophische Rundschau 52 (2005), S. 302-310.

Waldenfels, Bernhard: Phänomenologie der Aufmerksamkeit, Frankfurt am Main: Suhrkamp 2005.

Wiesing, Lambert: Sehen lassen. Die Praxis des Zeigens, Berlin: Suhrkamp 2013.

Wilde, Denise: »Wieso ist das kein Spielzeug? Eine phänomenologische Suche nach Antworten auf Dinge im Unterricht«, in: Brinkmann, Malte/Kubac, Richard/Rödel, Sales S. (Hg.), Pädagogische Erfahrung. Theoretische und empirische Perspektiven (Band 1 Phänomenologische Erziehungswissenschaft), Wiesbaden: Springer VS 2015, S. 243-259.

Abbildungen

Alle Abbildungen/Screenshots: Malte Brinkmann

Soziale Aufmerksamkeit

Aleya Flechsenhar, Marius Rubo, Matthias Gamer

1. Aufmerksamkeit aus Sicht der Psychologie

William James, einer der wichtigsten Wegbereiter der experimentellen Psychologie, definierte das Konzept der Aufmerksamkeit in seinem 1890 erschienenen Hauptwerk »The Principles of Psychology« wie folgt:

»Every one knows what attention is. It is the taking possession by the mind, in clear and vivid form, of one out of what seem several simultaneously possible objects or trains of thought. Focalization, concentration, of consciousness are of its essence. It implies withdrawal from some things in order to deal effectively with others, and is a condition which has a real opposite in the confused, dazed, scatterbrained state which in French is called *distraction*, and *Zerstreutheit* in German.«[1]

Aufmerksamkeit bedeutet demnach die bewusste oder unbewusste Hervorhebung bestimmter Inhalte auf Kosten anderer. Aufmerksamkeit bezieht sich entsprechend nicht ausschließlich auf die Wahrnehmung, sondern ebenso auf internal repräsentierte Gedanken und Erinnerungen. Diesen Überlegungen entsprechend kann man Aufmerksamkeit als eine Art Filter verstehen, der die effiziente Verarbeitung von Informationen ermöglicht.

Aufmerksamkeit wird durch zwei interagierende Systeme gesteuert: Auf der einen Seite durch ein automatisches, reizabhängiges System und auf der anderen Seite durch ein intentionales, zielabhängiges

1 | James, William: The Principles of Psychology, New York: H. Holt and Company 1890, S. 403f.

System.[2] Wir tendieren also dazu, unsere Aufmerksamkeit zum einen automatisch auf plötzlich auftretende oder saliente Umweltreize auszurichten (beispielsweise drehen wir uns um, wenn hinter uns ein lautes Geräusch ertönt). Zum anderen sind wir jedoch auch in der Lage, die Aufmerksamkeit bewusst auf bestimmte Informationen zu lenken, die zu einem gegebenen Zeitpunkt eine hohe Priorität haben (beispielsweise konzentrieren wir uns auf das Getränkeregal im Supermarkt, wenn wir durstig sind oder dieser Posten auf dem Einkaufszettel auftaucht). Diese beiden Aspekte der Aufmerksamkeitslenkung, die durchaus auch miteinander interagieren können, werden im angloamerikanischen Sprachraum auch als *bottom-up* oder *stimulus-driven* bzw. *top-down* oder *goal-driven attention* bezeichnet.

2. Visuelle Aufmerksamkeit

Sensorische Aufmerksamkeit ist grundsätzlich multimodal, d.h. ihr Wirken kann innerhalb jedes Sinneskanals beobachtet werden. Der weitaus größte Teil der Aufmerksamkeitsforschung konzentrierte sich jedoch auf das visuelle System.[3] Dies ist kein Zufall, sondern der Tatsache geschuldet, dass das visuelle System für die Spezies Mensch eine überaus große Bedeutung hat. Die Sehschärfe des Menschen ist höher als die vieler anderer Säugetiere und die Größe der Gehirnareale, die primär oder sekundär visuelle Informationen verarbeiten, ist beim Menschen überproportional groß.[4] Zudem lässt sich die Aufmerksamkeitsverteilung im visuellen System sehr präzise messen.

Aufgrund der Anatomie des menschlichen Auges wird nur der Teil des visuellen Feldes, der auf die Sehgrube Fovea centralis im Augenhintergrund fällt, scharf erfasst. Dieser Bereich umfasst nur ca. 2° Sehwin-

---

2 | Hagendorf, Herbert/Krummenacher, Jürgen/Müller, Herbert-Josef/Schubert, Torsten: Wahrnehmung und Aufmerksamkeit, Berlin: Springer 2011.

3 | Posner, Michael I.: »Attention: The mechanisms of consciousness«, in: Proceedings of the National Academy of Sciences of the United States of America 91 (1994), S. 7398-7403.

4 | Srinivasan, Shyam/Carlo, Cayenne Nikoosh/Stevens, Charles F.: »Predicting visual acuity from the structure of visual cortex«, in: Proceedings of the National Academy of Sciences 112 (2015), S. 7815-7820.

kel. Das gesamte verbleibende Gesichtsfeld, das beim Menschen eine Ausdehnung von ca. 180° in der Horizontalen und 130° in der Vertikalen hat, ist vergleichsweise schlecht aufgelöst und wird nur unscharf wahrgenommen. Hohe Kontraste oder schnelle Bewegungen können zwar auch in der Gesichtsfeldperipherie erfasst werden, eine genauere Analyse erfordert jedoch die Bewegung der Augen, um die entsprechenden Bereiche der Umwelt auf die Fovea centralis zu projizieren. Um eine gleichförmig scharfe visuelle Wahrnehmung der Umwelt zu realisieren, müssen Menschen also – ebenso wie viele Tiere – ihre Augen ständig bewegen. Je nach Anforderung zeigen wir drei bis vier Fixationen pro Sekunde. Die Augenbewegungen zwischen den einzelnen Fixationen, die zu den schnellsten Bewegungen gehören, die Menschen auszuführen in der Lage sind, bezeichnet man als Sakkaden.

Augenbewegungen können zum einen automatisch ausgelöst werden, wenn in der Gesichtsfeldperipherie saliente visuelle Ereignisse auftreten (wie z.B. Lichtblitze oder plötzliche Bewegungen) oder andere sensorische Kanäle entsprechende Reize signalisieren (z.B. laute Geräusche oder Tastinformationen auf einer Körperseite). Zum anderen können die Augen jedoch auch bewusst auf bestimmte Bereiche der Umwelt ausgerichtet werden mit dem Ziel, diese genauer zu explorieren. Damit reflektieren Augenbewegungen beide oben genannten Aspekte der Aufmerksamkeitslenkung (*bottom-up* vs. *top-down*) und können entsprechend genutzt werden, um Prozesse der Aufmerksamkeitsausrichtung messbar zu machen.

Zur Erfassung von Augenbewegungen stehen mittlerweile eine Reihe unterschiedlicher Systeme zur Verfügung, wobei im humanwissenschaftlichen Kontext primär die sogenannte Corneareflexionsmethode angewandt wird.[5] Dabei wird das Auge mit infrarotem Licht beleuchtet und mit einer Hochgeschwindigkeitskamera die Pupille sowie der Reflexionspunkt auf der Cornea erfasst. Der Vektor zwischen diesen beiden Lokationen ermöglicht die relativ genaue Bestimmung der aktuellen Blickrichtung. Die auf diese Weise aufgenommenen kontinuierlichen Positionsdaten können etwa in Sakkaden und Fixationen zerlegt werden und liefern Informationen darüber, wann Augenbewegungen auftraten und welche Teile des Gesichtsfeldes stärker exploriert wurden.

5 | Holmqvist, Kenneth/Nyström, Marcus/Andersson, Richard/Dewhurst, Richard /Jarodzka, Halszka/van de Weijer, Joost: Eye Tracking. A comprehensive guide to methods and measures, Oxford: University Press 2011.

Mit der rasanten Entwicklung der Informationstechnik in den letzten Jahrzehnten wurden verschiedene Computeralgorithmen entwickelt, die auf Basis physikalischer Informationen die Berechnung sogenannter Salienzkarten für visuelle Reize erlauben.[6] Diesen Algorithmen liegen teilweise physiologisch plausible Modelle zugrunde, die eine unabhängige Quantifizierung von Kontrasten in visuellen Merkmalskanälen (z.B. für Helligkeit, Orientierung, Farbe) leisten, um anschließend in eine integrative Karte summiert zu werden (siehe Abbildung 1).

Abbildung 1: Illustration des Computeralgorithmus zur Berechnung einer Salienzkarte nach Itti und Koch (2001). Die physikalischen Bildinformationen (Pixelwerte) werden hinsichtlich lokaler Kontraste in Farbe, Intensität und Orientierung analysiert und anschließend in eine integrative Salienzkarte gemittelt.

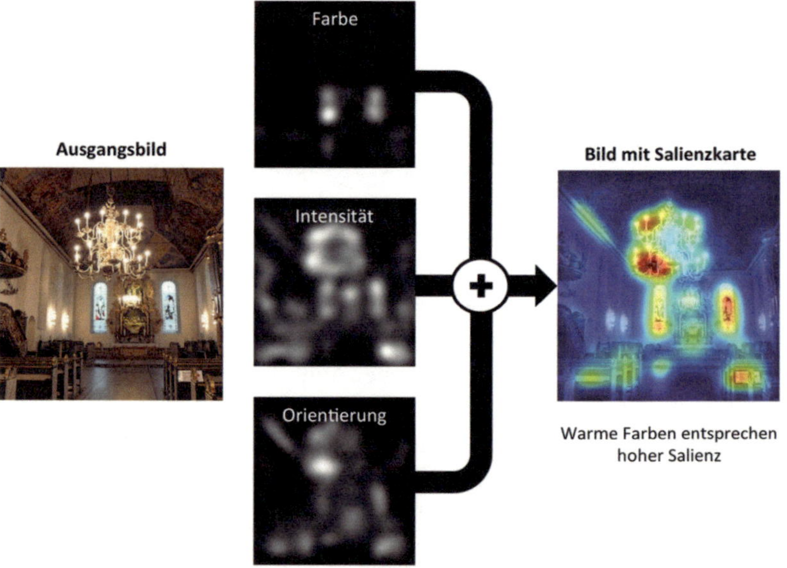

Quelle: Matthias Gamer

---

6 | Itti, Laurent/Koch, Christof: »Computational modelling of visual attention«, in: Nature Reviews Neuroscience 2 (2001), S. 194-203.

Die derart berechneten Salienzkarten können die Grundlage reizabhängiger Aufmerksamkeitsverschiebungen darstellen, und eine Reihe von Studien konnte demonstrieren, dass Salienzkarten tatsächlich eine relativ gute Vorhersage von Fixationsmustern unter freien Betrachtungsbedingungen leisten.[7] Unter eher naturalistischen Bedingungen sinkt die Prädiktionsgüte dieser Algorithmen jedoch substantiell.[8] Ein Grund dafür könnte im veränderten Explorationsverhalten sozialer Situationen liegen. Dieser Aspekt, den man auch als *soziale Aufmerksamkeit* bezeichnen kann, soll im Folgenden näher betrachtet werden.

3. Modelle sozialer Informationsverarbeitung

Als soziale Wesen ist es für Menschen essenziell, sich intensiv mit ihrem sozialen Umfeld zu beschäftigen, um sowohl Interaktion als auch Konfrontation richtig einzuschätzen und angemessenes Verhalten zu generieren. Aktuelle Modelle sozialer Informationsverarbeitung nehmen eine Hierarchie verschiedener Prozesse an (siehe Abbildung 2). Soziale Situationen werden zuerst auf Ebene der Wahrnehmung erfasst, dann kognitiv analysiert und schließlich wird das eigene Verhalten situationsgerecht angepasst.[9]

Die Wahrnehmung sozialer Signale wird durch verschiedene Sinnessysteme realisiert. Der Geruchssinn vermittelt bei den meisten Säugetieren wichtige soziale Informationen, ist beim Menschen jedoch von eher untergeordneter Bedeutung. Audition ist insbesondere im Hinblick auf die sprachliche Kommunikation von großer Relevanz, indem etwa durch Intonation sowohl Intention und Emotion als auch Bedeutung si-

7 | Itti, Laurent: »Quantifying the contribution of low-level saliency to human eye movements in dynamic scenes«, in: Visual Cognition 12 (2005), S. 1093-1123. Parkhurst, Derrick/Law, Klinton/Niebur, Ernst: »Modeling the role of salience in the allocation of overt visual attention«, in: Vision Research 42 (2002), S. 107-123.

8 | Tatler, Benjamin W./Hayhoe, Mary M./Land, Michael F./Ballard, Dana H.: »Eye guidance in natural vision: Reinterpreting salience«, in: Journal of Vision 5 (2011), S. 1-23.

9 | Adolphs, Ralph: »Conceptual challenges and directions for social neuroscience«, in: Neuron 65 (2010), S. 752-767.

gnalisiert werden können. Visuelle Reize sind für den Menschen jedoch auch im Kontext sozialer Wahrnehmung von besonderer Bedeutung.

Abbildung 2: Hierarchisches Modell der sozialen Informationsverarbeitung mit den Stufen soziale Wahrnehmung, Kognition und Regulation. Zur exemplarisch dargestellten Szene sind in den Denkblasen mögliche Analyse-/ Kognitions-/Handlungsaspekte veranschaulicht.

Quelle: Matthias Gamer, unter Verwendung von: »House party in Denver Colorado« by David Shankbone, https://commons.wikimedia.org/wiki/File:House_party_in_Denver_Colorado.JPG

Blickbewegungen, aber auch Körperhaltung und Gesten sind wichtige Bestandteile der täglichen Kommunikation miteinander. Entsprechend zeigen bereits wenige Tage alte Säuglinge eine Präferenz für die Betrachtung von Gesichtern im Vergleich zu ähnlich komplexen Objekten,[10] und

10 | Farroni, Teresa/Johnson, Mark H./Menon, Enrica/Zulian, Luisa/Faraguna, Dino/Csibra, Gergely: »Newborns' preference for face-relevant stimuli: effects of contrast polarity«, in: Proceedings of the National Academy of Sciences of the United States of America 102 (2005), S. 17245-17250.

es gibt Hinweise darauf, dass direkte und abgewandte Blickrichtungen bereits ab einem Alter von vier Monaten unterschieden werden.[11] Diese Befunde sprechen dafür, dass soziale Signale bereits sehr früh präferiert wahrgenommen und verarbeitet werden.

Die soziale Kognition, d.h. die Fähigkeit, diese Signale korrekt einzuordnen und zu interpretieren, scheint sich jedoch erst später auszubilden. Grundsätzlich dient die soziale Kognition der situationsabhängigen Abschätzung von Intention und Gemütszustand anderer Individuen, wobei motivationale und vor allem emotionale Faktoren eine wichtige Rolle spielen.[12] Die Attribution von Gefühlen und das Erkennen von Gemütszuständen sind in der Entwicklungspsychologie auch als *Theory of Mind* bekannt und beim Menschen einzigartig.[13] Es scheint also, als ob Menschen allein durch Betrachtung anderer sehr zuverlässig einschätzen können, was sie fühlen, was sie intendieren und wie sie eventuell agieren werden, indem sie sich gewissermaßen in die Position des anderen hineinversetzen. Das Ausmaß und der Erfolg des Hineinversetzens ist jedoch interindividuell variabel, was möglicherweise mit Unterschieden in Empathie oder Emotionserkennung zusammenhängt.[14]

Auf Basis sozialer Wahrnehmung und Kognition können emotionale Zustände entstehen, deren Äußerung in der gegebenen Situation unangebracht wäre und entsprechend der Emotionsregulation bedarf. Wie der Begriff schon beinhaltet, handelt es sich hierbei um die zielgerichtete Steuerung der eigenen Gefühle, wie zum Beispiel das Verdrängen von Wutausbrüchen oder Lachen in einer unpassenden Situation.[15] Diese Regulation ist ein wichtiger Aspekt des alltäglichen, sozialen Umgangs miteinander, welcher oft erst bei seinem Fehlen bemerkt wird. Je nach

---

11 | Farroni, Teresa/Johnson, Mark H./Csibra, Gergely: »Mechanisms of eye gaze perception during infancy«, in: Journal of Cognitive Neuroscience 16 (2004), S. 1320-1326.

12 | Adolphs, Ralph: »Cognitive neuroscience of human social behavior«, in: Nature Reviews Neuroscience 4 (2003), S. 165-173.

13 | Premack, David/Woodruff, Guy: »Does the chimpanzee have a theory of mind?«, in: Behavioral and Brain Sciences 1 (1978), S. 515-526.

14 | R. Adolphs: Cognitive neuroscience of human social behavior.

15 | Gross, James J.: »Antecedent- and response-focused emotion regulation: Divergent consequences for experience, expression, and physiology«, in: Journal of Personality and Social Psychology 74 (1998), S. 224-237.

Schwierigkeit der Regulation kann diese explizit (kontrolliert) oder implizit (automatisch) verlaufen[16] und beeinflusst sowohl Intensität als auch Dauer und Qualität des Gefühlsausdrucks.

Diese Hierarchie der sozialen Informationsverarbeitung entspricht zum einen der Entwicklungstrajektorie (soziale Wahrnehmungsprozesse sind bereits an Säuglingen nachweisbar, elaborierte sozial regulative Fertigkeiten entwickeln sich frühestens im Vorschulalter), zum anderen ist sie sequentiell aufgebaut. Dementsprechend sind soziale Wahrnehmungsprozesse unerlässlich, um überhaupt höher geordnete sozial kognitive und regulative Fertigkeiten aufzubauen. In diesem Kontext kommt der Aufmerksamkeitsausrichtung auf soziale Signale als Teil der sozialen Wahrnehmung eine entscheidende Bedeutung in der Entstehung komplexer sozialer Fähigkeiten zu.

4. Soziale Aufmerksamkeit

4.1 Gesichterverarbeitung

Der für die Spezies Mensch bedeutsamste soziale Reiz ist vermutlich das Gesicht. Viele Male täglich schauen Menschen einem Gegenüber ins Gesicht, um dessen Absichten und Gefühle einzuschätzen und die eigene Reaktion danach auszurichten. Diese Prozesse sind so tief in uns verwurzelt, dass sich die Verarbeitung von Gesichtern in verschiedener Hinsicht von der Verarbeitung anderer Reize unterscheidet.[17] Gesichter werden schneller verarbeitet als andere Objekte. Die Zuordnung bekannter Gesichter kann in der Regel nicht unterdrückt werden und geschieht auch ohne bewusste Aufmerksamkeitsausrichtung. Zudem deuten psychophysiologische Studien darauf hin, dass negative und positive Gesichter selbst dann unterschieden werden, wenn eine Person diese nicht bewusst wahrnimmt, etwa wenn das Bild nur sehr kurz dargeboten wird.

---

16 | Gyurak, Anett/Gross, James J./Etkin, Amit: »Explicit and implicit emotion regulation: a dual-process framework«, in: Cognition & Emotion 25 (2011), S. 400-412.

17 | Palermo, Romina/Rhodes, Gillian: »Are you always on my mind? A review of how face perception and attention interact«, in: Neuropsychologia 45 (2007), S. 75-92.

Dabei sind nicht alle Bereiche des Gesichts für einen Betrachter gleich bedeutsam. Bereits die allerersten experimentellen Untersuchungen der visuellen Exploration anhand von Augenbewegungen zeigten eine klare Präferenz für die Augenpartie dargestellter Gesichter.[18] Dieser vielfach bestätigte Befund wird häufig damit erklärt, dass die Blickrichtung einer anderen Person relevante soziale Informationen enthält. Dementsprechend folgen bereits sechs Monate alte Kinder der Blickrichtung eines Gegenübers.[19] Blickverfolgung liefert zwischenmenschliche Informationen, reguliert Interaktionen, kann Vertrautheit demonstrieren, aber auch soziale Kontrolle und Überlegenheit vermitteln.[20] Menschen reagieren empfindlich auf direkten Augenkontakt und sind geschickt darin zu detektieren, ob eine andere Person sie gerade betrachtet.[21]

Neben der Blickrichtung der betrachteten Person ist jedoch vor allem auch der Gesichtsausdruck von Bedeutung, um eine soziale Situation zu deuten. Man geht heute davon aus, dass es über verschiedene Kulturen hinweg sechs Basisemotionen gibt, die je mit einem spezifischen Ausdruck des Gesichts einhergehen: Furcht, Freude, Trauer, Ekel, Wut und Überraschung.[22]

Um diese verschiedenen Emotionen zuverlässig zu erkennen, muss der Beobachter die relevanten Informationen aus dem Gesichtsausdruck dekodieren können. Mit Hilfe sogenannter *Reverse-Correlation*-Techniken wurden die Bereiche emotionaler Gesichter identifiziert, die für die Erkennung eines bestimmten emotionalen Gesichtsausdrucks besonders

18 | Yarbus, Alfred L.: Eye movements and vision, New York: Plenum Press 1967.

19 | Scaife, Michael/Bruner, Jerome: »The capacity for joint visual attention in the infant«, in: Nature 253 (1975), S. 265-266.

20 | Baron-Cohen, Simon: »The eye direction detector (EDD) and the shared attention mechanism (SAM): Two cases for evolutionary psychology«, in: Moore, Chris / Dunham, Philip (Hg.), Joint attention: Its origins and role in development, Hillsdale, NJ: Erlbaum 1995, S. 41-59. Gamer, Matthias/Hecht, Heiko: »Are you looking at me? Measuring the cone of gaze«, in: Journal of Experimental Psychology: Human Perception and Performance 33 (2007), S. 705-715.

21 | Birmingham, Elina/Kingstone, Alan: »Human social attention: A new look at past, present and future investigations«, in: Annals of the New York Academy of Sciences 1156 (2009), S. 118-140.

22 | Ekman, Paul/Friesen, Wallace: »Constants across cultures in the face and emotion«, in: Journal of Personality and Social Psychology 17 (1971), S. 124-129.

bedeutsam sind.[23] Dafür wurden Probanden wiederholt Gesichter gezeigt, bei denen bestimmte Aspekte (z.B. die Augen) maskiert waren. Gelang den Probanden trotzdem die korrekte Identifikation des Emotionsausdrucks, kann man daraus schließen, dass die betreffende Region für die Erkennung der jeweiligen Emotion weniger wichtig ist. Zusammenfassend deuten die Ergebnisse darauf hin, dass die Augenregion für Emotionen wie Angst oder Ärger besonders relevant ist, während die Mundregion eher diagnostisch für Freude ist.

Des Weiteren wurde versucht zu beurteilen, inwieweit sich der Informationsgehalt der verschiedenen mimischen Ausdrücke objektiv unterscheidet. Hierzu wurde ein Computermodell eingesetzt, das ebenfalls den mimischen Ausdruck verschiedener teilweise maskiert dargestellter Gesichter zuordnen sollte. Das Programm glich jedes neu einzuordnende Bild mit einer Datenbank aus bereits gespeicherten Bildern verschiedener Gesichtsausdrücke ab und erstellte so im Laufe des Versuchs für jeden Gesichtsausdruck eine spezifische Filterfunktion, welche die für die Zuordnung relevanten Teile des Gesichts hervorhebt. Da ein solches Computerprogramm alle zur Verfügung stehenden Informationen zu verarbeiten vermag, konnten die so erstellten Filterfunktionen Aufschluss über den objektiven Informationsgehalt der einzelnen Gesichtsregionen geben. Wie sich zeigte, waren die Filterfunktionen der einzelnen Gesichtsausdrücke recht gering korreliert und manche, etwa Wut und Freude, lagen sogar praktisch orthogonal zueinander. Nach den Autoren lässt dies die Vermutung zu, dass sich die Ausgestaltungen der verschiedenen Gesichtsausdrücke evolutionär derart entwickelt haben, dass sie möglichst unterschiedlich kodiert sind und somit von anderen Menschen möglichst leicht differenziert werden können.

Da sich die Verteilung der diagnostischen Merkmale also zwischen den Basisemotionen unterscheidet, stellt sich die Frage, ob diese Merkmale auch stärkere Aufmerksamkeit erfahren. Um diese Fragestellung zu untersuchen, entwickelten wir ein experimentelles Paradigma, das die Differenzierung früher (eher reflexiver) und später (eher kontrollierter) Aufmerksamkeitsprozesse in der Gesichterverarbeitung erlaubt. Zu diesem Zweck wurde eine Reihe statischer Gesichter so präsentiert, dass ent-

23 | Smith, Marie L./Cottrell, Garrison W./Gosselin, Frédéric/Schyns, Philippe: »Transmitting and decoding facial expressions«, in: Psychological Science 16 (2005), S. 184-189.

weder die Augen- oder die Mundregion auf der Höhe des vorher gezeigten Fixationskreuzes erschien. Auf diese Weise kontrollierten wir die initiale Fixation und konnten mit Hilfe von Augenbewegungsmessungen untersuchen, ob die Probanden Sakkaden auf das jeweils in der Gesichtsfeldperipherie präsentierte Merkmal zeigten (siehe Abbildung 3A).

Abbildung 3: Experimentelles Design und Resultate von Studien unserer Arbeitsgruppe zur Gesichterverarbeitung. A) Gesichter wurden verschoben zum Fixationskreuz dargestellt, um die initiale Fixation zu kontrollieren und ausgelöste Sakkaden entsprechend quantifizieren zu können. B) Die Augenregion wurde bei furchtsamen Gesichtern relativ stärker exploriert (oben, warme Farben entsprechen einer höheren Fixationsdichte) und häufiger mit der ersten Sakkade nach Stimulusonset attendiert (unten) als bei fröhlichen Gesichtern.

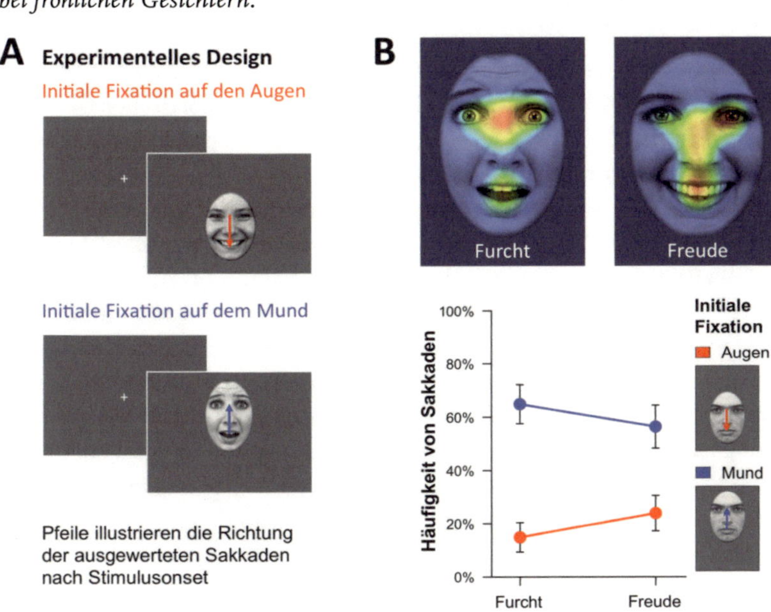

Quelle: Matthias Gamer

In einer Reihe von Studien[24] konnten wir analog zu den frühen Untersuchungen von Yarbus[25] zeigen, dass generell eine starke Präferenz für die Augenregion existiert. Die Probanden zeigten schnelle Sakkaden in Richtung der Augen und explorierten diesen Bereich des Gesichtes deutlich länger als andere Regionen wie den Mund. Diese Präferenz für die Augenregion war jedoch für fröhliche im Vergleich zu ängstlichen Gesichtern signifikant vermindert (Abbildung 3B). Beide Effekte zeigten sich unabhängig von der experimentellen Aufgabe (also auch, wenn etwa das Geschlecht der dargestellten Personen angegeben werden sollte), und sie traten sogar dann auf, wenn das Gesicht nur sehr kurz (150 ms) präsentiert wurde und damit überhaupt keine echte Exploration möglich war (erste Augenbewegungen zeigen sich in diesem Fall erst, nachdem das Bild verschwunden ist). Zudem konnten wir nachweisen, dass das gezeigte Explorationsverhalten nicht durch physikalische Stimulusmerkmale wie etwa Helligkeit oder Kontrast erklärbar war.

Zusammenfassend deuten diese Befunde darauf hin, dass die Verteilung visueller Aufmerksamkeit der Verteilung diagnostischer Gesichtsmerkmale folgt. Das frühe Auftreten der Effekte spricht zudem dafür, dass es sich um reflexive Prozesse handelt, die weitgehend automatisch ablaufen, auch wenn sich durch die gezeigten Augenbewegungen kein Verarbeitungsvorteil ergibt, weil der Zielreiz mittlerweile nicht mehr sichtbar ist. Da das gezeigte Aufmerksamkeitsmuster zum einen nicht durch physikalische Stimulusmerkmale erklärbar ist und zum anderen weitgehend unverändert auch unter Manipulation der experimentellen Aufgabe zu Tage tritt, können unsere Befunde als Hinweis verstanden werden, dass die oben diskutierten Aspekte der Aufmerksamkeitslenkung (*bottom-up* vs. *top-down*) im Kontext der Verarbeitung sozialer Reize eine geringere Relevanz haben, und das Augenbewegungsmuster offenbar durch andere Mechanismen determiniert wird.

---

24 | Boll, Sabrina/Gamer, Matthias: »5-HTTLPR modulates the recognition accuracy and exploration of emotional facial expressions«, in: Frontiers in Behavioral Neuroscience 8 (255) (2014), S. 1-9. Gamer, Matthias/Büchel, Christian: »Amygdala activation predicts gaze toward fearful eyes«, in: The Journal of Neuroscience 29 (2009), S. 9123-9126. Scheller, Elisa/Büchel, Christian/Gamer, Matthias: »Diagnostic features of emotional expressions are processed preferentially«, in: PLoS ONE 7 (7) (2012), e41792.

25 | A.L. Yarbus: Eye movements and vision.

4.2 Aufmerksamkeit in komplexen Szenen

Traditionell ist die Aufmerksamkeitsliteratur dominiert von experimentellen Studien, in denen sehr einfache, schematische Reizkonfigurationen zur Untersuchung der Aufmerksamkeitslenkung verwendet werden. In zahlreichen Studien kam etwa das Paradigma der visuellen Suche zum Einsatz, in dem ein isolierter Zielreiz, der sich durch Farbe, Form oder Orientierung von gleichzeitig dargestellten Distraktoren abhebt, detektiert werden muss.[26] Die Generalisierung der in diesen Experimenten gewonnenen Befunde setzt voraus, dass die Verarbeitung komplexer Stimuli ausreichend durch eine Kombination einfacher Merkmale beschrieben werden kann. Erst seit Kurzem wird diese Theorie in Frage gestellt[27] und eine Tendenz zu ökologisch valideren Stimuli und Forschungsmethoden beobachtet. Die Motivation für diesen Paradigmenwechsel liegt in der beobachteten Diskrepanz der Wahrnehmung und Aufmerksamkeit zwischen artifiziellen Reizkonfigurationen und naturalistischem Stimulusmaterial.[28] Das visuelle System scheint auf gewisse Aspekte der alltäglichen Stimulation abgestimmt zu sein und sollte somit auch in einem solchen Kontext untersucht werden.[29]

Komplexe Szenen generieren möglicherweise eine ganz andere Form der Aufmerksamkeitsverteilung als isolierte Reize, da diese Stimuli gewissen Regelmäßigkeiten bezüglich der individuellen Eigenschaften (z.B. besteht ein Gesicht aus Augen, Nase, Mund und Ohren) sowie der Anordnung gehorchen (z.B. liegt die Nase unter den Augen und darunter findet sich der Mund). Zusätzlich beinhalten naturalistische Szenen

26 | Z.B.: Treisman, Anne/Gelade, Garry: »A feature-integration theory of attention«, in: Cognitive Psychology 12 (1980), S. 97-136.

27 | Birmingham, Elina/Bischof, Walter F: »Get real! Resolving the debate about equivalent social stimuli«, in: Visual Cognition 17 (2009), S. 904-924. Kingstone, Alan: »Taking a real look at social attention«, in: Current Opinion in Neurobiology 19 (2009), S. 52-56.

28 | Li, Fei Fei/VanRullen, Rufin/Koch, Christof/Perona, Pietro: »Rapid natural scene categorization in the near absence of attention«, in: Proceedings of the National Academy of Sciences of the United States of America 99 (2002), S. 9596-9601.

29 | Einhäuser, Wolfgang/Perona, Pietro: »Objects predict fixations better than early saliency«, in: Journal of Vision 8 (14):18 (2008), S. 1-26.

wichtige Kontextinformationen, die eine effiziente Ausrichtung der Aufmerksamkeit fördern. Sucht man beispielsweise auf dem Bahnhofsvorplatz eine bestimmte Person, wird man seine Aufmerksamkeit nicht willkürlich über das gesamte Gesichtsfeld verteilen, sondern sehr gezielt bestimmte Bereiche wie den Ausgang der Bahnhofhalle explorieren, in denen die Wahrscheinlichkeit maximal ist, die gesuchte Person zu entdecken. Schlussendlich können in naturalistischen, realitätsnahen Situationen geeignete Informationen aus dem Gedächtnis abgerufen werden und die visuelle Suche verbessern. Weiß man beispielsweise, dass sich die gesuchte Person kürzlich eine neue rote Jacke gekauft hat, wird man spezifisch danach Ausschau halten.[30]

Wie bereits beschrieben, zeigten frühere Studien mit Gesichtsreizen[31] oder naturalistischem Stimulusmaterial eine schlechtere Vorhersage der Blickbewegungsmuster durch Salienzalgorithmen.[32] Inwiefern dieser Prädiktionsnachteil durch die Anwesenheit sozialer Stimulusmerkmale bedingt ist, haben wir kürzlich in einer bislang unpublizierten Studie an 13 Probanden untersucht. Den Versuchspersonen wurden 60 komplexe Farbfotografien mit der Instruktion vorgelegt, diese Bilder so zu betrachten wie Abbildungen in einer Zeitschrift oder einem Prospekt. Die Hälfte der Bilder enthielt klar sichtbare Gesichter oder komplette Menschen (sog. *soziale* Bilder), während auf den anderen Bildern keine Personen erkennbar waren (sog. *nicht-soziale* Bilder). Jedes Bild war für 10 Sekunden zu sehen, und wir erfassten die Augenbewegungen während der freien Exploration. Wie Abbildung 4A exemplarisch zeigt, ergab sich ein deutlicher Unterschied im Explorationsverhalten zwischen sozialen und nicht-sozialen Bildern. Während die physikalische Salienz das Muster der Blickfixationen für nicht-soziale Bilder relativ gut beschrieb, ergab sich eine deutliche Diskrepanz für soziale Bilder, in denen fast ausschließlich und unabhängig von der physikalischen Salienz die dargestellten Gesichter und Menschen exploriert wurden. Dieser Unterschied zeigte sich auch in den summarischen Statistiken, in denen die Diskrepanz

30 | Peelen, Marius/Kastner, Sabine: »Attention in the real world: toward understanding its neural basis«, in: Trends in Cognitive Sciences 18 (2014), S. 242-250.

31 | E. Scheller/C. Büchel/M. Gamer: Diagnostic features of emotional expressions are processed preferentially.

32 | B. Tatler/M. Hayhoe/M. Land/D. Ballard: Eye guidance in natural vision.

(Kullback-Leibler-Divergenz) bzw. die Korrelation zwischen Salienz- und Fixationsverteilung analysiert wurde (Abbildung 4B).

*Abbildung 4: Ergebnisse einer Studie unserer Arbeitsgruppe zur Aufmerksamkeitsverteilung bei der Betrachtung sozialer vs. nicht-sozialer Fotografien. A) Für soziale Bilder zeigte sich eine weitaus geringere Übereinstimmung zwischen der Salienz- und der Fixationsverteilung als für nicht-soziale Bilder (warme Farben entsprechen hoher Salienz bzw. hoher Fixationsdichte). B) Für die Gesamtstichprobe zeigte sich eine signifikant höhere Diskrepanz (Kullback-Leibler-Divergenz, D_{KL}) bzw. geringere Korrelation (r) zwischen Salienz- und Fixationsverteilung für soziale im Vergleich zu nicht-sozialen Szenen. ** $p < .01$.*

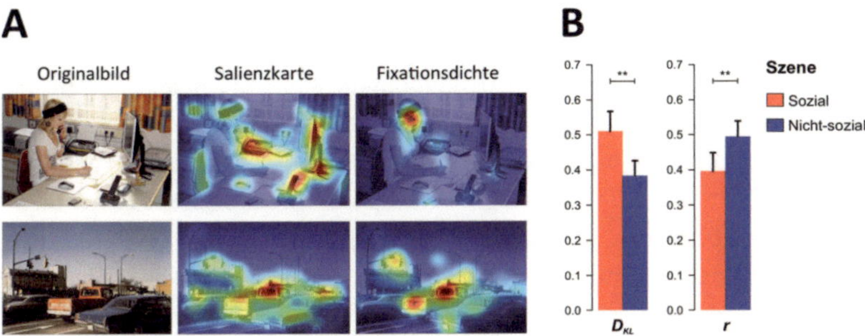

Quelle: Matthias Gamer

Vergleichbare Resultate ergaben sich in einer Studie von Birmingham und Kollegen, in denen Augenbewegungen bei der Betrachtung naturalistischer Szenen untersucht wurden, in denen sowohl direktionale soziale (Blickrichtung von Menschen) als auch nicht-soziale Komponenten (hier v.a. Pfeile) enthalten waren. Selbst wenn die Pfeile im Bild wesentlich größer waren als die Menschen und für ausgeglichene Salienz gesorgt wurde, betrachteten die Probanden Köpfe und Augen wesentlich häufiger als Pfeile.[33] Zusammenfassend deuten diese Ergebnisse darauf hin, dass der Einfluss physikalischer Salienz auf die Orientierung der Blickbewegung weniger Bedeutung für soziale Stimuli aufweist und dass die Erklärung der traditionellen Modelle der Aufmerksamkeitslenkung durch endogene und exogene Mechanismen für soziale Szenen unzureichend ist.

---

33 | E. Birmingham/W. Bischof: Get real!

4.3 Neuronale Grundlagen sozialer Aufmerksamkeit

Im Kontext der Aufmerksamkeitsforschung wurden zahlreiche Studien zu den neuronalen Grundlagen einfacher exogener und endogener Aufmerksamkeitslenkung durchgeführt. Dabei kamen sowohl neurowissenschaftliche Verfahren wie die funktionelle Magnetresonanztomographie oder die Elektroenzephalographie zum Einsatz, mit denen sich neurovaskuläre und elektrokortikale Korrelate von Aufmerksamkeitsprozessen abbilden lassen. Zum anderen wurden auch Studien an Patienten mit selektiven Gehirnschädigungen (z.B. durch Schlaganfall) durchgeführt.

In einer Übersicht der verfügbaren Studien gehen Corbetta und Kollegen davon aus, dass die visuelle Aufmerksamkeitslenkung auf zwei getrennten neuronalen Systemen beruht: dem dorsalen und dem ventralen System.[34] Das dorsale Netzwerk (bestehend aus dem Sulcus intraparietalis und dem frontalen Augenfeld) ermöglicht die kognitive Selektion sensorischer Information in Abhängigkeit von internen Zielen oder Erwartungen und verknüpft diese mit adäquater Handlungsplanung. Entsprechend der bereits diskutierten Terminologie ermöglicht dieses System die endogene oder zielbezogene Aufmerksamkeitslenkung. Das ventrale Netzwerk (temporoparietaler und ventraler frontaler Cortex) hingegen dient der Erkennung von salienten und verhaltensrelevanten Merkmalen, die sich außerhalb des aktuellen Wahrnehmungsfokus befinden. Dieses System ermöglicht also eine exogene oder stimulusbezogene Lenkung der Aufmerksamkeit. Da das ventrale Netzwerk offenbar keine räumliche Spezifität besitzt,[35] ist ein Zusammenspiel beider Netzwerke nötig, um saliente Reize oder Reizmerkmale über eine Reorientierung der Aufmerksamkeit in den Verarbeitungsfokus zu bringen.

Im Zusammenspiel beider Netzwerke ging man früher davon aus, dass das ventrale Netzwerk die momentane kognitive Aktivität und Selektion des dorsalen Netzwerks »unterbricht«, um die Aufmerksamkeit auf

34 | Corbetta, Maurizio/Patel, Gaurav/Shulman, Gordon L.: »The reorienting system of the human brain: from environment to theory of mind«, in: Neuron 58 (2008), S. 306-324.

35 | Z.B. Macaluso, Emiliano/Patria, Fabiana: »Spatial re-orienting of visual attention along the horizontal or the vertical axis«, in: Experimental Brain Research 180 (2007), S. 23-34.

neu auftretende Objekte zu fixieren.[36] Laut neueren Studien wird diese Unterbrechung aber nicht willkürlich vorgenommen, sondern nur »zugelassen«, wenn Stimuli relevant für endogene Ziele oder das Verhalten sind.[37] Des Weiteren wird die ventrale Aktivität bei irrelevanten Stimuli oder steigender Schwierigkeit der momentanen Aufgabe unterdrückt (möglicherweise vom dorsalen Netzwerk bzw. dem präfrontalen Cortex), um die Aufrechterhaltung der zielgerichteten Aufmerksamkeit zu gewährleisten. Somit dient das dorsale Netzwerk nicht nur lediglich einer Aufmerksamkeitsreorientierung, sondern impliziert eine supramodale Funktion für die Steuerung der Wechselwirkung zwischen den Netzwerken.

Während die bislang diskutierten neurowissenschaftlichen Befunde vor allem in Studien mit eher artifiziellen Paradigmen und Stimuli erbracht wurden, gibt es mittlerweile eine Reihe von Studien, die soziale Wahrnehmungsprozesse an komplexeren Stimuli wie menschlichen Gesichtern untersucht haben. Da das soziale Verhalten des Menschen eng an Emotionen gekoppelt ist, sind die Gehirnareale, die in die Emotionsverarbeitung involviert sind, meist auch diejenigen, die bei sozialem Verhalten aktiviert werden.[38] Darunter zählt man vor allem Amygdala, ventrales Striatum und orbitofrontalen Cortex sowie kortikale Regionen, wie Bereiche des cingulären Cortex. Zusätzlich findet man teilweise spezifische Aktivierungen in sensorischen Regionen, die offenbar in die Verarbeitung komplexer Stimuli wie Gesichter eingebunden sind.

Das ventrale Striatum und der orbitofrontale Cortex sind reziprok mit der Amygdala verbunden und können als komplexes neuronales System verstanden werden, welches sensorische Information mit sozialen Urteilen verknüpft.[39] Die Amygdala wird traditionell vor allem mit Angsterkennung und -verarbeitung in Verbindung gebracht,[40] ihre Funktion scheint

---

36 | Corbetta, Maurizio/Shulman, Gordon L.: »Control of goal-directed and stimulus-driven attention in the brain«, in: Nature Reviews Neuroscience 3 (2002), S. 201-215.

37 | M. Corbetta/G. Patel/G. Shulman: The reorienting system of the human brain.

38 | R. Adolphs: Cognitive neuroscience of human social behavior.

39 | Ebd.

40 | Adolphs, Ralph/Tranel, Daniel/Damasio, Hanna/Damasio, António: »Impaired recognition of emotion in facial expressions following bilateral damage to

jedoch weit darüber hinaus zu gehen. Neuere Studien deuten darauf hin, dass die Amygdala nicht ausschließlich durch Angst oder negative emotionale Zustände aktiviert werden kann, sondern sehr zuverlässig auf verschiedene emotionale – auch positive – Gesichtsausdrücke reagiert.[41] Durch Verknüpfung mit einer Reihe anderer Gehirnregionen kann die Amygdala sowohl Gedächtnis als auch Aufmerksamkeit und Entscheidungsfindung beeinflussen, je nach Kontext und Relevanz der gegebenen sozialen Situation.[42]

Studien aus unserer Arbeitsgruppe konnten zeigen, dass die Amygdala nicht nur passiv durch emotionale oder sozial relevante Reize aktiviert wird, sie trägt auch aktiv dazu bei, die Aufmerksamkeit auf bestimmte relevante Stimulusmerkmale zu verschieben. So konnten wir etwa zeigen, dass die Personen, die stärker auf die Präsentation ängstlicher Augen in der Gesichtsfeldperipherie reagierten, auch jene waren, die häufiger ihren Blick auf dieses Gesichtsmerkmal lenkten.[43] Offenbar ermöglicht die Amygdala eine Modulation der Aktivität in Gehirnregionen, die der Programmierung und Ausführung von Sakkaden dienen (Colliculi superiores). Auf diese Weise können bestimmte relevante Bereiche des Gesichtsfeldes (wie etwa die Augenregion von Gesichtern) räumlich hervorgehoben werden und Fixationen anziehen.[44]

Bei einer so weitreichenden Beteiligung der Amygdala an verschiedenen Prozessen gibt es dementsprechend gravierende Konsequenzen bei Verlust, Dysfunktion oder Beschädigung dieser Gehirnregion. Eine totale

---

the human amygdala«, in: Nature 372 (1994), S. 669-672. Morris, John S./Frith, Christopher D./Perrett, David I./Rowland, Duncan/Young, Andrew W./Calder, Andrew J./Dolan, Ray J.: »A differential neural response in the human amygdala to fearful and happy facial expressions«, in: Nature 383 (1996), S. 812-815.

41 | Siehe Metaanalyse von: Costafreda, Sergi G./Brammer, Michael J./David, Anthony S./Fu, Cynthia H.: »Predictors of amygdala activation during the processing of emotional stimuli: a meta-analysis of 385 PET and fMRI studies«, in: Brain Research Reviews 58 (2008), S. 57-70.

42 | R. Adolphs: Cognitive neuroscience of human social behavior.

43 | M. Gamer/C. Büchel: Amygdala activation predicts gaze toward fearful eyes.

44 | Gamer, Matthias/Zurowski, Bartosz/Büchel, Christian: »Different amygdala subregions mediate valence-related and attentional effects of oxytocin in humans«, in: Proceedings of the National Academy of Sciences of the United States of America 107 (2010), S. 9400-9405.

bilaterale Läsion der Amygdala ist rar, sie tritt jedoch bei einer sehr seltenen genetischen Erkrankung – dem Urbach-Wiethe-Syndrom – auf. Bei dieser Erkrankung kommt es zu einer selektiven Verkalkung der Amygdala, während andere Gehirnregionen nicht betroffen sind. Die meisten empirischen Befunde zu Amygdalaläsionen stammen aus der Untersuchung betroffener Patienten, wobei die Patientin mit dem Kürzel S.M. am häufigsten untersucht wurde. Erste Studien zeigten, dass bilaterale Amygdalaläsionen zu einer beeinträchtigten Einschätzung sozialer Attribute (Annäherungstendenz und Vertrauenswürdigkeit) führen,[45] sowie die Emotionserkennung aus mimischen Hinweisen beeinträchtigen.[46] Passend zu unseren oben diskutierten Befunden zur funktionalen Rolle der Amygdala in der Aufmerksamkeitsausrichtung konnte eine wegweisende Studie demonstrieren, dass die beobachteten Defizite in der Emotionserkennung auf einem suboptimalen visuellen Explorationsverhalten basieren und durch verbale Instruktionen (»Bitte besonders die Augenregion beachten!«) zum Verschwinden gebracht werden können.[47] Wir untersuchten kürzlich einen Patienten (M.W.) mit einer unilateralen, rechtsseitigen Amygdalaläsion mit dem in Abbildung 3A dargestellten experimentellen Paradigma.[48] Dieser Patient zeigte ein normales Explorationsverhalten, wenn die dargestellten Gesichter lange genug auf dem Bildschirm verblieben. Wurden sie jedoch nur sehr kurz dargestellt (150 ms), zeigte M.W. im Gegensatz zu gesunden Kontrollprobanden fast keine Sakkaden. Dies lässt darauf schließen, dass die Amygdala direkt an der Detektion relevanter Gesichtsmerkmale im visuellen Feld beteiligt ist und eine reflexive Aufmerksamkeitsverlagerung initiieren kann, um mimische Reaktionen besser zu dekodieren.

45 | Adolphs, Ralph/Tranel, Daniel/Damasio, António: »The human amygdala in social judgement«, in: Nature 393 (1998), S. 470-474.

46 | R. Adolphs/D. Tranel/H. Damasio/A. Damasio: Impaired recognition of emotion in facial expressions following bilateral damage to the human amygdala.

47 | Adolphs, Ralph/Gosselin, Frédéric/Buchanan, Tony W./Tranel, Daniel/Schyns, Philippe/Damasio, António: »A mechanism for impaired fear recognition after amygdala damage«, in: Nature 433 (2005), S. 68-72.

48 | Gamer, Matthias/Schmitz, Anna K./Tittgemeyer, Marc/Schilbach, Leonhard: »The human amygdala drives reflexive orienting towards facial features«, in: Current Biology 23 (2013), R917-918.

Diese Überlegungen zu den neuronalen Grundlagen der Aufmerksamkeitsregulation legen nahe, dass es neben dem dorsalen und ventralen Netzwerk, die endogene und exogene Verlagerungen der Aufmerksamkeit steuern, ein weiteres Amygdala-zentriertes System geben könnte, das spezifisch die Steuerung sozialer Aufmerksamkeit erlaubt.

4.4 Klinische Bedeutung

Störungen des Sozialverhaltens können bei einer Vielzahl psychischer Störungen beobachtet werden und hängen möglicherweise zum Teil mit Fehlfunktionen des sozialen Aufmerksamkeitssystems zusammen. Tiefgreifende Defizite finden sich etwa bei Autismus-Spektrum-Störungen, dem Williams-Syndrom, der sozialen Angststörung oder der Psychopathie, um nur einige Beispiele zu nennen. Im Folgenden sollen insbesondere Autismus-Spektrum-Störungen sowie die soziale Angststörung beschrieben werden, welche sich in Bezug auf die Reaktivität gegenüber sozialen Stimuli gewissermaßen auf entgegengesetzten Enden eines Kontinuums befinden.

Autismus-Spektrum-Störungen zeigen sich unter anderem an eingeschränktem und häufig repetitivem Verhalten, aber auch an sozialen Defiziten wie einem verminderten Blickkontakt der Betroffenen zu anderen Menschen.[49] Messungen von Augenbewegungen zeigten wiederholt eine verringerte Exploration der Augenregion statischer und dynamischer Gesichter,[50] insbesondere bei komplexen Gesichtsausdrü-

49 | Volkmar, Fred R./Lord, Cathrine/Bailey, Anthony/Schultz, Robert T./Klin, Ami: »Autism and pervasive developmental disorders«, in: Journal of Child Psychology and Psychiatry 45 (2004), S. 135-170.

50 | Nakano, Tamami/Tanaka, Kyoko/Endo, Yuuki/Yamane, Yui/Yamamoto, Takahiro/Nakano, Yoshiaki/Ohta, Haruhisa/Kato, Nobumasa/Kitazawa, Shigeru: »Atypical gaze patterns in children and adults with autism spectrum disorders dissociated from developmental changes in gaze behaviour«, in: Proceedings of the Royal Society B: Biological Sciences 277 (2010), S. 2935-2943. Spezio, Michael L./Adolphs, Ralph/Hurley, Robert/Piven, Joseph: »Abnormal use of facial information in high-functioning autism«, in: Journal of Autism and Developmental Disorders 37 (2007), S. 929-939.

cken.[51] Eine kürzlich erschienene längsschnittliche Studie konnte nachweisen, dass sich das Blickverhalten von Kindern, die im Alter von 3 Jahren die Diagnose Autismus erhielten, bereits ab einem Alter von 6 Monaten vom Verhalten gesunder Kinder unterschied.[52] Insbesondere zeigten die betroffenen Kinder eine verminderte Exploration der Augenregion anderer Menschen. Interessanterweise waren im Alter von 2-3 Monaten jedoch noch keine derartigen Unterschiede zu beobachten, was dafür spricht, dass es ein sensitives Entwicklungsfenster gibt, in dem Autismus-spezifische Defizite zu Tage treten. Möglicherweise wären demnach sehr frühe Interventionen erfolgversprechend, um diesem Entwicklungsverlauf vorzubeugen.

Kernsymptome der sozialen Angststörung sind starke Ängste in sozialen Situationen sowie generell Sorgen, von anderen Menschen negativ bewertet zu werden.[53] Inwiefern sich das visuelle Explorationsverhalten dieser Patienten von dem gesunder Probanden unterscheidet, ist relativ unklar, weil bislang nur sehr wenige empirische Arbeiten unter Einsatz von Augenbewegungsmessungen vorliegen. Zwei Studien von Horley und Kollegen deuten darauf hin, dass Betroffene die Gesichter von Mitmenschen sehr unsystematisch und flüchtig explorieren (sog. »Hyperscanning«). Zudem schauten Patienten mit sozialer Angststörung vor allem dann weniger auf die Augenregion dargebotener Gesichter, wenn diese einen wütenden Gesichtsausdruck zeigten.[54] Während also sowohl

51 | Rutherford, Mel D./Towns, Ashley M.: »Scan path differences and similarities during emotion perception in those with and without autism spectrum disorders«, in: Journal of Autism and Developmental Disorders 38 (2008), S. 1371-1381.

52 | Jones, Warren/Klin, Ami: »Attention to eyes is present but in decline in 2-6-month-old infants later diagnosed with autism«, in: Nature 504 (2013), S. 427-431.

53 | den Boer, Johan A.: »Social phobia: epidemiology, recognition, and treatment«, in: BMJ 315 (1997), S. 796-800.

54 | Horley, Kaye/Williams, Lea. M./Gonsalvez, Craig/Gordon, Evian: »Social phobics do not see eye to eye: a visual scanpath study of emotional expression processing«, in: Journal of Anxiety Disorders 17 (2003), S. 33-44. Horley, Kaye/Williams, Lea M./Gonsalvez, Craig/Gordon, Evian: »Face to face: visual scanpath evidence for abnormal processing of facial expressions in social phobia«, in: Psychiatry Research 127 (2004), S. 43-53.

Autisten als auch Personen mit einer sozialen Angststörung in einigen Situationen in geringerem Umfang die Augen eines Gegenübers betrachten als dies Gesunde tun, sind doch die zugrunde liegenden Mechanismen offenbar unterschiedlich. Bei Autisten wird davon ausgegangen, dass sie tatsächlich weniger Aufmerksamkeit auf soziale Stimuli richten, weil sie diese als weniger interessant erachten.[55] Im Gegensatz dazu führt bei Menschen mit sozialen Angststörungen gerade die erhöhte Aufmerksamkeit und Furcht gegenüber sozialen Stimuli dazu, dass diese vermieden werden.[56] Auch auf neuronaler Ebene zeigt sich bei diesen beiden Patientengruppen teilweise ein entgegengesetztes Muster insbesondere hinsichtlich der Aktivierung der Amygdala durch soziale Reize. Patienten mit Autismus-Spektrum-Störungen zeigen eher eine Hypoaktivierung der Amygdala,[57] während bei sozialer Angststörung eine Hyperreagibilität dieser Gehirnregion beobachtet wurde.[58] Diese Befunde passen zur oben diskutierten funktionalen Rolle der Amygdala in der Reorientierung der Aufmerksamkeit auf relevante soziale Informationen. Zukünftige Patientenstudien, die Augenbewegungsmessungen mit neurofunktionalen Verfahren kombinieren, müssten jedoch nachweisen, dass sich tatsächlich parallele Effekte auf Ebene der Amygdalaaktivität sowie dem visuellen Explorationsverhalten zeigen.

55 | Baron-Cohen, Simon/Wheelwright, Sally/Jolliffe, Therese: »Is there a ›language of the eyes‹? Evidence from normal adults, and adults with autism or asperger syndrome«, in: Visual Cognition 4 (1997), S. 311-331.

56 | Beck, Aaron T./Clark, David A.: »An information processing model of anxiety: Automatic and strategic processes«, in: Behaviour Research and Therapy 35 (1997), S. 49-58.

57 | Baron-Cohen, Simon/Ring, Howard A./Bullmore, Edward T./Wheelwright, Sally/Ashwin, Chris/Williams, Steve C.R.: »The amygdala theory of autism«, in: Neuroscience & Biobehavioral Reviews 24 (2000), S. 355-364.

58 | Hattingh, Coenraad J./Ipser, Jonathan/Tromp, Sean A./Syal, Supriya/Lochner, Christine/Brooks, Samantha J./Stein, Dan J.: »Functional magnetic resonance imaging during emotion recognition in social anxiety disorder: an activation likelihood meta-analysis«, in: Frontiers in Human Neuroscience 6 (347) (2013), S. 1-7.

5. Zusammenfassung

Wir haben dargelegt, wie Aufmerksamkeit aus psychologischer Perspektive zu definieren ist, wie sie sich auf der Ebene der visuellen Wahrnehmung im Augenbewegungsmuster zeigt und welchen Stellenwert sie mutmaßlich für soziale Informationsverarbeitungsprozesse hat. Unsere Forschung zeigt, dass die klassische Vorstellung zur Partitionierung der Aufmerksamkeitslenkung in exogene, stimulusabhängige und endogene, zielabhängige Mechanismen im Kontext sozialer Wahrnehmung zu kurz greift. Soziale Merkmale erfahren offenbar einen Verarbeitungsvorteil, der weitgehend unabhängig ihrer aktuellen Zielrelevanz sowie ihrer physikalischen Salienz ist. Dies wird offenbar durch ein spezialisiertes neuronales System gewährleistet, in dem die Amygdala eine Detektion sozial relevanter Merkmale im Gesichtsfeld leistet und die Aufmerksamkeit in Form von Blickbewegungen spezifisch darauf zu lenken vermag. Defizite im Sozialverhalten, wie sie bei einer Reihe psychischer Störungen beobachtet werden können, hängen offenbar mit einer gestörten Verarbeitung in diesem System zusammen. Inwiefern sich diese im Laborkontext gewonnenen Ergebnisse auf Alltagsverhalten generalisieren lassen, und ob zielgerichtete Interventionen zur Veränderung der Aufmerksamkeitslenkung Erfolg zur Behandlung klinischer Auffälligkeiten versprechen, werden zukünftige Studien zeigen.

6. Literatur

Adolphs, Ralph: »Cognitive neuroscience of human social behavior«, in: Nature Reviews Neuroscience 4 (2003), S. 165-173.

Adolphs, Ralph: »Conceptual challenges and directions for social neuroscience«, in: Neuron 65 (2010), S. 752-767.

Adolphs, Ralph/Gosselin, Frédéric/Buchanan, Tony W./Tranel, Daniel/Schyns, Philippe/Damasio, António: »A mechanism for impaired fear recognition after amygdala damage«, in: Nature 433 (2005), S. 68-72.

Adolphs, Ralph/Tranel, Daniel/Damasio, António: »The human amygdala in social judgement«, in: Nature 393 (1998), S. 470-474.

Adolphs, Ralph/Tranel, Daniel/Damasio, Hanna/Damasio, António: »Impaired recognition of emotion in facial expressions following bilateral damage to the human amygdala«, in: Nature 372 (1994), S. 669-672.

Baron-Cohen, Simon: »The eye direction detector (EDD) and the shared attention mechanism (SAM): Two cases for evolutionary psychology«, in: Moore, Chris/Dunham, Philip (Hg.), Joint attention: Its origins and role in development, Hillsdale, NJ: Erlbaum 1995, S. 41-59.

Baron-Cohen, Simon/Ring, Howard A./Bullmore, Edward T./Wheelwright, Sally/Ashwin, Chris/Williams, Steve C.R.: »The amygdala theory of autism«, in: Neuroscience & Biobehavioral Reviews 24 (2000), S. 355-364.

Baron-Cohen, Simon/Wheelwright, Sally/Jolliffe, Therese: »Is there a ›language of the eyes‹? Evidence from normal adults, and adults with autism or asperger syndrome«, in: Visual Cognition 4 (1997), S. 311-331.

Beck, Aaron T./Clark, David A.: »An information processing model of anxiety: Automatic and strategic processes«, in: Behaviour Research and Therapy 35 (1997), S. 49-58.

Birmingham, Elina/Bischof, Walter F: »Get real! Resolving the debate about equivalent social stimuli«, in: Visual Cognition 17 (2009), S. 904-924.

Birmingham, Elina/Kingstone, Alan: »Human social attention: A new look at past, present and future investigations«, in: Annals of the New York Academy of Sciences 1156 (2009), S. 118-140.

Boll, Sabrina/Gamer, Matthias: »5-HTTLPR modulates the recognition accuracy and exploration of emotional facial expressions«, in: Frontiers in Behavioral Neuroscience 8 (255) (2014), S. 1-9.

Corbetta, Maurizio/Patel, Gaurav/Shulman, Gordon L.: »The reorienting system of the human brain: from environment to theory of mind«, in: Neuron 58 (2008), S. 306-324.

Corbetta, Maurizio/Shulman, Gordon L.: »Control of goal-directed and stimulus-driven attention in the brain«, in: Nature Reviews Neuroscience 3 (2002), S. 201-215.

Costafreda, Sergi G./Brammer, Michael J./David, Anthony S./Fu, Cynthia H.: »Predictors of amygdala activation during the processing of emotional stimuli: a meta-analysis of 385 PET and fMRI studies«, in: Brain Research Reviews 58 (2008), S. 57-70.

den Boer, Johan A.: »Social phobia: epidemiology, recognition, and treatment«, in: BMJ 315 (1997), S. 796-800.

Einhäuser, Wolfgang/Perona, Pietro: »Objects predict fixations better than early saliency«, in: Journal of Vision 8 (14):18 (2008), S. 1-26.

Ekman, Paul/Friesen, Wallace: »Constants across cultures in the face and emotion«, in: Journal of Personality and Social Psychology 17 (1971), S. 124-129.

Farroni, Teresa/Johnson, Mark H./Csibra, Gergely: »Mechanisms of eye gaze perception during infancy«, in: Journal of Cognitive Neuroscience 16 (2004), S. 1320-1326.

Farroni, Teresa/Johnson, Mark H./Menon, Enrica/Zulian, Luisa/Faraguna, Dino/Csibra, Gergely: »Newborns' preference for face-relevant stimuli: effects of contrast polarity«, in: Proceedings of the National Academy of Sciences of the United States of America 102 (2005), S. 17245-17250.

Gamer, Matthias/Büchel, Christian: »Amygdala activation predicts gaze toward fearful eyes«, in: The Journal of Neuroscience 29 (2009), S. 9123-9126.

Gamer, Matthias/Hecht, Heiko: »Are you looking at me? Measuring the cone of gaze«, in: Journal of Experimental Psychology: Human Perception and Performance 33 (2007), S. 705-715.

Gamer, Matthias/Schmitz, Anna K./Tittgemeyer, Marc/Schilbach, Leonhard: »The human amygdala drives reflexive orienting towards facial features«, in: Current Biology 23 (2013), R917-918.

Gamer, Matthias/Zurowski, Bartosz/Büchel, Christian: »Different amygdala subregions mediate valence-related and attentional effects of oxytocin in humans«, in: Proceedings of the National Academy of Sciences of the United States of America 107 (2010), S. 9400-9405.

Gross, James J.: »Antecedent- and response-focused emotion regulation: Divergent consequences for experience, expression, and physiology«, in: Journal of Personality and Social Psychology 74 (1998), S. 224-237.

Gyurak, Anett/Gross, James J./Etkin, Amit: »Explicit and implicit emotion regulation: a dual-process framework«, in: Cognition & Emotion 25 (2011), S. 400-412.

Hagendorf, Herbert/Krummenacher, Jürgen/Müller, Herbert-Josef/Schubert, Torsten: Wahrnehmung und Aufmerksamkeit, Berlin: Springer 2011.

Hattingh, Coenraad J./Ipser, Jonathan/Tromp, Sean A./Syal, Supriya/Lochner, Christine/Brooks, Samantha J./Stein, Dan J.: »Functional magnetic resonance imaging during emotion recognition in social anxiety disorder: an activation likelihood meta-analysis«, in: Frontiers in Human Neuroscience 6 (347) (2013), S. 1-7.

Holmqvist, Kenneth/Nyström, Marcus/Andersson, Richard/Dewhurst, Richard/Jarodzka, Halszka/van de Weijer, Joost: Eye Tracking. A comprehensive guide to methods and measures, Oxford: University Press 2011.

Horley, Kaye/Williams, Lea. M./Gonsalvez, Craig/Gordon, Evian: »Social phobics do not see eye to eye: a visual scanpath study of emotional expression processing«, in: Journal of Anxiety Disorders 17 (2003), S. 33-44.

Horley, Kaye/Williams, Lea M./Gonsalvez, Craig/Gordon, Evian: »Face to face: visual scanpath evidence for abnormal processing of facial expressions in social phobia«, in: Psychiatry Research 127 (2004), S. 43-53.

Itti, Laurent: »Quantifying the contribution of low-level saliency to human eye movements in dynamic scenes«, in: Visual Cognition 12 (2005), S. 1093-1123.

Itti, Laurent/Koch, Christof: »Computational modelling of visual attention«, in: Nature Reviews Neuroscience 2 (2001), S. 194-203.

James, William: The Principles of Psychology, New York: H. Holt and Company 1890.

Jones, Warren/Klin, Ami: »Attention to eyes is present but in decline in 2-6-month-old infants later diagnosed with autism«, in: Nature 504 (2013), S. 427-431.

Kingstone, Alan: »Taking a real look at social attention«, in: Current Opinion in Neurobiology 19 (2009), S. 52-56.

Li, Fei Fei/VanRullen, Rufin/Koch, Christof/Perona, Pietro: »Rapid natural scene categorization in the near absence of attention«, in: Proceedings of the National Academy of Sciences of the United States of America 99 (2002), S. 9596-9601.

Macaluso, Emiliano/Patria, Fabiana: »Spatial re-orienting of visual attention along the horizontal or the vertical axis«, in: Experimental Brain Research 180 (2007), S. 23-34.

Morris, John S./Frith, Christopher D./Perrett, David I./Rowland, Duncan/Young, Andrew W./Calder, Andrew J./Dolan, Ray J.: »A differential neural response in the human amygdala to fearful and happy facial expressions«, in: Nature 383 (1996), S. 812-815.

Nakano, Tamami/Tanaka, Kyoko/Endo, Yuuki/Yamane, Yui/Yamamoto, Takahiro/Nakano, Yoshiaki/Ohta, Haruhisa/Kato, Nobumasa/Kitazawa, Shigeru: »Atypical gaze patterns in children and adults with autism spectrum disorders dissociated from developmental changes in gaze behaviour«, in: Proceedings of the Royal Society B: Biological Sciences 277 (2010), S. 2935-2943.

Palermo, Romina/Rhodes, Gillian: »Are you always on my mind? A review of how face perception and attention interact«, in: Neuropsychologia 45 (2007), S. 75-92.

Parkhurst, Derrick/Law, Klinton/Niebur, Ernst: »Modeling the role of salience in the allocation of overt visual attention«, in: Vision Research 42 (2002), S. 107-123.

Peelen, Marius/Kastner, Sabine: »Attention in the real world: toward understanding its neural basis«, in: Trends in Cognitive Sciences 18 (2014), S. 242-250.

Posner, Michael I.: »Attention: The mechanisms of consciousness«, in: Proceedings of the National Academy of Sciences of the United States of America 91 (1994), S. 7398-7403.

Premack, David/Woodruff, Guy: »Does the chimpanzee have a theory of mind?«, in: Behavioral and Brain Sciences 1 (1978), S. 515-526.

Rutherford, Mel D./Towns, Ashley M.: »Scan path differences and similarities during emotion perception in those with and without autism spectrum disorders«, in: Journal of Autism and Developmental Disorders 38 (2008), S. 1371-1381.

Scaife, Michael/Bruner, Jerome: »The capacity for joint visual attention in the infant«, in: Nature 253 (1975), S. 265-266.

Scheller, Elisa/Büchel, Christian/Gamer, Matthias: »Diagnostic features of emotional expressions are processed preferentially«, in: PLoS ONE, 7(7) (2012), e41792.

Smith, Marie L./Cottrell, Garrison W./Gosselin, Frédéric/Schyns, Philippe: »Transmitting and decoding facial expressions«, in: Psychological Science 16 (2005), S. 184-189.

Spezio, Michael L./Adolphs, Ralph/Hurley, Robert/Piven, Joseph: »Abnormal use of facial information in high-functioning autism«, in: Journal of Autism and Developmental Disorders 37 (2007), S. 929-939.

Srinivasan, Shyam/Carlo, Cayenne Nikoosh/Stevens, Charles F.: »Predicting visual acuity from the structure of visual cortex«, in: Proceedings of the National Academy of Sciences 112 (2015), S. 7815-7820.

Tatler, Benjamin W./Hayhoe, Mary M./Land, Michael F./Ballard, Dana H.: »Eye guidance in natural vision: Reinterpreting salience«, in: Journal of Vision 11 (5):5 (2011), S. 1-23.

Treisman, Anne/Gelade, Garry: »A feature-integration theory of attention«, in: Cognitive Psychology 12 (1980), S. 97-136.

Volkmar, Fred R./Lord, Cathrine/Bailey, Anthony/Schultz, Robert T./Klin, Ami: »Autism and pervasive developmental disorders«, in: Journal of Child Psychology and Psychiatry 45 (2004), S. 135-170.

Yarbus, Alfred L.: Eye movements and vision, New York: Plenum Press 1967.

Willensschwäche, Selbstkontrolle und Aufmerksamkeit

Thomas von Aquin im Spiegel der empirischen Psychologie

Jörn Müller

Nicht jedes Problem, mit dem sich Philosophen intensiv beschäftigen, kann für sich in Anspruch nehmen, auch lebensweltlich relevant zu sein. Das Phänomen der Willensschwäche gehört allerdings unbestritten zum Bestand jener philosophischen Themen, die zugleich ein Alltagsproblem beschreiben. Nehmen wir etwa folgenden Fall, auf den ich im Laufe der weiteren Ausführungen zu Illustrationszwecken immer wieder zurückkommen werde:

Maria, die etwas übergewichtig ist, erhält von ihrer Ärztin den Rat, aus gesundheitlichen Gründen für einige Zeit die Finger von besonders kalorienhaltigen Speisen zu lassen. Da Maria die Dringlichkeit des ärztlichen Rates ernst nimmt und ohnehin der Auffassung ist, dass sie sich mit ein paar Pfunden weniger auch selbst besser und attraktiver fühlen würde, entwickelt sie einen entsprechenden Vorsatz: »Innerhalb der nächsten sechs Monate sollte ich keine besonders kalorienhaltigen Speisen essen.« Sie hält diesen Vorsatz auch einige Wochen konsequent durch, bis sie von ihrer Freundin Anna zum Tee eingeladen wird. Diese ist vom diätetischen Vorsatz ihrer Freundin noch nicht informiert und serviert mit dem Hinweis: »Die magst Du doch so gerne ...« einige kleine Tortenstücke, die erkennbar hochgradig kalorienhaltig sind. Maria verweist auf ihre Diät, aber Anna lässt die Platte trotzdem auf dem Tisch stehen. Maria ist zuerst standhaft, aber im Verlauf des nachfolgenden Gesprächs bleibt ihr Blick immer wieder an den verlockend aussehenden Tortenstückchen hängen, bis sie schließlich mit dem Ausruf: »Ach, was soll's !« eines davon ergreift und in den Mund schiebt. Auf dem Heimweg macht sie sich dann bittere Vorwürfe dafür, schwach geworden zu sein und gegen ihren Vorsatz gehandelt zu haben.

Der geschilderte Fall dürfte mit entsprechenden Variationen jeder/m von uns vertraut sein. Er erfüllt alle Voraussetzungen, um sowohl in alltagssprachlicher als auch in philosophischer Begrifflichkeit als Beispiel für Willensschwäche zu fungieren; denn diese liegt dann vor, wenn »jemand nicht tut, was er für das Beste hält, obwohl er es tun könnte.«[1] Maria hält es ja, sowohl unter medizinischen als auch unter persönlichen Gesichtspunkten, zweifelsfrei für das Beste, auf besonders kalorienhaltige Speisen zu verzichten, und hat deshalb einen entsprechenden Vorsatz ausgebildet (den sie zumindest auch schon eine Zeit lang umgesetzt hat). Ihr Handeln in dieser Situation ist also irrational, denn es steht im unverhohlenen Gegensatz zu ihrem vorangegangenem Urteil, das sie auch nicht *in eventu* plötzlich völlig verändert hat – ansonsten würde sie ihr willensschwaches Handeln nicht bereuen, sondern ihren Vorsatz einfach entsprechend adaptieren (z.B. zu: »Ich solle *nicht allzu oft* besonders kalorienhaltige Speisen essen.« – diese abschwächende Formulierung würde den gerade eingetretenen ›Ausnahmefall‹ noch abdecken). Als Handlungstyp steht ›Willensschwäche‹ in einer allgemein gehaltenen Beschreibung für ein ›Handeln wider besseres Wissen‹ (auf Englisch noch etwas präziser ausgedrückt: ›acting against one's judgment‹). ›Willensschwäche‹ bezeichnet allerdings nicht nur einen Handlungstyp dieses Zuschnitts, sondern oft auch eine Disposition des Akteurs, aus der heraus dieses Handeln kausal ermöglicht wird, also einen temporären oder längerfristigen Mangel an rationaler Selbstkontrolle. Beide Bedeutungen sind oft (aber nicht notwendigerweise) miteinander verzahnt und werden uns auch im Nachfolgenden in ihrer Interdependenz beschäftigen.

Willensschwäche ist in der beschriebenen Form zweifelsohne ein immer wieder auftauchendes Problem in unserer konkreten Lebensführung, da es auf eine Art rationalen Kontrollverlust hinweist. ›Normalerweise‹ bilden wir auf der Basis unserer Überlegungen fundierte Intentionen und Vorsätze aus, um unser eigenes Handeln langfristig nach unseren Vorstellungen gestalten zu können. Willensschwäche droht diese autonome Lebensführung des Menschen quasi von innen, also aus uns selbst heraus, zu unterminieren. Damit ist ihre Existenz generell eine Bedrohung unserer rationalen Akteursidentität als vernünftige Wesen und zugleich ein massiver Störfall in unserer lebensweltlichen Praxis, der doch zu oft

---

1 | Wolf, Ursula: »Zum Problem der Willensschwäche«, in: Zeitschrift für philosophische Forschung 39 (1985), S. 21-33, hier S. 21.

auftritt, um bloß als Zufall abgetan zu werden. Irgendwie scheint die Willensschwäche somit unausweichlich zum Humanum zu gehören – und dennoch passt sie uns in vielerlei Hinsicht einfach nicht ins Konzept. Dies erklärt in einer ersten Annäherung unser anhaltendes Interesse an diesem Problem.

1. Willensschwäche als Problem der Humanwissenschaften

Es gibt nun zwei humanwissenschaftliche Disziplinen, die sich dieses Phänomens mit besonderer Intensität angenommen haben: die Philosophie und die Psychologie.[2] Für beide Fächer ist Willensschwäche ein eminentes Problem, das es unbedingt zu erklären gilt, weil dadurch einige Grundpfeiler unserer Annahmen über intentionales Handeln, wie es nur dem Menschen zu eigen ist, massiv in Frage gestellt werden. Sofern wir willensschwaches Handeln als (Grenz-)Fall von Intentionalität auffassen, ergeben sich in den beiden Disziplinen folgende Problemfelder:

In der *philosophischen Diskussion* der jüngeren Zeit ist der Begriff von Intentionalität natürlich äußerst weit ausdifferenziert worden, aber als ein in unserem Untersuchungskontext tragfähiger Minimalgehalt für ›intentionales Handeln‹ lässt sich festhalten, dass der Akteur ›absichtlich‹ agiert. Das heißt nicht, dass er von vorneherein die Absicht gehabt haben muss, so zu handeln – gerade das trifft auf Maria und andere Willensschwache nicht zu –, sondern nur, dass auch bei ihm zwei zentrale Bedingungen erfüllt sind:[3] (i) Er weiß, was er tut, handelt also nicht unter kognitiv stark einschränkenden Bedingungen (z.B. in Volltrunkenheit), und (ii) das Handeln erfolgt nicht aus äußerem oder innerem Zwang (wie etwa bei pathologischem Zwangsverhalten), so dass eine Zuschreibung

2 | Auch in der Ökonomie und Soziologie gibt es neuerdings ein verstärktes Interesse an diesem Phänomen. Zu neueren Forschungen in der *social choice*-Theorie vgl. Müller, Jörn: »Willensschwäche als inhärent soziales Phänomen«, in: Mertens, Karl/Müller, Jörn (Hg.), Die Dimension des Sozialen. Neue philosophische Zugänge zu Fühlen, Wollen und Handeln, Berlin/New York: De Gruyter 2014, S. 189-212, bes. S. 189-191.

3 | Audi, Robert: »Weakness of Will and Practical Judgement«, in: Noûs 13 (1979), S. 173-196, hier S. 179f.

an die eigene Person – auch im Sinne voller Verantwortungsfähigkeit für die Tat – in Frage gestellt wäre. Beide Voraussetzungen sind nun im Fall von Maria erkennbar erfüllt. Sie greift nicht einfach blind und total unkontrolliert zu, als ihr die Törtchen angeboten werden, und sie macht sich auch in Gestalt ihrer reuigen Selbstvorwürfe im Anschluss für dieses Tun selbst verantwortlich. Das willensschwache Handeln ist definitiv kein unabsichtliches Geschehen oder Widerfahrnis, von dem wir uns als Personen irgendwie distanzieren können, sondern etwas, das wir uns (und auch anderen) als absichtliche Handlungen zuschreiben. Deshalb ist die Aussage: »Ich bin schwach geworden« zwar eine Erklärung für das willensschwache Handeln, aber eben keine Entschuldigung dafür.

Für das soeben holzschnittartig skizzierte Genus von intentionalem bzw. absichtlichem Handeln hat Donald Davidson nun zwei auf den ersten Blick höchst plausible Kriterien formuliert:[4]

P 1: Wenn ein Akteur in höherem Maß x tun will als y und glaubt, es stehe ihm frei, entweder x oder y zu tun, wird er, sofern er entweder x oder y absichtlich tut, absichtlich x tun.

Dieses Prinzip formuliert einen Zusammenhang zwischen *Wollen und Handeln* im intentionalen Handeln: Wer stärker motiviert ist, x zu tun als y, wird x auch ausführen.

P 2: Wenn ein Akteur urteilt, die Ausführung von x wäre besser als die Ausführung von y, dann will er x in höherem Maße tun als y.

P2 postuliert einen Konnex zwischen *Urteilen und Wollen*: Wer x für besser hält als y, ist in höherem Maße motiviert, es zu tun.

Beide Prinzipien machen seinen soliden Eindruck, aber die Pointe von Davidson ist die folgende: Wenn P1 und P2 ausnahmslos gelten, dann ist Willensschwäche zumindest als intentionales Handeln schlicht unmöglich. Denn wenn der enge Konnex zwischen Urteilen, Wollen und Handeln, den die beiden Prinzipien in ihrem Zusammenspiel konstituieren, ausnahmslos anzunehmen ist, kann es gar nicht sein, dass jemand absichtlich gegen sein Urteil über das Beste bzw. Bessere handelt, und d.h.: statt x doch y tut. Genau das geschieht aber beim Willensschwachen. Die titelgebende Frage des die moderne Diskussion lange Zeit bestimmenden Aufsatzes von Davidson lautete dementsprechend: »How is weakness of the will possible?«. Muss man als Philosoph eines der zwei zitierten

4 | Davidson, Donald: »How is Weakness of the Will Possible?«, in: ders., Essays on Actions and Events, Oxford: Oxford University Press 1980, S. 21-42.

Prinzipien opfern, um dem Phänomen der Willensschwäche Rechnung zu tragen (und wenn ja, welches der beiden)? Oder kann man sie doch beide intakt halten und dennoch plausibel erklären, wie willensschwaches Handeln als intentionales bzw. absichtliches Tun im beschriebenen Sinne möglich ist? Über diese handlungstheoretische Problematik haben sich Philosophen seit Sokrates den Kopf zerbrochen,[5] und auch in der gegenwärtigen Philosophie gibt es in dieser Frage noch verschiedene miteinander konkurrierende Ansätze.[6]

In der *Psychologie* zeigen neuere Forschungen, dass ein konzeptuell und empirisch vom bloßen Verhalten (z.B. bei unkonditionierten Reflexen) getrenntes Konzept intentionalen Handelns am Besten über das Erstreben von selbstgewählten Zielen konturiert werden kann.[7] Zielintentionen haben als beabsichtigte Handlungseffekte damit einen hohen explanatorischen Gehalt und erlauben unter normalen Umständen auch zuverlässige Voraussagen hinsichtlich der tatsächlichen Handlungsgestaltung von Akteuren. Solche Modelle haben sich nun zwar in der Anwendung auf selbstkontrolliertes Handeln insgesamt recht gut bewährt, stoßen aber natürlich da an Grenzen, wo – wie im Falle der Willensschwäche – letztlich entgegen ursprünglichen Zielintentionen gehandelt wird. Rein ›rationale‹ Modelle zur Erklärung menschlichen Handelns treffen in der Psychologie – wie auch in der Ökonomie – trotz aller immer wieder vorgenommenen Modifikationen offenbar auf ein gewisses Limit als Vor-

5 | Vgl. meine Darstellung in: Müller, Jörn: Willensschwäche in Antike und Mittelalter. Eine Problemgeschichte von Sokrates bis Johannes Duns Scotus (= Ancient and Medieval Philosophy, ser. 1, Band 40), Leuven: Leuven University Press 2009. Nicht unerwähnt soll bleiben, dass Willensschwäche v.a. in Antike und Mittelalter natürlich nicht nur als handlungs-theoretisches, sondern auch (und primär) als moralphilosophisches Problem ersten Ranges wahrgenommen wurde, insofern die urteilende Vernunft als normativ verbindliche Instanz verstanden wurde. In diesem Text sollen allerdings die handlungstheoretischen Aspekte fokussiert werden, weil sie sich - zumindest in Anbetracht der gegenwärtigen Forschungslage - besser mit der experimental-psychologischen Betrachtung des Phänomens vermitteln lassen.

6 | Einen Überblick bietet Schälike, Julius: »Willensschwäche«, in: Information Philosophie 5 (2006), S. 18-29.

7 | Janczyk, Markus: Zur Abgrenzbarkeit menschlicher Verhaltensklassen: Wechselseitige Beeinflussungen und die Rolle von Zielen, Habilitation, Würzburg 2014.

hersageinstanz für menschliches Tun. Die Vermutung liegt nahe, dass wichtige Determinanten menschlichen Handelns eben außerhalb des Bereichs bewusster Zielintentionen liegen, z.B. in Form von affektiven Wertungen und Impulsen.[8] Diese nicht-rationalen Determinanten müssen dann möglichst präzise erfasst und in ihrem Wirkungsspektrum nachgezeichnet werden, um zu verstehen, wie willensschwaches Handeln kausal zu verorten ist. Des Weiteren stellt sich dann die Frage, inwiefern die rationale Selbststeuerung des Handelns gegen solche ›Störfeuer‹ abgesichert wird, was zu umfangreicheren empirischen Forschungen zum Thema ›Selbstkontrolle‹ in den letzten Jahren Anlass gegeben hat.[9]

Das humanwissenschaftliche Problempotenzial der Willensschwäche in Philosophie und Psychologie ist also ebenso unverkennbar wie ihre lebensweltliche Relevanz. Nun ist dieses Phänomen aber auch in besonderem Maße geeignet, über diese Disziplinengrenzen hinweg ein Gespräch anzuknüpfen: Denn eine philosophische Handlungstheorie kann sich der Lösung der Frage, wie Willensschwäche überhaupt möglich ist, kaum annehmen, ohne auch über (handlungs-)psychologische Zusammenhänge nachzudenken. Die Validität ihrer Aussagen in diesem Bereich ist dann aber zumindest auch einer empirischen Prüfung zugänglich. In umgekehrter Richtung bietet die Philosophie immer wieder grundlegende Konzepte und Modelle an, im Ausgang von denen eine Theoriebildung in der Psychologie möglich ist, die ihrerseits auf den experimentellen wie auch auf den philosophischen Prüfstand gestellt werden kann. Gerade im Blick auf die Phänomene von Willensschwäche und Selbstkontrolle ist hier also ein fruchtbarer Abgleich möglich, denn die Grenzen zwischen philosophischer Handlungstheorie und empirischer Handlungspsychologie sind insgesamt recht fließend.

Ein solcher Dialog soll nachfolgend versucht werden, und zwar zwischen Thomas von Aquins Erklärung der Willensschwäche und einigen neueren Resultaten der empirischen Forschung zum Thema ›Selbstkon-

8 | Hofmann, Wilhelm/Friese, Malte/Müller, Jörn/Strack, Fritz: »Zwei Seelen wohnen, ach, in meiner Brust. Psychologische und philosophische Erkenntnisse zum Konflikt zwischen Impuls und Selbstkontrolle«, in: Psychologische Rundschau 62 (2011), S. 147-166, hier S. 151.

9 | Baumeister, Roy F./Vohs, Kathleen D.: Handbook of self-regulation. Research, theory, and applications, New York: Guilford 2004.

trolle‹. Diese Auswahl mag v.a. in ihrer Bezugnahme auf einen mittelalterlichen Denker *prima facie* etwas verblüffen, liegt aber in Folgendem begründet: Thomas ist m.E. der erste Denker, der sich um eine systematische sowie zusammenhängende Entwicklung der philosophischen Handlungstheorie bemüht hat[10] und dabei auch eine originelle Erklärung für das Phänomen der Willensschwäche vorgelegt hat. Er schöpft dabei in reichem Maße aus der philosophischen Tradition der Antike, und zwar insbesondere aus der aristotelischen Psychologie, die in ihrem streckenweise äußerst ›empirischen‹ Ansatz in der Beschreibung und Analyse seelischer Tätigkeiten und Fähigkeiten durchaus anschlussfähig für die Betrachtungen in der gegenwärtigen Psychologie zu sein scheint. Zudem spielt das Konzept der Intentionalität bei Thomas eine Schlüsselrolle in der Erklärung von Willensschwäche, und zwar in einer besonderen Fokussierung auf die Rolle von Aufmerksamkeit in diesem Phänomen. In Antizipation des wesentlichen Resultats kann hier schon angedeutet werden, dass für Thomas Willensschwäche und Selbstkontrolle wesentlich mit bestimmten Formen der Aufmerksamkeitslenkung und -kontrolle (bzw. mit ihrem Versagen) zu tun haben. Diese Überlegungen von Thomas sollen in Teil 2 in ihren psychologischen Voraussetzungen und in ihren zentralen inhaltlichen Aussagen dargestellt und analysiert werden. Der darauffolgende dritte Teil wird diese Resultate dann aus Sicht einiger neuerer Forschungen der Psychologie beleuchten. Aus noch näher zu erläuternden Gründen wird dabei der von Fritz Strack und Roland Deutsch entwickelte Zwei-System-Ansatz (*dual systems approach*) im Vordergrund stehen, der insbesondere von Wilhelm Hofmann u.a. besonders fruchtbar auf das Phänomen der Selbstkontrolle angewendet worden ist. Abschließend sollen in Teil 4 noch einige skizzenartige Hinweise auf möglich weiterführende Überlegungen zu diesem philosophisch-psychologischen *joint venture* angestellt werden.

10 | Dies trifft v.a. auf seine Ausführungen in der *Summa theologiae* (ab hier: *STh*) I-II, qq. 6-21, zu. Vgl. hierzu die Überlegungen bei Mertens, Karl: »Handlungslehre und Grundlagen der Ethik (S. th, I-II, qq. 6-21)«, in: Speer, Andreas (Hg.), Thomas von Aquin: Die ›Summa theologiae‹. Werkinterpretationen, Berlin/New York: De Gruyter 2005, S. 168-197.

2. Willensschwäche und -stärke bei Thomas von Aquin

2.1 Das antike Erbe: Die Leugnung der *akrasia* bei Sokrates

Thomas von Aquin behandelt das zentrale Problem der Willensschwäche, nämlich wie es möglich ist, dass man gegen sein Wissen handelt, an verschiedenen Stellen seines Werks, sowohl in seinen theologischen Schriften als auch in seinen philosophischen Kommentaren.[11] Seine Darstellung orientiert sich dabei grundsätzlich an den begrifflichen Koordinaten der antiken Diskussion zur *akrasia* (dem antiken Pendant zur Willensschwäche), wie sie im siebten Buch der *Nikomachischen Ethik* des Aristoteles abgesteckt sind.[12] Ausgangspunkt für diese Diskussionen war eine höchst kontroverse Position: Sokrates hatte dem Zeugnis einiger antiker Quellen zufolge das Phänomen letztlich bis zu einem gewissen Grad geleugnet.[13] Da nach seiner Überzeugung niemand wissentlich bzw. absichtlich etwas Schlechtes tut, muss man davon ausgehen, dass der willensschwach Han-

11 | Vgl. v.a. *STh* I-II, q.77, a.2 (»*Utrum ratio possit superari a passione contra suam scientiam*«) und *De malo* III, a.9 (»*Utrum sit possibile quod aliquis sciens ex infirmitate peccet*«), sowie die paraphrasierenden Erläuterungen in seinem Kommentar zum 7. Buch der *Nikomachischen Ethik* des Aristoteles: *Sententia libri Ethicorum* (ab hier: *SLE*) VII, 3, S. 388-395. Zum Verhältnis der Analyse in den theologischen Werken zum Ethik-Kommentar vgl. Barnwell, Michael: »Aquinas's Two Different Accounts of Akrasia«, in: American Catholic Philosophical Quarterly 84 (2010), S. 49-67. Ausführlichere Analysen zur Willensschwäche bei Thomas, auf die ich mich im Folgenden stütze, habe ich vorgelegt in: Müller, Jörn: »Willensschwäche als Problem der mittelalterlichen Philosophie. Überlegungen zu Thomas von Aquin«, in: Recherches de Théologie et Philosophie médiévales 72 (2005), S. 1-28. J. Müller: Willensschwäche in Antike und Mittelalter, S. 512-547. Müller, Jörn: »Aquinas's commenting strategy in his *Sententia libri Ethicorum*. A case study«, in: Divus Thomas 118 (2015), S. 148-184.

12 | Vgl. zur antiken *akrasia*-Diskussion J. Müller: Willensschwäche in Antike und Mittelalter, Teil 2, bes. S. 109-155 (zu Aristoteles). Das terminologische Pendant im Lateinischen, dessen sich auch Thomas des Öfteren bedient, ist *incontinentia*.

13 | Vgl. Aristoteles: *Nikomachische Ethik*, VII, 3, 1145b 25-27; Xenophon: *Memorabilia* III, 9, 4.

delnde letztlich aus irgendeiner Art von Unwissen heraus gehandelt hat, und d.h.: keineswegs wider vollständiges besseres Wissen.

Die sokratische Analyse eines Falls wie dem von Maria sieht dann grob skizziert wie folgt aus:[14] Maria richtet ihre handlungsleitenden Urteile grundsätzlich nach ihrer Kalkulation von Lust- und Unlustgefühlen aus. Aufgrund der ärztlichen Empfehlung und ihres eigenen Unwohlseins mit dem Übergewicht kommt sie zu dem Resultat, dass der weitere Konsum von besonders kalorienhaltigen Speisen für sie à la longue mehr Unlust als Lust bedeuten würde, und fasst deshalb ihren diätetischen Vorsatz. Durch die räumliche Nähe und unmittelbare Greifbarkeit der Törtchen kommt diese Kalkulation allerdings massiv in Unordnung: Wie einem Gegenstände aus der Nähe körperlich größer erscheinen als aus der Ferne, so steht es auch mit dem Lustwert dieser Süßigkeiten, der sich durch ihre körperliche Präsenz nachhaltig steigert. Maria gerät so unter die »Macht der Erscheinung« (*dynamis tou phainomenou*)[15], und das beeinträchtigt ihre hedonische Kalkulation so, dass sie ihr Urteil ändert: In der Situation urteilt sie nun kurzfristig, dass es doch das Beste (= Lustvollste) wäre, die Törtchen zu essen, weil die langfristigen negativen Konsequenzen – Gesundheitsprobleme und mögliche Einbußen in der physischen Attraktivität – einfach in den Hintergrund rücken. Man könnte dies auch so ausdrücken: Marias Aufmerksamkeit ist ganz von den lustvollen Qualitäten der vor ihr liegenden Süßigkeiten gefesselt, während alle anderen Erwägungen zu Gunsten der Aufrechterhaltung des Vorsatzes kurzerhand für irrelevant erklärt werden (»Was soll's!«). Sie verrechnet sich deshalb gewissermaßen kurzfristig in ihrem hedonischen Kalkül. Würde sie ihre Aufmerksamkeit hingegen weiterhin auf die langfristig negativen Konsequenzen lenken, die sie zu ihrem ursprünglichen Urteil veranlasst haben, bliebe sie bei ihrer ursprünglichen Kalkulation und auch bei ihrem Vorsatz.

Was Sokrates schildert, ist somit eine temporäre Urteilsoszillation, von der Maria ergriffen wird. Denn nach dem Treffen, also mit hinreichendem zeitlichen und räumlichen Abstand zum Genuss der Törtchen, kommt Maria wieder ›zur Vernunft‹ und d.h. zu ihrem anfänglichen Urteil zurück, das auf einer rationalen und nicht durch den Situationsdruck verzerrten Kalkulation beruht. Die Pointe dieser sokratischen Analyse ist

14 | Vgl. Platon: *Protagoras*, 351b-358e.

15 | Ebd., 356d.

dann die folgende: Versteht man unter Willensschwäche, dass man gegen ein simultan präsentes gegenlautendes Urteil über das in einer Situation Beste handelt, dann erfüllt Maria diese Bedingung nicht: Denn im Moment des Törtchenverzehrs urteilt sie aus ihrer Fehlkalkulation heraus, dass es das Beste, weil Lustvollste, für sie ist, genau das zu tun. Sie handelt also lediglich gegen ein früheres (und später auch wieder von ihr vertretenes) Urteil, aber nicht gegen eine gleichzeitig präsente Einschätzung, denn diese hat sich ja durch die beschriebene Schwankung kurzfristig verändert. In moderner Theoriesprache würde man nun nicht sagen, dass Sokrates das Phänomen der Willensschwäche rundheraus leugnet, sondern dass er lediglich diachrone, aber eben nicht synchrone Formen davon für möglich hält. Die diachrone Form des Handelns gegen das eigene Urteil lässt sich dann mittels des beschriebenen psychologischen Mechanismus der Urteilsschwankung erklären. Die Pointe, auf die Sokrates im platonischen *Protagoras* hinarbeitet, ist dabei, dass wirkliches Wissen (im Gegensatz) zu bloßer Meinung, nicht für solche Schwankungen und Fehlkalkulationen anfällig wäre, sondern auch unter der »Macht der Erscheinung« epistemisch stabil bliebe. Wäre Maria im Besitz eines auf »Messkunst« (*metrêtikê technê*[16]) beruhenden Wissens, ließe sie sich nicht kurzfristig durch die räumliche und zeitliche Nähe der Gegenstände der Begierde narren. Insofern ihr dieses ›immunisierende‹ Wissen fehlt, ist sie anfällig für hedonische Urteilsoszillationen und damit auch für das Handeln gegen ihren eigenen rationalen Vorsatz.

2.2 Thomas von Aquins psychologische Erklärung des »Sündigens aus Leidenschaft«

Nun hatte schon Aristoteles die radikale sokratische Idee in Frage gestellt, dass man dem willensschwachen Akteur jegliches synchrone Wissen absprechen muss.[17] Widerspricht dass nicht unserer Selbst- und Fremdwahrnehmung? Wie oft kann man jemanden beobachten, der im Moment seines Handelns etwas wie: »Ich sollte das wirklich nicht tun« äußert – und dennoch in seinem Tun fortfährt? Thomas schließt sich hier den lebens-

16 | Ebd., 357a-b.

17 | Der *locus classicus* hierfür ist Aristoteles: *Nikomachische Ethik* VII, 5, 1146b31-1147b19; das ist auch der Text, auf den sich Thomas immer wieder bezieht.

nahen Einwänden von Aristoteles gegen eine radikalisierte Leugnung der Willensschwäche an: Die sokratische Position, dass man nie gegen ein simultan präsentes Wissen handelt, »widerspricht offensichtlich dem, was wir täglich erfahren«.[18] Doch Thomas sieht zugleich ein, dass ein planes Handeln wider besseres Wissen viele Probleme aufwirft. Unter anderem würde man dem Akteur unterstellen müssen, dass er kontradiktorische Meinungen bzw. Urteile über das zu Tuende und zu Lassende besitzt und ihm damit schlicht ein Höchstmaß an Irrationalität unterstellen.[19] Um auch dieses gegensätzliche Extrem zu vermeiden, gibt Thomas eine differenzierte Antwort, die einen Kurs zwischen Scylla und Charybdis zu steuern versucht: Er konzediert in einem ersten Schritt der sokratischen Konzeptualisierung des Problems ein zentrales handlungstheoretisches Axiom, das er selbst in seinen Schriften nachhaltig verteidigt, nämlich das sog. *sub ratione boni*-Prinzip. Das ist ein zentrales Prinzip für jede Art von intentionalem Handeln bei Thomas: Absichtlich tut man nur das, was man für gut hält. Auch wenn wir etwas Schlechtes tun, tun wir es doch nicht *als* Schlechtes, sondern insofern wir es in irgendeiner Weise für gut halten.[20] Auch der Willensschwache, der das ursprünglich aus seiner eigenen Sicht heraus Schlechtere tut, handelt nicht absichtlich *sub ratione mali*, also um des Schlechten willen. Er muss also in irgendeinem Irrtum befangen sein, der aber dennoch nicht sein ganzes Wissen schlagartig auslöscht. Die Fragen, die im Ausgang von diesem Befund von Thomas beantwortet werden müssen, lauten dann aber: Worin genau besteht dieser Irrtum, und welche Art von Wissen ist von ihm tangiert (bzw. welche

18 | Vgl. *De malo* III, 9, resp., zur Position des Sokrates: »Ex quo sequebatur quod nullus sciens ex infirmitate peccet; quod manifeste contrariatur his que cotidie experimur.« Vgl. auch *STh* I-II, 77, 2, resp.: »experimento patet quod multi agunt contra ea quorum scientiam habent.«

19 | Vgl. *De malo* III, 9, obi. 5; STh I-II, 77, obi. 2.

20 | Vgl. Platon: *Protagoras*, 358c-d (Übers. F. Schleiermacher): »[Sokrates:] Nicht wahr, das Schlechte geht niemand freiwillig an, auch nicht das, was er für schlecht hält, und das liegt, wie es scheint, nicht in der Natur des Menschen, das angehen zu wollen, was er für schlecht hält anstatt des Guten? Und sooft man gezwungen wird, eines von zwei Übeln zu wählen, wird niemand das größere wählen, wenn er das kleinere wählen könnte.« Zu Thomas' Unterstützung für dieses Prinzip vgl. z.B. *STh* I-II, 8, 1 sowie 77, 2, resp.

nicht)? Und wie kommt dieser Irrtum kausal zustande, d.h. welche psychologische Erklärung kann es für ihn geben?

Um mit der letzten Frage zu beginnen: Thomas sieht einen entscheidenden Einfluss beim Willensschwachen in den in der Handlungssituation plötzlich aufwallenden Leidenschaften (*passiones*). Er bezeichnet willensschwaches Handeln deshalb auch als *peccare ex passione*, also als Sündigen aus Leidenschaft.[21] Wie Thomas in *De malo* ausführt, gibt beim Ausdruck *peccare ex A* der zweite Teil des Ausdrucks (A) das der sündigen Handlung zugrundeliegende erste Prinzip an.[22] Die erste Quelle dieses Handelns ist somit vermögenspsychologisch im sinnlichen Strebevermögen (*appetitus sensitivus*) als Träger der Leidenschaften angesiedelt. Damit ist zugleich eine elementare Abgrenzung von Willensschwäche zu zwei anderen Formen der Sünde akzentuiert, nämlich gegenüber (i) dem Sündigen aus Unwissenheit (*peccare ex ignorantia*), das primär auf einen Defekt des Verstandes zurückführbar ist, und (ii) dem Sündigen aus Bosheit (*peccare ex malitia*), das kausal unmittelbar auf den Willen als ersten Ursprung zurückgeht.[23] Willensschwäche ist somit eine eigene Handlungsart, die sich weder auf Unwissenheit noch auf eine schon vorhandene Fehlorientierung des Willens reduzieren lässt, obwohl – wie gleich noch deutlich wird – beide Momente bei Thomas auch in die Analyse willens-

21 | In *De malo* bevorzugt er den Ausdruck »Sündigen aus Schwäche« (*peccare ex infirmitate*). Die damit bezeichnete Schwäche der Seele (*infirmitas animae*) bezeichnet aber eindeutig ein affektives Manko, wie Thomas in seiner Analogisierung zur körperlichen Schwäche in *De malo* III, 9, resp. herausstreicht. Zur expliziten Identifikation der beiden Handlungsarten vgl. Vgl. *De malo* III, 11, resp. (»Dicendum, quod peccare ex infirmitate est peccare ex passione«) und *STh* I-II, 77, 3 (zur Frage: »Utrum peccatum quod est ex passione, debeat dici ex infirmitate«).

22 | Vgl. *De malo* III, 12, ad 5.

23 | Vgl. die Texteinteilung zu *STh* I-II, 76, wo Thomas die drei inneren Ursachen der Sünde wie folgt charakterisiert: »primo, agetur de ignorantia, quae est causa peccati ex parte rationis; secundo, de infirmitate seu passione, quae est causa peccati ex parte appetitus sensitivi; tertio, de malitia, quae est causa peccati ex parte voluntatis.« Die Bedeutung dieser Unterscheidung für die thomanische Interpretation der Willensschwäche wird überzeugend herausgearbeitet von Kent, Bonnie D.: »Transitory Vice: Thomas Aquinas on Incontinence«, in: Journal of the History of Philosophy 27 (1989), S. 199-223, bes. S. 207-210.

schwachen Handelns hineinspielen. Sie bilden aber zumindest nicht das erste Prinzip, also den kausalen Ausgangspunkt des willensschwachen Handelns; diese Rolle obliegt den Leidenschaften. Mit der Abgrenzung des Sündigens aus Leidenschaft zum *peccare ex ignorantia* ist zugleich eine partielle Absetzung von Sokrates gegeben, der ja letztlich alle Formen des schlechten Handelns als Resultat von Unwissenheit ansah.

Wie gestaltet sich nun dieser Einfluss der Leidenschaften auf das willensschwache Handeln konkret? Thomas wendet sich dieser Problematik unter der Fragestellung zu, wie sich der »natürliche Ablauf des praktischen Wissens (*naturalis processus scientiae practicae*)«[24] gestaltet, und liefert hier eine genuin psychologische Analyse. Dabei arbeitet er drei sukzessive Momente in der seelischen Dynamik heraus:[25]

(1) *Transmutatio corporalis*: Jede Aufwallung von Leidenschaften ist notwendig mit körperlichen Begleiterscheinungen verknüpft,[26] nicht zuletzt auf Grund der Verbindung des sinnlichen Strebevermögens (*appetitus sensitivus*), in dem die Leidenschaften entstehen, mit den körperlichen Sinnesorganen.[27] Leidenschaften sind ›Widerfahrnisse‹, insofern sie aus äußeren oder inneren Wahrnehmungen entstehen, also auf eine

24 | *SLE* VII, 3, S. 392f.

25 | Vgl. zum Folgenden: *STh* I-II, q.77, 2, resp, und *De malo* III, 9, resp. An beiden Stellen spricht Thomas von den drei Einwirkungen der Leidenschaften auf das Vernunfturteil (*ligatio rationis, distractio, contrarietas*). Mit Reilly halte ich dies nicht für alternative Erklärungsmodelle, sondern für drei Teilmomente ein und desselben Prozesses (vgl. Reilly, Richard: »Weakness of Will: The Thomistic Advance«, in: Proceedings of the American Catholic Philosophical Association 48 (1974), S. 198-207, hier S. 200); contra: Saarinen, der von »different strategies of passion« spricht (Saarinen, Risto: Weakness of the Will in Medieval Thought. From Augustine to Buridan, Leiden/New York/Köln: Brill 1994, S. 121f.).

26 | Vgl. auch *STh* I-II, 22, 3, resp.: »passio proprie invenitur ubi est transmutatio corporalis.«

27 | Vgl. auch Jacob, Josef: Passiones. Ihr Wesen und ihre Anteilnahme an der Vernunft nach dem hl. Thomas von Aquin (=St. Gabrieler Studien, 17), Mödling: St. Gabriel Verlag 1958, S. 30-37, zur körperlichen Veränderung als wesenhaftes Moment der Leidenschaften bei Thomas. Zu Thomas' Verständnis der Leidenschaften insgesamt vgl. Brungs, Alexander: Metaphysik der Sinnlichkeit. Das System der Passiones Animae bei Thomas von Aquin, Halle: Hallescher Verlag 2002.

bestimmte Weise reaktiv stimuliert werden. Thomas diagnostiziert nun eine durch diesen Einfluss der Leidenschaften bewirkte »Fesselung« des praktischen Verstandesgebrauchs (*ligatio usus rationis*) im Willensschwachen, die mit dem Zustand des Betrunkenen vergleichbar ist: »Wenn solche Leidenschaften stark sind, fesseln sie durch diese körperliche Veränderung in gewisser Weise den Verstand, so dass er kein freies Urteil mehr über das im Handeln zu verwirklichende Einzelne besitzt.«[28] Das heißt nicht, dass der im Zustand der Leidenschaft befindliche Mensch komplett ›den Verstand verloren hat‹, wohl aber, dass ihm dieser nicht mehr in vollem Umfang inhaltlich und operativ zur Verfügung steht: Auch unter Alkoholeinfluss kann man noch denken, aber eben normalerweise nicht mehr klar und auf höchstem Niveau – und einen ähnlichen Einfluss haben die körperlich fundierten Leidenschaften beim Willensschwachen. Sie bewirken somit eine

(2) *Distractio*, also eine Art ›Ablenkung‹ des ursprünglichen Vernunfturteils. Thomas knüpft in seiner Handlungstheorie hier an die bei Aristoteles grundgelegte Vorstellung an, dass absichtliches bzw. intentionales Handeln sich als Ergebnis der praktischen Anwendung eines allgemeinen Handlungswissens (*scientia universalis*) auf eine konkrete Situation konzeptualisieren lässt. Man spricht hier von einem praktischen Syllogismus, der aus drei Sätzen besteht, nämlich aus zwei Prämissen und einer Konklusion. Am Beispiel von Maria könnte man etwa folgenden Syllogismus konstruieren:

(Obersatz:)	Man soll keine besonders kalorienhaltigen Speisen essen.
(Untersatz:)	Diese Törtchen sind besonders kalorienhaltig.
(Schluss:)	Also soll man sie nicht essen.

28 | *De malo* III, 9, resp.: »quando huiusmodi passiones sunt fortes, per ipsam transmutationem corporalem ligant quodammodo rationem, ut liberum iudicium de particularibus agendis non habeat.« Vgl. auch *STh* I-II, 77, 2, resp.: »Tertio, per quandam immutationem corporalem, ex qua ratio quodammodo ligatur, ne libere in actum exeat: sicut etiam somnus vel ebrietas, quadam corporali transmutatione facta, ligant usum rationis.« Dass damit keine vollständige Außerkraftsetzung der willentlichen Entscheidung vorliegt, sondern lediglich eine Einschränkung desselben, verdeutlicht Thomas in *STh* I-II, 10, 3, resp.

Die aus den Prämissen logisch stringent abgeleitete Schlussfolgerung wäre das Resultat einer *recta ratio*, also eines sowohl normativ richtigen als auch operativ fehlerfreien Gebrauchs der Vernunft.

Nun kommt die Vermeidung der Esshandlung bei Maria nicht zustande, insofern die Leidenschaften bei ihr eine Störung der praktischen Deliberation bewirken. Hier sind zwei Fälle denkbar: (i) Entweder wird der Syllogismus gar nicht erst vollständig gebildet, sondern bereits im Formationsprozess abgefangen, so dass es nicht zur Schlussfolgerung kommt; (ii) oder der praktische Syllogismus wird zwar inklusive Schlussfolgerung gebildet, wird aber in der Handlungssituation irgendwie außer Kraft gesetzt, indem die Verbindung des universalen Vordersatzes (der Obersatzes) mit der partikularen Situation gestört wird. In beiden Fällen liegt ein Defizit im Untersatz vor, der entweder gar nicht gebildet bzw. erkannt wird (i) oder irgendwie in den Hintergrund tritt (ii).[29]

Thomas gibt in seinem Ethik-Kommentar ein instruktives (und dem Fall von Maria zumindest recht nahe kommendes Beispiel) dafür, wie man sich das vorstellen kann: Nehmen wir an, dass der diätetisch prohibitive Obersatz lauten würde: »Nichts Süßes ist außerhalb der Mahlzeiten zu kosten (*Nullum dulce oportet gustare extra horam*).«[30] Unter dem Einfluss der Leidenschaft verdrängt der willensschwache Akteur kurzfristig, dass er sich zwischen den Mahlzeiten befindet und damit eigentlich eine Situation gegeben ist, in der dieser allgemeine Obersatz bzw. Vorsatz greifen würde: Er ›realisiert‹ dieses für seine Entscheidung ja eigentlich in hohem Maße relevante Situationsmerkmal einfach nicht. Ähnlich kann man sich leicht vorstellen, dass Maria das in ihrer Situation zentrale Moment, nämlich dass die offerierten Törtchen äußerst kalorienhaltig sind, ebenfalls kurzfristig aus dem Blick verliert und unter dem Einfluss der Leidenschaft die Wahrnehmung vollständig auf ein anderes Moment fokussiert wird, nämlich auf die Süße bzw. Schmackhaftigkeit der Tört-

29 | Dass die Störung den Untersatz betrifft, wird u.a. in *De malo* III, 9, ad 4, deutlich. Thomas unterscheidet die oben im Haupttext charakterisierten beiden Formen im Anschluss an Aristoteles als »Übereilung« (*praevolatio*) und »Schwäche« (*debilitas*); vgl. *SLE* VII, 7, S. 412, und *STh* II-II, 156, resp. Maria würde nach der oben gegebenen Beschreibung unter (ii), also unter »Schwäche« fallen, weil sie nicht direkt nach dem Servieren der Törtchen zugreift, sondern anfänglich schon realisiert, dass ihr diätetischer Vorsatz hier greifen müsste.

30 | *SLE* VII, 3, S. 393.

chen. Dadurch wird aber die ursprünglich handlungsleitende Intention, sich nämlich von den Törtchen als Instanziierungen allzu kalorienhaltiger Süßigkeiten fernzuhalten, unterminiert: Der praktische Syllogismus der *recta ratio* bleibt deshalb praktisch unwirksam, insofern der Obersatz nicht mit dem richtigen Untersatz verknüpft wird – denn letzterer steht dem Akteur gerade nicht als Bewusstseinsinhalt für seine praktische Deliberation zur Verfügung.

Thomas verknüpft diesen Prozess der Ablenkung vom ursprünglichen Syllogismus eng mit dem Konzept der Intentionalität, also der geistigen Ausrichtung der Seele auf bestimmte Aktivitäten und Inhalte. Die in der Willensschwäche auftretende seelische Dynamik wird dann von ihm in eine allgemeinere Psychologie der intentionalen Aufmerksamkeit übersetzt:

»Es ist offensichtlich, dass sobald irgendein seelisches Vermögen in seiner Tätigkeit [auf etwas] ausgerichtet wird (*intenditur*), ein anderes Vermögen entweder behindert oder vollständig von seiner Tätigkeit abgewendet wird. Wenn jemand darauf ausgerichtet ist, jemanden zu hören, wird er einen vorbeigehenden Menschen nicht bemerken. Und dies geschieht deshalb, weil alle Vermögen in einer einzigen Seele wurzeln, deren Ausrichtung (*intentio*) jedes Vermögen auf seinen Akt anwendet; wenn also jemand stark auf die Tätigkeit eines Vermögens hin ausgerichtet ist, wird dadurch die Ausrichtung auf den Akt eines anderen [Vermögens] vermindert. So wird der Mensch, sobald die Begierde stark geworden ist, [...] von der Betrachtung seines Wissens abgehalten.«[31]

Diese Überlegungen gehen letztlich auf das von Aristoteles in *De anima* entwickelte Modell seelischer Vermögen und ihrer Tätigkeiten zurück.

31 | *De malo* III, 9, resp.: »Manifestum est enim quod quandocumque una potentia intenditur in suo actu, alia potentia vel impeditur vel totaliter auertitur a suo actu: sicut cum aliquis intentus est ad aliquid audiendum, non percipit hominem pertranseuntem. Et hoc ideo contingit, quia omnes potentie radicantur in una anima, cuius intentio applicat unamquamque potentia ad suum actum: et ita, cum aliquis fuerit fortiter intentus circa actum unius potentie, minuitur eius intentio circa actum alterius. Sic igitur, cum fuerit concupiscentia fortis, [...] impeditur homo a consideratione scientiae« Vgl. in diesem Sinne auch *STh* I-II, 77, 1, resp. Ein und dasselbe Vermögen hingegen kann durchaus Verschiedenes zugleich intendieren; vgl. *STh* I-II, 12, 3.

Thomas betont dabei die Substanzialität der Seele als Tätigkeitsprinzip, also ihre Einheit als Vermögensganzes: Letztlich sind es nicht die Vermögen selbst, die tätig werden, sondern die Seele als ganze *qua* ihrer einzelnen Vermögen (es hört also nicht das Gehör, sondern die menschliche Seele durch das Gehör). Die tätige Aktivierung des jeweiligen Vermögens erfolgt über eine Form der direkten Ausrichtung (*intentio*) der seelischen Substanz darauf. Die Seele lenkt somit ihre Aufmerksamkeit aktiv auf ihre verschiedenen Potenzen hin; dafür stehen ihr allerdings nur begrenzte Ressourcen zur Verfügung, so dass die Ausrichtung auf ein seelisches Vermögen zu Lasten der noch verfügbaren Kapazitäten für die anderen geht. Hier kommen somit Prozesse der psychischen Aufmerksamkeitsfokussierung ins Spiel, durch die bestimmte seelische Gehalte und Aktivitäten fokussiert, andere hingegen in den Hintergrund gedrängt werden. Im vorliegenden Fall heißt das, dass die Aktivität des seelischen Vermögens der *ratio*, also die Bildung des praktischen Syllogismus auf der Basis des vorhandenen bzw. im Normalmodus verfügbaren Wissens, durch die starke Ausrichtung der Seele auf das nicht-rationale Vermögen des *appetitus sensitivus* und seine Stimulierung in Form der Begierde aus der Aufmerksamkeit des Akteurs verdrängt werden.

Die *distractio* der Vernunft ist somit eine Verminderung der intentionalen Aufmerksamkeit der Vernunft auf ihren rationalen Gegenstand, also ihren ursprünglichen Vorsatz. Hier steht letztlich die augustinische Geistphilosophie im Hintergrund, bei der *intentio* und *attentio* als Phänomene der geistigen ›Spannung‹ (*tensio*) verstanden werden, denen im spannungsvollen Wechselspiel von Geist und Körper ebenso wie in der Interaktion der seelischen Kräfte untereinander stets eine ›Zerstreuung‹ droht, gegen die sie sich zu behaupten hat. Im Falle der Willensschwäche wird diese ›Anspannung‹ durch eine gleichzeitige seelische Aufwallung der nicht-rationalen Psyche gelockert bzw. gelöst, weil die Aufmerksamkeitsressourcen anderweitig gebunden und damit ›abgelenkt‹ werden.

In welchem Sinne weiß Maria dann aber doch noch um ihren ursprünglichen Vorsatz? Sie hat ihn natürlich nicht vollkommen vergessen, so dass sie sich überhaupt nicht mehr daran erinnern könnte: Würde man sie nach ihren derzeitigen guten Vorsätzen fragen, könnte Maria auch nach dem Treffen mit Anna über ihre diätetischen Absichten weiterhin problemlos Auskunft geben. Aber die Aufwallung der leidenschaftlichen Begierde beim Anblick der Törtchen sorgt durch die Ablenkung der Aufmerksamkeit dafür, dass sie schließlich »von der Betrachtung ihres Wissens abgehalten wird (*impeditur a consideratione scientiae*)«.[32] Das relevante Wissen ist somit nur habituell vorhanden – so wie man normalerweise seine Telefonnummer auch dann ›weiß‹, wenn man gerade nicht an sie denkt – aber eben nicht aktuell; es wird nicht aktiv genutzt, steht also nicht direkt vor dem geistigen Auge. Das beim Willensschwachen vorhandene Wissen um den ursprünglichen rationalen Vorsatz ist somit nicht bewusst, sondern nur vor- bzw. unbewusst vorhanden.

Thomas vertieft seine Analyse an dieser Stelle noch durch die Unterscheidung zweier Arten, in denen ein Wissen habituell, also vor- bzw. unterbewusst, vorhanden sein kann: als *habitus solutus* oder als *habitus ligatus*.[33] Im Falle des *habitus solutus* steht uns der entsprechende kognitive Gehalt auf willentlichen Abruf direkt zur Verfügung; wenn uns jemand nach unserer Telefonnummer fragt, können wir dieses Wissen ohne großen Aufwand aktivieren, also willentlich in unser Bewusstsein rufen. Eine wesentliche Pointe der thomanischen Analyse der Willensschwäche ist nun, dass das relevante rationale Wissen (also Marias Diät-Vorsatz) ihr in dieser Situation eben nicht in einem *habitus solutus* quasi ›abrufbereit‹ zur Verfügung steht, sondern vorübergehend in einem *habitus ligatus*, also in einer ›gefesselten‹ bzw. ›gebundenen‹ Form vorliegt. Das habituelle Wissen ist im Zustand des *habitus ligatus* so nicht mehr ad libitum verfügbar, sondern erst wieder nach Abklingen der leidenschaftlichen Begierde, die ja über die *transmutatio corporalis* – siehe oben unter (1) – den Vernunftgebrauch zeitweilig fesselt. Dies ist zugleich ein wesentlicher Kern der von Thomas bemühten Analogie des Willensschwachen mit dem Betrunkenen, dessen kognitive Fähigkeiten auch erst nach dem Abklingen des körperlich induzierten Rauschzustandes vollständig wiederhergestellt werden.[34] Deshalb sollte man auch Bekundungen von Willensschwachen, dass sie eigentlich nicht so handeln sollten, nach Thomas eher mit den Äußerungen von Alkoholisierten gleichsetzen: Sie meinen es nicht wirklich im vollen Sinne, sondern es handelt sich eher um Lip-

32 | *De malo* III, 9, resp.

33 | *SLE* VII, 3, S. 392.

34 | So erklärt sich der Vergleich des Willensschwachen mit dem Schlafenden bei Aristoteles und Thomas: Auch der Schlafende ›weiß‹ im habituellen Sinne noch alles, was er gelernt oder erfahren hat, aber er kann dieses Wissen nicht im Schlaf, sondern erst nach dem Aufwachen wieder aktivieren. Im Schlaf liegt somit ein *habitus ligatus* vor.

penbekenntnisse, so dass hier kein starker Konflikt zwischen Urteil und Handlung vorliegt.[35]

Maria ›weiß‹ also im Sinne des *habitus ligatus* auch nach dem Einsetzen der Leidenschaft noch darum, dass es das Beste für sie wäre, sich von allzu kalorienhaltigen Speisen fernzuhalten. In derselben Weise ›weiß‹ sie natürlich auch, dass die Törtchen vor ihr äußerst kalorienhaltig sind. Aber im Moment der Handlung selbst wird sie von der aktiven Betrachtung ihres Wissens durch die *distractio* der Aufmerksamkeit seitens der Begierde abgehalten.

Damit ist nun erklärt, warum der Syllogismus der *recta ratio* nicht zustande kommt bzw. in der Handlungssituation nicht durchgehalten wird. Aber es ist noch nicht ganz klar, was eigentlich kausal die willensschwache Handlung selbst auslöst. Bewegt vielleicht das sinnliche Strebevermögen direkt die Körperglieder? Dann wäre allerdings der von Thomas so hochgehaltene Unterschied zwischen tierischem Verhalten und intentionalem Handeln des Menschen tendenziell verwischt. Thomas muss hier dementsprechend eine komplexere Form der Handlungskausalität annehmen. Damit sind wir beim dritten Moment angekommen:

(3) *Contrarietas*: Die unter (2) beschriebene Ablenkung der Aufmerksamkeit von einem bestimmten Merkmal des Objekts (bei Maria: besondere Kalorienhaltigkeit) ist ihrerseits verbunden mit der Ausrichtung des willensschwachen Akteurs auf einen anderen salienten Gesichtspunkt, nämlich die hedonische Qualität der Sache (hier: deren Süße und die damit für Maria verbundene hohe Schmackhaftigkeit). Leidenschaften sind nach Thomas nicht bloß körperlich fundierte seelische Widerfahrnisse, sondern sie haben stets auch einen eigenen intentionalen Gehalt, nach dem sie streben: Im Falle der leidenschaftlichen Begierde ist es das sinnlich Lustvolle (*delectabile secundum sensum*).[36] Die durch die Wahr-

---

35 | Vgl. *SLE* VII, 3, S. 392: »Et ita est etiam de incontinente; etsi enim dicat: ›Non est mihi bonum nunc persequi tale delectabile‹, tamen non ita sentit in corde; unde sic existimandum est quod incontinentes dicant huiusmodi verba quasi simulantes, quia scilicet aliud sentiunt corde et aliud proferunt ore.« Vgl. auch *De malo* III, 9, ad 8: »ille qui a passione est victus, etsi exterius ex ore dicat hunc actum esse vitandum, tamen in corde suo iudicat hoc esse faciendum: unde aliud dicit exterius et aliud interius sentit.«

36 | Zum appetitiven Verständnis der Leidenschaften bei Thomas vgl. Pickavé, Martin: »Thomas von Aquin: Emotionen als Leidenschaften der Seele«, in: Land-

nehmung von etwas als sinnlich lustvoll aktivierte Begierde (*concupiscentia*) beinhaltet dabei auch eine allgemeine appetitive Wertung des Typs: »Alles Lustvolle ist zu erstreben.« Im Fall von Maria findet das seinen konkretisierenden Ausdruck darin, dass (i) alles Süße (qua Lustgewinn) zu erstreben ist und (ii) es sich bei den Törtchen um Süßes handelt, das (iii) deshalb zu erstreben ist.[37] Es bildet sich somit ein alternativer praktischer Syllogismus, für den nicht die Vernunft, sondern die Begierde den Obersatz (i) liefert. Zugleich sorgt der durch die Begierde verengte ›Tunnelblick‹ dafür, dass nur der diesen Obersatz aktivierende Untersatz (ii) wirklich aufgefasst wird, während der alternative Untersatz der *recta ratio* in den Hintergrund gedrängt wird. Im Falle des Willensschwachen findet also eine vehemente Verschiebung der Aufmerksamkeit auf das Begehren des sinnlichen Strebevermögens und auf den potentiellen Gegenstand dieses Strebens statt (iii), was dann zur Handlung führt. Diese durch die Aufwallung der Leidenschaften beförderte Neuausrichtung der seelischen *intentio* setzt dabei eine neue praktische Deliberation in Gang, also einen alternativen praktischen Syllogismus, dessen Schlussfolgerung die intendierte, da für gut befundene Erlangung des konkreten sinnlichen Strebensobjekts ist.

Insofern diesem praktischen Syllogismus der Begierde nun nichts mehr im Wege steht – der im Resultat diametral widersprechende Syllogismus der *recta ratio* ist ja unter dem Druck der Leidenschaften entweder nicht gebildet worden oder wurde temporär deaktiviert –, wird er dann auch in eine entsprechende körperliche Handlung übersetzt: Maria greift nach dem Törtchen und verzehrt es. Damit hat Thomas die willensschwache Handlung insgesamt als ein intentionales bzw. absichtliches Geschehen modelliert: Denn Marias Griff nach dem Törtchen ist kein impulsiver Reflex, sondern beruht auf einer praktischen Deliberation, die sich in ein handlungsleitendes Urteil übersetzt.[38] Sie trifft hier somit eine

---

weer, Hilge/Renz, Ursula (Hg.), Handbuch Klassische Emotionstheorien, Berlin: De Gruyter 2008, S. 187-204. Zur Ausrichtung der Begierde (*concupiscibilis*) auf das sinnlich Lustvolle vgl. Thomas: *Sentencia libri de anima* III, 8, S. 240.

37 | Vgl. in diesem Sinne die Ausführungen in *SLE* VII, 3, S. 392.

38 | Vgl. *STh* I-II, 13, 3, resp.: »electio consequitur sententiam vel iudicium, quod est sicut conclusio syllogismi operativi. Unde illud cadit sub electione, quod se habet ut conclusio in syllogismo operabilium.«

Wahl (*electio*).[39] Die Pointe ist, dass diese Wahl zwar prozedural rational erscheint – sie erfolgt ja über einen praktischen Syllogismus, den nur die Vernunft formen kann –, aber dennoch in ihrem Resultat irrational ist, insofern sie im flagranten Widerspruch zur *recta ratio* steht: Unter dem Einfluss der Leidenschaften ist der ursprüngliche rationale Vorsatz bzw. Obersatz aus dem Aufmerksamkeitsfokus gedrängt und durch eine irrationale Alternative ersetzt worden. Damit ergibt sich aber in letzter Konsequenz ein Fehlurteil:

»Durch die Heftigkeit der im sinnlichen Strebevermögen auftretenden Leidenschaften wird die Vernunft verdunkelt, so dass sie das als gleichsam uneingeschränkt gut beurteilt, wodurch der Mensch aus seiner Leidenschaft heraus ergriffen wird.«[40]

Unter der Hand wird also durch die gezielte Ausblendung des rational Guten als eigentlichem Kriterium für menschliches Urteilen und Handeln nun das lustvoll Gute, also der spezifische evaluative Maßstab der Begierde, zum »Guten an sich« erhoben.[41] Das wahre Gute für den Menschen ist aber nach Thomas eben nicht das hedonisch Gute, sondern das Gute der Vernunft (*bonum rationis*), dessen Beurteilung sich einer umfassenden Betrachtung aller menschlichen Bedürfnisse und Wünsche verdankt und nicht bloß den Strebungen eines einzelnen seelischen Vermögens. Durch die Aufmerksamkeitsfokussierung der Leidenschaft erscheint dem Menschen aber das Objekt der Begierde als absolut gut, was es natürlich nicht

39 | Vgl. *De malo* III, 12, ad 11: »dicendum quod etiam in peccato infirmitatis potest esse electio, <que tamen> non est principium peccandi, cum causetur ex passione. Et ideo non dicitur talis ex electione peccare, quamvis eligens peccet.« Siehe auch *In II Sent.* 24, 3, 3 (»si autem passione vincatur, eliciet conclusionem affirmativam, eligens in fornicatione delectari«) sowie *STh* II-II, 155, 3, resp. (»incontinens autem eligit«).

40 | *De veritate* [ab hier: *De ver.*] 26, 10, resp.: »ex vehementia passionum in sensuali appetitu existentium obtenebratur ratio, ut iudicet quasi simpliciter bonum id circa quod homo per passionem afficitur.«

41 | Vgl. auch *De ver.* 24, 10, resp.: »ipse impetus passionis, puta concupiscentiae vel irae, per quam intercipitur iudicium rationis, ne actu iudicet quod in universali habitu tenet, sed sequatur passionis inclinationem, ut consentiat in illud in quod passio tendit quasi per se bonum.«

ist. Dennoch wird gerade dadurch das handlungstheoretische *sub ratione boni*-Prinzip auch im willensschwachen Handeln intakt gehalten.

Hierbei spielt auch das Verhältnis von Universalität und Partikularität in der praktischen Vernunft eine nicht zu unterschätzende Rolle: Denn im praktischen Syllogismus liegt ja gerade das Muster der Anwendung einer allgemeinen Handlungsvorschrift auf eine bestimmte Situation vor. Um ein Allgemeines auf ein Einzelnes anzuwenden, bedarf es aber einer Konzentration auf diesen Prozess, d.h. auf seine einzelnen Inhalte und ihre Verknüpfung. Wenn diese Fokussierung der Konzentration bzw. der Aufmerksamkeit ganz oder teilweise unterbleibt, wenn es also, mit Thomas gesprochen, an einer gezielten *intentio* auf das in der Situation moralisch Richtige fehlt, kommt es zu dem oben beschriebenen kognitiven Defizit in der praktischen Deliberation. Durch den Einfluss der Leidenschaften gelingt es der Vernunft beim Willensschwachen nun nicht, dem Willen das allgemeine *bonum rationis* in einer konkreten Gestalt, also als partikuläres Gut im handlungsleitenden Sinne zu präsentieren.[42] Nun gilt nach Thomas, dass konkretes Wollen und Handeln immer im Bereich des Einzelnen liegt, d.h. dass universale Handlungsgrundsätze bzw. das allgemeine Gute (*bonum universale*) auch als in der Situation gut bzw. als angemessen erscheinen müssen, um im Wollen und Handeln wirksam zu werden.[43] Und hier ist der spezifisch objektorientierte *appetitus sensitivus* gewissermaßen im Vorteil gegenüber der ›abstrakten‹ Vernunft: Denn die Objekte der Begierde erscheinen in ihrer Lustqualität unmittelbar als gut und bieten sich somit als direkte Strebensziele an, während die Vernunft immer erst eine komplexere Abwägung und Spezifikation ihrer möglichen Handlungsoptionen in Bezug auf die jeweilige Situation vornehmen muss.[44] Wenn es nun den Leidenschaften, wie im Falle der Willensschwäche, gelingt, sich der Vernunft zu bemächtigen, kann sie

42 | Vgl. *De malo* III, 9, ad 3: »voluntas movetur secundum exigentiam boni apprehensi; set quod hoc particulare appetibile apprehendatur ut bonum secundum rationis iudicium, impeditur interdum per passionem.«

43 | Vgl. *De malo* VI, resp.: »unde sic aliquod bonum proponatur quod apprehendatur in ratione boni, non autem in ratione convenientis, non movebit voluntatem. Cum autem consilia et electiones sint circa particularia, quorum est actus, requiritur ut id quod apprehenditur ut bonum et conveniens, apprehendatur ut bonum et conveniens in particulari et non in universali tantum.«

44 | Thomas: *Sentencia libri De anima* III, 10, S. 250f.

deren praktische Deliberation im Syllogismus quasi kurzschließen und direkt auf das sich lustvoll präsentierende Objekt (in Marias Fall: auf die süßen Törtchen) anwenden, mit dem leidenschaftlich gewünschten Resultat der willensschwachen Handlung.

Damit hat dann aber im Resultat eine Art Urteilsoszillation stattgefunden, wie sie schon von Sokrates diagnostiziert worden war: Letztlich handelt auch bei Thomas der Willensschwache nicht gegen ein simultan präsentes gegenlautendes Urteil, sondern im Übereinklang mit seinem neuen, wenn auch durch die Leidenschaften fehlgeleiteten Urteil über das in der Situation Beste.[45] Der Willensschwache handelt also ›nur‹ gegen seinen ursprünglichen rationalen Vorsatz, der als *habitus ligatus* in der Situation nicht wirksam werden kann, aber natürlich nicht vollkommen verschwindet, weshalb auch nach Abklingen der Leidenschaften die Reue über die Tat auftritt.[46] Bonnie Kent hat deshalb den Zustand des Willensschwachen bei Thomas treffend als »transitory vice«,[47] als vorübergehendes Laster, bezeichnet. Somit liegt in dieser Modellierung bei Thomas

45 | Vgl. *STh* I-II, 7, 7: »Sed in eo qui agit aliquid per concupiscentiam, sicut est incontinens, non manet prior voluntas, qua repudiabat illud quod concipiscitur, sed mutatur ad volendum id quod prius repudiabat. [...] Nam incontinens concupiscentiae agit contra id quod prius proponebat, non autem contra id quod nunc vult.« Vgl. auch *SLE* VII, 2, S. 385: »Manifestum est enim, quod incontinens, antequam passio superveniat, non existimat faciendum illud quod per passionem postea facit.« Vgl. auch *De malo* III, 9, ad 12: »Et ideo per passiones consensus [scil. in actum] quandoque immutatur.« Die Deutung von B. Kent: Transitory Vice, S. 220, dass der *incontinens* bei Thomas letztlich den praktischen Syllogismus nicht zum Abschluss bringt und deshalb nur gegen eine rein dispositionale, nicht aber gegen eine schon erfolgte Wahl handelt, vermag deshalb letztlich nicht zu überzeugen.

46 | Vgl. *De malo* III, 13, resp.: »in eo qui peccat ex infirmitate seu ex passione, voluntas inclinatur ad actum peccati quamdiu passio durat, sed statim abeunte passione, quae cito transit, voluntas recedit ab illa inclinatione et redit ad propositum boni, paenitens de peccato commisso.« Vgl. auch *SLE* VII 8, p.414: »omnis autem incontinens de facili paenitet cessante passione a qua vincebatur.«

47 | B. Kent: Transitory Vice.

keine synchrone, sondern eine Form der diachronen Willensschwäche vor, worin eine gewisse Limitation des Modells besteht.[48]

Die drei interdependenten Teilmomente von *transmutatio corporalis, distractio* und *contrarietas* bieten eine subtile Analyse der psychodynamischen Prozesse, die im Willensschwachen auftreten. Zusammenfassend kann man das Resultat wie folgt ausdrücken: Die Leidenschaften des nicht-rationalen Strebevermögens stören die Ausbildung (oder Aufrechterhaltung) eines rational adäquaten handlungsleitenden Urteils über das in der Situation zu Tuende, indem sie die Aufmerksamkeit auf sich bzw. das von ihnen präsentierte Strebensobjekt ziehen; stattdessen geben sie den Anstoß zu einem alternativen praktischen Syllogismus der Begierde. Auf diese Weise, also über die Fesselung in der Ausübung der praktischen Vernunft, kann der *appetitus sensitivus* den Gebrauch des menschlichen Urteilens und Wollens, usurpieren, was dann seinen Niederschlag im willensschwachen Handeln findet.

2.3 How is strength of will possible? Willentliche Selbstkontrolle bei Thomas

Ein gegenüber der antiken Diskussion distinktes Charakteristikum der thomanischen Überlegungen zur Willensschwäche ist die explizite Berücksichtigung des Willens als eigenständigem Faktor in diesem Phänomen.[49] In der Antike wurde *akrasia* wesentlich als Kontrollverlust der Vernunft gegenüber den Leidenschaften verstanden, also als eine Art bipolarer Konflikt. Thomas bringt nun zusätzlich den Willen, verstanden als rationales Streben (*appetitus rationalis*) ins Spiel. Der Wille als handlungsleitende Instanz ist eng mit der Vernunft verzahnt, ohne jedoch auf diese reduzierbar zu sein: Er ist ein eigenständiges seelisches Vermögen,

---

48 | Thomas hat sich aber durchaus auch mit synchronen Formen von Willensschwäche auseinandergesetzt; für eine umfassende Klassifizierung und Charakterisierung verschiedener Arten der Willensschwäche bei ihm vgl. J. Müller: Willensschwäche als Problem der mittelalterlichen Philosophie, S. 14-22.

49 | Vgl. hierzu: J. Müller: Aquinas's commenting strategy in his *Sententia libri Ethicorum*. Contra Pickavé, Martin: »Aquinas on incontinence and psychological weakness«, in: Hoffmann, Tobias/Müller, Jörn/Perkams, Matthias (Hg.), Aquinas and the *Nicomachean Ethics*, Cambridge: Cambridge University Press 2013, S. 184-202, der die Rolle des Willens eher zu marginalisieren versucht.

das sich allgemein auf das Gute ausrichtet[50] und das prinzipiell sowohl von der Vernunft als auch vom sinnlichen Begehren bewegt werden kann.[51] Die Spezifikation des Wollens durch konkrete Strebensziele muss zwar durch die Vernunft geleistet werden, bedarf aber jeweils der aktiven Ratifizierung durch den Willen, der prinzipiell frei ist, seine Zustimmung zu den von der Vernunft präsentierten Objekten bzw. Urteilen zu verweigern.[52]

Die irrationalen Begierden können somit den Willen in der Willensschwäche nicht direkt steuern, wohl aber indirekt, nämlich durch ihre oben beschriebene Fesselung (*ligatio*), Ablenkung (*distractio*) und Umkehrung (*contrarietas*) des Vernunfturteils.[53] Den vermögenspsychologischen Hintergrund dafür bildet das oben bereits angesprochene Phänomen der Aufmerksamkeitsverschiebung, das in der Konzeption der Seele als differenziertem, aber substanziell einheitlichem Vermögensganzem wurzelt, bei dem die Konzentration auf eine seelische Tätigkeit die Intensität anderer Vermögen notwendig reduziert oder diese sogar ganz ausschaltet; das betrifft dann natürlich auch den Willen in seiner intentionalen Ausrichtung bzw. seiner Aufmerksamkeit auf den ursprünglichen Vorsatz, sobald sich das sinnliche Streben (*appetitus sensitivus*) machtvoll zu Wort meldet.[54] Gemeinsam mit dieser Ablenkung (*distractio*) der Aufmerksam-

50 | *STh* I-II, 9, 1, resp.

51 | *STh* II-II, 155, 3, ad 2.

52 | Deshalb konstituieren Vernunft und Wille in ihrem Zusammenspiel die freie Entscheidung der Menschen, das *liberum arbitrium*. Die Schlüsseltexte aus dem *Corpus Thomisticum* hierzu finden sich versammelt und übersetzt in: Siewerth, Gustav: Die menschliche Willensfreiheit. Texte zur thomistischen Freiheitslehre, Düsseldorf: Schwann 1954.

53 | Vgl. zum Folgenden: *STh* I-II, 77, 1 (»Utrum voluntas movetur a passione appetitus sensitivi«).

54 | Vgl. ebd., resp.: »Cum enim omnes potentiae in animae in una essentia animae radicentur, necesse est quod quando una potentia intenditur in suo actu, altera in suo actu remitattur, vel etiam totaliter impediatur. [...] Tum quia in operibus animae requiritur quaedam intentio, quae dum vehementer applicatur ad unum, non potest alteri vehementer attendere. Et secundum hunc modum, per quandam distractionem, quando motus appetutus sensitivi fortificatur secundum quamcumque passionem, necesse est quod remitattur vel totaliter impediatur motus proprius appetitus rationalis, qui est voluntas.«

keit von den rationalen Gehalten geht eine Aufmerksamkeitsfokussierung auf die Objekte der nicht-rationalen Begierde einher, die schließlich zu einem entgegengesetzten Urteil und damit zu einer neuen, konträren Ausrichtung des Willens (*contrarietas*) führt.[55] Dies verdankt sich aber v.a. dem Umstand, dass unter dem Einfluss der Leidenschaften nicht alle in der Situation relevanten Faktoren in die praktische Überlegung miteinfließen, sondern eine Verengung des Blickfelds auf bestimmte, zur willensschwachen Handlung führenden Momente stattfindet.[56]

Nun könnte in dieser Beschreibung der indirekten Lenkung des Willens qua wechselnder Aufmerksamkeitsfokussierung bei aller Subtilität dennoch der Eindruck entstehen, dass Thomas eine wesentliche Bedingung für die Absichtlichkeit bzw. Willentlichkeit des willensschwachen Handelns verfehlt hat. Denn die Leidenschaften des *appetitus sensitivus* erwachsen wesentlich aus sinnlichen Wahrnehmungen: Maria sieht die schmackhaften Törtchen, und dadurch entsteht in ihr ein begehrliches Streben nach dem lustvoll Erscheinenden – an diesem physiologisch-psychologischen Geschehen können auch noch so ausgeklügelte rationale Vorsätze prima facie erst einmal nichts ändern. Aber wenn dann die oben geschilderten Momente der Leidenschaften einsetzen und so die Begierde die Vernunft kapert, inwiefern hätte Maria der Versuchung überhaupt widerstehen können? Hier droht offensichtlich die Verantwortung der Person für ihr willensschwaches Handeln verloren zu gehen. Die Frage muss deshalb, in leichter Abwandlung von Davidsons berühmtem Aufsatz, lauten: Wie ist in diesem psychologischen Szenario denn Willensstärke möglich? Und wie würde sich diese im seelischen Bereich konkret manifestieren?

---

55 | Vgl. ebd.: »Alio modo ex parte obiecti voluntatis, quod est bonum ratione apprehensum. Impeditur enim iudicium et apprehensio rationis propter vehementem et inordinatam apprehensionem imaginationis, et iudicium virtutis aestimativae. [...] Unde videmus quod homines in aliqua passione existentes non facile imaginationem avertunt ab his circa quae afficiuntur. Unde per consequens iudicium rationis plerumque sequitur passionem appetitus sensitivi, et per consequens motus voluntatis.«

56 | Vgl. *De malo* VI art. un., resp.: »Alio vero modo in quantum cogitat de una particulari circumstantia et non de alia, et hoc contingit plerumque per aliquam occasionem exhibitam vel ab interiori vel ab exteriori, ut ei talis cogitatio occurrat.«

Thomas beschäftigt sich mit diesem Problem im Rahmen der Verhältnisbestimmung des Sündigens aus Leidenschaft zum Sündigen aus Unwissenheit (*peccare ex ignorantia*). Dabei handelt es sich um eine Klasse von Handlungen, deren Prinzip die Unwissenheit ist, die aber trotzdem als personal verantwortbare Sünden verstanden werden.[57] Thomas verdeutlicht hierbei, dass sich grundsätzlich die Frage stellt, inwieweit die Unwissenheit selbst willentlichen Charakter hat, d.h. in direkter oder indirekter Form das Ergebnis von Willensaktivität ist und somit eine »freigewollte Unwissenheit«[58] darstellt. Er unterscheidet dabei mehrere Formen von gewollter (und deshalb moralisch anrechenbarer) Unwissenheit; darunter eine, die er als *ignorantia voluntaria per accidens* bezeichnet. Eine solche Unwissenheit liegt u.a. vor, »wenn jemand es verabsäumt, die sich erhebenden Triebe der Leidenschaft zurückzuweisen, die durch ihr Anwachsen den Gebrauch des Verstandes hinsichtlich des einzelnen Gegenstands der Wahl behindern«.[59] Hierin lässt sich unschwer die Phänomenbeschreibung der Willensschwäche aus Teil 2.2. erkennen. Die Unwissenheit des Willensschwachen ist nun insofern bloß im ›akzidentellen‹ Sinne gewollt, als die vorangehende Kausalkette von einem dem Willen bzw. dem vernünftigen Seelenteil insgesamt äußerlichen Prinzip

57 | Zum *peccare ex ignorantia* vgl. *STh* I-II, 76, 1-4, und *De malo* III, 6-8, sowie die Analysen bei Hedwig, Klaus: »Agere ex ignorantia. Über die Unwissenheit im praktischen Wissen bei Thomas von Aquin«, in: Craemer-Ruegenberg, Ingrid/Speer, Andreas (Hg.), *Scientia* und *ars* im Hoch- und Spätmittelalter. FS für A. Zimmermann, Band 1, Berlin/New York: De Gruyter 1994, S. 482-498, und Colvert, Gavin T.: »Aquinas on Raising Cain: Vice, Incontinence and Responsibility«, in: American Catholic Philosophical Quarterly 71 (1997), suppl. vol., S. 203-220.

58 | K. Hedwig: Agere ex ignorantia, S. 488.

59 | *De malo* III, 8, resp.: »Tertio dicitur aliqua ignorantia voluntaria per accidens, ex eo scilicet quod aliquis directe vel indirecte vult aliquid ad quod sequitur ipsum ignorare: directe quidem, sicut apparet in ebrio qui vult superflue vinum potare, per quod priuatur rationis usu, indirecte autem cum aliquis negligit repellere insurgentes passionis motus, qui precrescentes ligant rationis usum in particulari eligibili.« Vgl. auch *In II Sent.* 22, 2, 2: »Quaedam vero ignorantia est quae quodammodo affectum peccati consequitur, ut quando ex concupiscentia peccati, quam voluntas non reprimit, absorbetur iudicium rationis de particulari operabili.«

ausgeht, nämlich den Leidenschaften des Strebevermögens, die durch das externe Objekt der Begierde stimuliert werden. Die Verschiebung der Aufmerksamkeit ist also exogen induziert.[60] Obwohl der erste Anstoß zur willensschwachen Handlung somit nicht aus der Vernunft oder dem Willen selbst kommt, ist sie nach Thomas' Auffassung dennoch willentlich, insofern in einem indirekten Sinn auch das ›willentlich‹ (*voluntarium*) genannt werden kann, was der Wille hätte verhindern können. In diesen Fällen liegt also im Kern eine willentliche Unterlassung vor.[61] Dies bedeutet, dass die aus einer solchen Unwissenheit resultierende willensschwache Wahl bzw. Handlung ebenfalls willentlich ist, wenn auch in abgeschwächter Form: Die willensschwache Handlung selbst ist nur in diminuiertem Sinne willentlich, insofern ihr ja ein kognitiver Defekt vorausgeht.[62] Die Willentlichkeit des willensschwachen Handelns ist somit eine *Willentlichkeit ex ante*,[63] denn das Zulassen bzw. Gewährenlassen der *passiones*, das die Fesselung der Vernunft – und den damit verbundenen Defekt in der praktischen Deliberation – zur Folge hat, ist ein uneingeschränkt willentliches Geschehen. In diesem Sinne hält Thomas mit Blick auf den Willensschwachen fest: »Wenn sie heftig ist, kann die Begierde jeden beliebigen Teil der Seele bewegen, sogar die Vernunft, *wenn diese nicht stark genug um Widerstand bemüht ist*.«[64] Die Absichtlichkeit des willensschwachen Handelns ist somit in einer Art ›stillen Zustimmung‹ des vernünftigen Seelenteils zu den aufkeimenden irrationalen Leidenschaften und ihren Handlungsimpulsen begründet.

60 | Vgl. *De malo* III, 11, ad 3: »Passio autem est principium extrinsecum voluntati«; vgl. ebd., 13, resp., sowie ad 5: »Impulsio quae est ex passione, diminuit peccatum, quia est quasi ex exteriori«. Vgl. auch *STh* I-II, 78, 4, resp. et ad 2.

61 | Vgl. *STh* I-II, 77, 7, resp.: »Considerandum est quod aliquid dicitur voluntarium directe, vel indirecte: directe quidem, id in quod voluntas fertur; indirecte autem, illud quod voluntas potuit prohibere, sed non prohibet.«

62 | Vgl. *De malo* III, 8, resp.: »talis ignorantia non totaliter causat involuntarium in actu sequenti, quia actus sequens ex hoc ipso quod procedit ex ignorantia quae est voluntaria, est quodammodo voluntarius.«

63 | Seebaß, Gottfried: Wollen, Frankfurt am Main: Klostermann 1993, S. 198-200.

64 | *SLE* VII, 3, S. 393: »concupiscentia quando est vehemens potest movere quamlibet particulam animae, etiam rationem si non sit sollicita ad resistendum.«

Thomas nimmt also an, dass dem willensschwachen Akteur eine Form von Selbstkontrolle gegenüber den aufwallenden Leidenschaften möglich wäre und dass die psychologische Instanz, die an diesem Punkt bei ihm versagt, letztlich sein Wille ist.[65] Zur Verhinderung des willensschwachen Handelns ist eine fortgesetzte Aufrechterhaltung der Aufmerksamkeit auf den ursprünglichen Handlungsvorsatz erforderlich;[66] genau diese Fokussierung von innerer Aufmerksamkeit qua Intention fällt jedoch in die Domäne des Willens.[67]

Thomas operiert hier also mit einem volitionalen bzw. voluntaristischen Verständnis von Aufmerksamkeitslenkung, in welchem der Wille als eine Art attentionaler Kontrollinstanz fungiert: Der Wille ist ein Garant für die rationale Vigilanz des Akteurs, insbesondere gegenüber möglichen Ablenkungen durch subrationale Impulse. Deshalb kann sich der Mensch in seiner freien Entscheidung überhaupt willentlich dem plötzlich einsetzenden inneren Drang zur Sünde widersetzen, »wenn er darauf seine Aufmerksamkeit und sein Bemühen lenkt (*si ad hoc suam attententionem vel conatum dirigeret*)«.[68] Erforderlich ist hier also zuerst einmal ein hohes Maß an innerer Aufmerksamkeit, um der Vernunft zuwiderlaufende Gedanken (*cogitationes*) im Frühstadium zu erkennen und ihnen entschieden entgegenzutreten – auch wenn Thomas in Anbe-

65 | Vgl. *STh* II-II, 155, 3, ad 3: »licet passiones non sint in voluntate sicut in subiecto, est tamen in potestate voluntatis eis resistere. Et hoc modo voluntas continentis resistit concupiscentiis.« *STh* I-II, 6, 7, ad 3: »voluntarium dicitur quod est in potestate voluntatis, ut non agere et non velle, similiter autem et non considerare: potest enim voluntas passioni resistere.«

66 | Vgl. *STh* II-II, 156, 2, ad 2: »in eo qui est incontinens vincitur iudicium rationis [...] ex negligentia quadam hominis non firmiter intendentis ad resistendum passioni per iudicium rationis quod habet.«

67 | Vgl. *De malo* III, 10, resp.: »in potestate voluntatis est hoc ligamen rationis repellere. Dictum est enim quod ratio ligatur ex hoc quod intentio animae applicatur vehementer ad actum appetitus sensitivi, unde avertitur a considerando in particulari id quod habitualiter in universali cognoscit. Applicare autem intentionem ad aliquid vel non applicare in potestate voluntatis existit, unde in potestate voluntatis est quod ligamen rationis excludat.« Zum Verhältnis von Wille und *passiones* bzw. *appetitus sensitivus* vgl. auch: *De ver.* 26, 6, sowie *STh* I-II, 10, 2-3.

68 | *De ver.* 24, 12, resp.

tracht der vielfältigen Aktivitäten des menschlichen Geistes durchaus die Schwierigkeit sieht, permanent alle inneren Strebungen und Neigungen zu überwachen. Dennoch kommt er zu dem klaren Ergebnis, dass die absichtliche Wahl des Gegenstands der leidenschaftlichen Begierde in dem Sinne dem Willen zuzurechnen ist, als sie sich einer willentlichen Unaufmerksamkeit seitens des Akteurs verdankt und keinem psychischen Automatismus.[69]

Hierbei steht dem Akteur ein wirksames Antidot gegen die *passiones* und die von ihnen induzierte Handlungsorientierung auf das sinnlich Lustvolle zur Verfügung, nämlich die Kontrolle der eigenen Vorstellungskraft (*imaginatio*). Mittels dieser lassen sich besonders verlockende Vorstellungsgehalte temporär ausblenden oder z.B. auch negative Folgen des unmittelbar lustorientierten Handelns besonders eindringlich vor Augen führen.[70] Auch hier geht es wieder um eine Form der Aufmerksamkeitslenkung: Würde Maria sich mittels ihrer Vorstellungskraft die längerfristigen negativen Konsequenzen des Törtchengenusses (für ihre Gesundheit und für ihre Attraktivität) beim Aufwallen der Begierde ›plastisch‹ vor Augen führen, wäre eine Ablenkung (*distractio*) von der intentionalen Ausrichtung auf sie möglich. Diese Strategie bestünde dann darin, die von Sokrates beschworene »Macht der Erscheinung« durch die konkrete Konzentration der Vorstellungskraft auf deren fatale Folgen zu neutralisieren. Aufmerksamkeit wird also nicht nur von auf der äußeren oder inneren Wahrnehmung heraus entstehenden Impulsen ›von unten‹ (bottom-up) erregt; der Wille kann sie auch ›von oben‹ (top-down) über die Vorstellungskraft generieren und steuern.

69 | Vgl. auch Stegman, Thomas D.: »Saint Thomas Aquinas and the Problem of *Akrasia*«, in: The Modern Schoolman 61 (1988/89), S. 117-128, hier S. 124: »The decision, from weakness of will, to choose an apparent good (here, the object of passion) in preference to a moral good is an error that results from voluntary inattention to right reason's judgment. Thus, the *error electionis* is an induced error.«

70 | Vgl. *STh* I-II, 77, 7, resp.: »Quandoque vero passio non est tanta quod totaliter intercipiat usum rationis. Et tunc ratio potest passionem excludere, divertendo ad alias cogitationes [...].« Vgl. auch *De ver.* q.25 a.4, resp.: »ratio opponit sensualitati mediante imaginatione rem aliquam sub ratione delectabilis vel tristabilis, secundum quod ei videtur; et sic sensualitas movetur ad gaudium vel tristitiam.«

Des Weiteren ist nach Thomas über die *imaginatio* auch die Gestaltung der *passiones* selbst durchaus in einem gewisse Maße steuerbar,[71] so dass also auch eine Beruhigung bzw. »Abkühlung« des erregten Zustands, in dem sich der Willensschwache befindet, aus eigener Kraft im Bereich des Möglichen liegt.[72] Die Vorstellungskraft unterliegt zwar unmittelbar der Vernunft und nicht dem Willen, aber die Aktivierung der Vernunft (einschließlich der ihr unter- bzw. zugeordneten Vermögen) in dieser Situation ist nur durch einen expliziten Willensakt zu erreichen.[73] Hier zeigt sich eine weitere Facette der bereits angedeuteten Interdependenz von Wille und Vernunft: Die Aktausübung (*exercitium actus*) der Vernunft ist immer an eine entsprechende Willensbewegung geknüpft. Im vorliegenden Kontext heißt dies: Solange nicht der Wille die auch noch in der leidenschaftlichen Erregung vorhandenen vernünftigen bzw. vernunftgesteuerten Ressourcen – wie etwa die Vorstellungskraft – in Tätigkeit versetzt, um die erforderliche Aufmerksamkeitslenkung zu erreichen, gerät die Vernunft (und infolge davon die ganze menschliche Handlung) in eine zunehmende Fesselung durch die Leidenschaften, der sie sich aus eigener Kraft letztlich nicht mehr zu entziehen vermag. Auch hier ist die entscheidende Ursache also eine Unterlassung des Willens.

Was zum willensschwachen Handeln führt, ist somit letztlich nichts anderes als ein willentlich zugelassener Mangel an rationaler Selbstkontrolle; es handelt sich um ein Versagen des Willens als attentionaler und intentionaler Instanz. Es liegt im Vermögen des Willens, die Leidenschaften bzw. die Impulse des *appetitus sensitivus* zurückzuweisen, wozu sich auch der Willensstarke gerade in der Lage zeigt, so dass hier nicht von

71 | Vgl. *De ver.* 25, 4, ad 5: »Actualis vero transmutatio corporis, utpote accensio sanguinis circa cor, vel aliquid huiusmodi, quod actu passiones huiusmodi concomitatur, sequitur imaginationem, et propter hoc subditur rationi.«

72 | Vgl. *De malo* VI, resp.: »non ex necessitate movetur voluntas; quia poterit hanc dispositionem removere, ut sibi non videatur aliquid sic, ut scilicet cum aliquis quietat in se iram, ut non iudicet de aliquo tamquam iratus.«

73 | Zu den verschiedenen rationalen und volitionalen Möglichkeiten der Impulskontrolle bei Thomas vgl. auch Pfürtner, Stephanus: Triebleben und sittliche Vollendung. Eine moralpsychologische Untersuchung nach Thomas von Aquin, Fribourg: Universitätsverlag 1958, S. 281-286.

innerem Zwang zu sprechen ist.[74] Die Leidenschaften allein sind nach Thomas keine hinreichende Bedingung für willensschwaches Handeln, sondern lediglich ein Anlass (*occasio*) hierzu.[75] Entscheidend ist vielmehr, dass der Wille ihnen doch selbst zustimmt,[76] wobei die Zustimmung (*consensus*) hier wohl nicht im Sinne eines mentalen Akts, sondern gerade als dessen Unterlassung (also als ›stille Zustimmung‹) zu verstehen ist.[77] Es erstaunt insofern nicht, dass Thomas mit fortschreitender Behandlung dieser Thematik in seinem Œuvre immer mehr dazu übergeht, als vermögenspsychologischen Sitz von Willensstärke (*continentia*) und -schwäche (*incontinentia*) nicht unspezifisch den Verstand (*ratio*, was oft auch als Oberbegriff für Intellekt und Wille fungiert), sondern präziser den Willen (*voluntas*) namhaft zu machen.[78]

Problemgeschichtlich und auch systematisch bedeutsam ist hier die Konturierung des Willens als unverzichtbarem Faktor im willensschwachen Handeln. Dadurch werden zwei Aspekte besonders hervorgehoben:

(a) Thomas setzt einen besonderen Schwerpunkt auf die Intentionalität des willensschwachen Handelns: Durch die Feststellung, dass in der willensschwachen Handlung ein Wahlakt (*electio*) vollzogen wird, der auf

---

74 | Vgl. *STh* I-II, 10, 3, ad 1: »potest voluntas non velle concupiscere, aut concupiscentiae non consentire. Et sic non ex necessitate sequitur concupiscentiae motum.«

75 | *STh* II-II, 156, 1, resp.

76 | Vgl. *SLE* III, 4, S. 130: »sit una causa omnium quae homo facit, sive sint bona sive mala, scilicet voluntas; non enim quantumcumque ira vel concpupiscentia increscat, homo prorumpit ad agendum nisi adveniat consensus rationabilis appetitus.« Vgl. auch ebd., V, 14, S. 315, speziell zum *incontinens*.

77 | Kent, Bonnie D.: »Aquinas and Weakness of Will«, in: Philosophy and Phenomenological Research 75 (2007), S. 70-91, bes. S. 83-85.

78 | Vgl. *STh* II-II, 155, 3, und *SLE* VII, 10, S. 421f.: »Ex his autem quae dicta sunt accipere possumus quid sit subiectum continentiae et incontinentiae: non enim potest dici quod utriusque subiectum sit concupiscibilis [...] neque etiam subiectum utriusque est ratio. [...] relinquitur ergo quod subiectum utriusque sit voluntas, quia incontinens volens peccat, ut dictum est, continens autem volens immanet rationi.« Zu dieser Entwicklung bei Thomas vgl. Doig, James C.: Aquinas's Philosophical Commentary on the Ethics: A Historical Perspective, Dordrecht: Springer 2001, S. 225-229, und J. Müller: Aquinas's commenting strategy in his *Sententia libri Ethicorum*, S. 170-175.

einem praktischen Syllogismus beruht, tritt der intentionale Charakter dieses Tuns in den Vordergrund. Die Rationalitätssstruktur des *actus humanus* bleibt somit in der Willensschwäche, wenn auch sozusagen unter nicht-rationalen Vorzeichen – nämlich in Verfolgung eines von der leidenschaftlichen Begierde übernommenen Obersatzes –, erhalten. Willensschwaches Handeln involviert selbst (zumindest im instrumentellen Sinne) ein Moment der Deliberation bzw. der praktischen Überlegungen. Dadurch wird zugleich die Verantwortlichkeit des Handelnden bzw. die Zurechenbarkeit des Handelns betont, die auch weitgehend unserer moralischen Bewertung des Phänomens zugrunde liegt.

(b) Im Gegensatz zu den tendenziell ›intellektualistischen‹ Erklärungsmustern in der griechischen Antike erscheint Willensschwäche nicht mehr als ein primär kognitives Defizit, sondern als ein im Kern volitionales bzw. motivationales Problem. Die in der Genese der willensschwachen Handlungen involvierten Störungen der praktischen Vernunft durch die Leidenschaften überfallen den Akteur nicht ›gegen seinen Willen‹, so dass er ihnen psychologisch nichts entgegensetzen könnte. Der Wille erscheint so nicht nur als ein unverzichtbares Moment in der Gestaltung der intentionalen Handlung, sondern auch als eine zentrale Instanz der personalen Selbstkontrolle: Diese ermöglicht es dem Akteur, seine Aufmerksamkeit gezielt so zu lenken, dass seine ursprünglichen Vorsätze nicht durch die Leidenschaften aus dem Bewusstsein gedrängt werden, sondern in der Situation weiterhin handlungsleitend präsent bleiben. Der Wille ist also zu einer endogenen Aufmerksamkeitssteuerung in der Lage, die einer exogen erregten seelischen Aufmerksamkeit (i.e. der durch die Objekte der Begierde bewegten Leidenschaften) wirkungsvoll entgegenzutreten vermag. Willensstärke (*continentia*) meint somit bei Thomas v.a. die grundlegende Fähigkeit und auch die situative Bereitschaft des Akteurs zu einer rationalen Aufmerksamkeitslenkung, die eine Selbstkontrolle im Angesicht äußerer und innerer Verlockungen und Widerstände ermöglicht.[79] Hier spielen natürlich auch dispositionale Ele-

79 | In diesem Sinne vgl. auch Pasnau, Robert: Thomas Aquinas on Human Nature: A Philosophical Study of Summa theologiae Ia 75-89, Cambridge: Cambridge University Press 2002, S. 241-252, der den Willensschwachen bei Thomas charakterisiert als »one who consistently fails to resist his sensual desires, not because he is ignorant, but because he lacks the proper willpower« (ebd., S. 252).

mente, v.a. die charakterliche Verfasstheit des Handelnden, eine bedeutsame Rolle, die hier nicht en détail erläutert werden kann.[80] Festzuhalten ist aber, dass es sich bei dieser Willensstärke um eine limitierte seelische Ressource der attentionalen Fokussierung handelt, die im Wechselspiel der psychischen Kräfte untereinander auch geschwächt und abgelenkt werden kann. Von diesem thomanischen Verständnis von Willensstärke bzw. Selbstkontrolle aus lässt sich nun zwanglos der Brückenschlag zur empirischen Psychologie und deren Forschungen zu dieser Thematik vollziehen.

3. Psychologische Erkenntnisse zur Selbstkontrolle im Abgleich mit Thomas

Da es in der gegenwärtigen empirischen Forschung zur Selbstkontrolle eine Vielzahl von Ansätzen gibt, die sich diesem Phänomen mit unterschiedlichen theoretischen Voraussetzungen und divergenten Frageinteressen nähern,[81] bedarf es zuerst einer Auswahl: Innerhalb welchen Rahmens ist der hier intendierte Abgleich zwischen Thomas und den

80 | Hier müsste dann v.a. der kardinale Unterschied zwischen der Tugend der Mäßigung (*temperantia*) der Leidenschaften und der *continentia* als willensstarkem Widerstand gegen heftig aufwallende Passionen diskutiert werden. Das würde aber zu weit vom handlungstheoretischen bzw. psychologischen Terrain auf das Gebiet von primär moralphilosophisch relevanten Unterscheidungen führen. Zur *continentia* insgesamt vgl. *STh* II-II, 156, 1-4; zu ihrem Verhältnis zur *temperantia* vgl. auch die Überlegungen bei Hoffmann, Tobias: »Aquinas on the Moral Progress of the Weak Willed«, in: Hoffmann, Tobias/Müller, Jörn/Perkams, Matthias (Hg.), Das Problem der Willensschwäche in der mittelalterlichen Philosophie/The Problem of Weakness of Will in Medieval Philosophy (Recherches de Théologie et Philosophie médiévales: Bibliotheca, 8), Leuven/Paris/Dudley: Peeters Publishers 2006, S. 221-248.

81 | Vgl. hierzu den konzisen Überblick in W. Hofmann/M. Friese/J. Müller/F. Strack: Zwei Seelen wohnen, ach, in meiner Brust, S. 149-152. Die Fähigkeit zur Selbstkontrolle wird dabei meist bestimmt als »ability to override or change one's inner responses, as well as to interrupt undesired behavioral tendencies and refrain from acting on them.« (Tangney, June P./Baumeister, Roy F./Boone, Angie L.: »High self-control predicts good adjustment, less pathology, better grades,

aktuellen Erkenntnissen der Psychologie am besten möglich? Hier bietet sich m.E. der sog. »Zwei-System-Ansatz« (*dual systems approach*) in besonderem Maße an, der deshalb nachfolgend kurz umrissen sei.

Allgemein gesagt gehen Zwei-System-Modelle davon aus, dass in der menschlichen Psyche zwei unterschiedliche Formen von Informationsverarbeitung parallel zueinander stattfinden. Der ursprünglich in der Sozialpsychologie entwickelte Ansatz von Strack und Deutsch[82] differenziert in diesem Sinne zwischen einem impulsiven und einem reflektiven System: Das impulsive System generiert auf entsprechende sinnliche Wahrnehmungen hin automatisch hedonische Affekte, die mit entsprechenden appetitiven Impulsen (Annäherungs- und Vermeidungreaktionen) und ggf. auch der Aktivierung von Verhaltensschemata verbunden sind. Der Anblick eines süßen Törtchens kann das Wasser im Munde zusammenlaufen lassen und eine initiale Tendenz aktivieren, danach zu greifen. Solche Impulse sind in einem zeitlichen und räumlichen Sinne ›unmittelbar‹, d.h. sie sind auf direkte Gratifikation hin ausgerichtet und variieren in ihrer Stärke in Abhängigkeit von der Nähe und Ferne des begehrten Objekts,[83] ebenso wie in Abhängigkeit von der stimulierten Person (nicht jeder ist so versessen auf süße Törtchen wie Maria).[84] Dieses impulsive System ist nicht allzu ressourcenaufwendig, v.a. weil seine In-

---

and interpersonal success«, in: Journal of Personality 72 (2004), S. 271-342, hier S. 275).

82 | Strack, Fritz/Deutsch, Roland: »Reflective and impulsive determinants of social behavior«, in: Personality and Social Psychology Review 8 (2004), S. 220-247.

83 | Vgl. hierzu auch Ainslie, George: »Die Delle in unserer Zukunftsbewertung«, in: Spitzley, Thomas (Hg.), Willensschwäche, Paderborn: Mentis 2005, S. 139-167, dessen Modellierung von Präferenzumkehrungen erstaunliche Parallelen zu Sokrates' *akrasia*-Erklärung über die je nach Nähe oder Ferne der Objekte variierende »Macht der Erscheinung« (s.o., Teil 2.1) und die dadurch ggf. bewirkte Urteilsoszillation aufweist: Auch bei Ainslie ›verrechnet‹ sich der Akteur unter dem Einfluss der nahen Gegenstände, d.h. er diskontiert die Nutzenwerte letztlich falsch.

84 | Zu den wesentlichen vier Merkmalen von Impulsen vgl. Hofmann, Wilhelm/Friese, Malte/Strack, Fritz: »Impulse and self-control from a dual-systems perspective«, in: Perspectives on Psychological Science 4 (2009), S. 162–176, hier S. 163.

formationsverarbeitung normalerweise nicht auf komplexen repräsentationalen Prozessen beruht, sondern auf assoziativen Verknüpfungen, die quasi ›vorgefertigt‹ zur Aktivierung im Langzeitgedächtnis bereit liegen. Sie sind deshalb dem Akteur auch nicht notwendig bewusst. Allerdings – und das ist v.a. im Blick auf den Vergleich mit Thomas im Gedächtnis zu behalten – besteht durchaus die Möglichkeit, dass solche Impulse als subjektives Verlangen oder Begehren in das Bewusstsein gelangen und sich diesem sogar aufdrängen; dabei können sie letztlich sogar propositional repräsentiert werden und in reflektive Schlussfolgerungsprozesse einbezogen werden.[85]

Das reflektive System hingegen operiert durchgängig auf der Basis propositionaler Repräsentationen, die komplexere Schlussfolgerungs- und auch praktische Planungsprozesse ermöglichen. Dieses System ist deshalb insbesondere in der Handlungsgestaltung recht flexibel, vermag längerfristige Intentionen auszubilden und diese auch bis zu einem gewissen Grad gegen impulsive ›Störfeuer‹ aufrechtzuerhalten. Im Vergleich zum impulsiven System ist es jedoch wesentlich ressourcenaufwendiger, v.a. mit Blick auf den dafür erforderlichen Zeitaufwand und die Kapazität des in die schlussfolgernde Planung involvierten Arbeitsgedächtnisses.

Dieses Modell bietet sich nun in zweierlei Hinsicht an, um einen Abgleich mit den oben präsentierten Auffassungen von Thomas in Angriff zu nehmen:

Auch Thomas operiert mit einer funktionalen Trennung zweier grundlegender Systeme in der menschlichen Seele, nämlich zwischen den rationalen und den nicht-rationalen Seelenkräften. In beiden Bereichen gibt es sowohl kognitive als auch appetitive Kräfte: Die rationalen Vermögen umfassen den Intellekt und den Willen (verstanden als *appetitus rationalis*); die nicht-rationalen Kräfte umschließen die Wahrnehmung und verschiedene Formen des Strebens, nämlich Begierde (*vis concupiscibilis*) und Mut (*vis irascibilis*), die sich dann in entsprechenden Leidenschaften sedimentieren. Die prinzipielle Demarkationslinie zwischen den beiden seelischen Bereichen liegt in der Komplexität ihrer Urteile (und der dadurch ggf. ermöglichten Handlungen): Während die Urteile der nicht-rationalen Vermögen automatisch generiert werden, ist der rationale Teil in seinen Urteilen variabel und zu Prozessen umfangreicherer Deliberation fähig,

85 | W. Hofmann/M. Friese/J. Müller/F. Strack: Zwei Seelen wohnen, ach, in meiner Brust, S. 154.

die z.B. in syllogistischen Strukturen ihren Niederschlag finden. Thomas geht dabei davon aus, dass unter ›natürlichen‹ Bedingungen die rationalen Kräfte über die nicht-rationalen dominieren, insbesondere in Bezug auf die Handlungsleitung; eine solche grundlegende Superiorität des reflektiven über das impulsive System unter ›Normalbedingungen‹ nimmt auch der Zwei-System-Ansatz an. Sowohl bei Thomas als auch im *dual systems approach* wird also von zwei qualitativ unterschiedlich agierenden Bereichen in der menschlichen Seele ausgegangen, die aber auch miteinander in Interaktion stehen und ggf. auch in Konflikt geraten können.

Ein besonderes Interesse der jüngeren Forschungen zum Zwei-System-Ansatz lag nun gerade in der Modellierung solcher intrapsychischen Selbstkontrollkonflikte: Diese treten dann auf, wenn die beiden Systeme miteinander in Konkurrenz um die Handlungsleitung treten, insofern sie inkompatible Verhaltensmuster zu aktivieren versuchen. Hier sind in jüngerer Vergangenheit einschlägige Forschungen zu ›klassischen‹ verlockenden Verhaltensformen (z.B. Essverhalten, Sexualität und Alkoholkonsum) angestellt worden, die es sich zum Ziel gesetzt haben, ein möglichst präzises Bild der an solchen Konflikten beteiligten psychischen Größen und auch der involvierten situationalen Einflussmomente zu zeichnen. Die dabei gewonnenen Erkenntnisse zu Willensschwäche als Versagen der Kontrolle des reflektiven Systems gegenüber den Impulsen in Versuchungssituationen und die Schlussfolgerungen in Sachen Willensstärke lassen sich *mutatis mutandis* fruchtbar in Relation zu den präsentierten Analysen von Thomas setzen. Ich kann dabei nicht in der eigentlich erforderlichen Breite und Ausführlichkeit auf die einzelnen Experimente und ihre methodischen Grundlagen eingehen, sondern beschränke mich auf die selektive Wiedergabe und Diskussion zentraler Forschungsresultate, von denen aus jeweils ein informativer Blick auf Thomas geworfen werden kann.[86]

Im Falle von Selbstkontrollkonflikten sind im *dual system approach* drei wesentliche Determinanten untersucht worden: auf der einen Seite die beiden miteinander in Konflikt befindlichen ›Akteure‹, also das reflektive und das impulsive System, und zwar sowohl in ihrer dispositi-

86 | Eine Sammlung einschlägiger Studien aus Sicht des Zwei-System-Ansatzes bietet die kumulative Habilitation von Hofmann, Wilhelm: Zwei Seelen wohnen, ach, in meiner Brust: Impulsive und reflektive Determinanten selbstregulatorischen Verhaltens, Habilitation, Würzburg 2009.

onalen Verfassung als auch hinsichtlich ihrer situativen Beeinflussung; auf der anderen Seite wurden auch die jeweiligen Handlungsumstände selbst einer näheren Betrachtung unterzogen. Ein wesentliches Ziel der einzelnen Experimente war es, eine möglichst enge prädiktive Relation zwischen bestimmten Rahmenkomponenten des Zwei-Systemansatzes und dem Verhalten der Versuchsteilnehmer nachzuweisen, also das Modell über seine Vorhersagefähigkeit zu validieren.

Ein zentrales Resultat dieser Forschungen besteht darin, dass die Fähigkeit zur Steuerung des eigenen Handelns über das reflektive System nachhaltig vom Phänomen der »ego depletion« negativ beeinträchtigt werden kann:[87] Je höher und anhaltender die selbstregulativen Anstrengungen auf der Ebene des reflektiven Systems sind, desto anfälliger ist es für einen Kontrollverlust gegenüber unreflektierten Impulsen, weil es zunehmend in einen Zustand der Leerung bzw. Erschöpfung (*depletion*) gerät. Das hängt eng mit der oben schon erwähnten Ressourcenabhängigkeit der Prozesse im reflektiven System zusammen; wenn die Ressourcen ausgeschöpft sind, bedarf das selbstregulatorische System – ebenso wie ein kräftig angespannter Muskel – einer Erholung, bevor es wieder voll funktionstüchtig ist. In einer Studie[88] wurden z.B. einige Teilnehmer zuerst zu einer – vom reflektiven System zu leistenden – Affektkontrolle beim Ansehen eines längeren Filmausschnitts aufgefordert, während die Kontrollgruppe keine entsprechenden Auflagen erhielt; der sich an den Film anschließende Süßigkeitenkonsum fiel bei den Teilnehmern, die sich qua vorheriger angestrengter Affektkontrolle in einem Zustand der »ego depletion« befanden, im Vergleich deutlich umfangreicher aus als bei der nicht ›erschöpften‹ Kontrollgruppe.

---

87 | Zum Phänomen der »ego depletion« vgl. Baumeister, Roy F./Muraven, Mark/Tice, Dianne M.: »Ego depletion: A resource model of volition, self-regulation, and controlled processing«, in: Social Cognition 18 (2000), S. 130-150. Baumeister, Roy F.: »Ego depletion and self-control failure: An energy model of the self's executive function«, in: Self and Identity 1 (2002), S. 129-136.

88 | Hofmann, Wilhelm/Rauch, Wolfgang/Gawronski, Bertram: »And deplete us not into temptation: Automatic attitudes, dietary restraint, and self-regulatory resources as determinants of eating behavior«, in: Journal of Experimental Social Psychology 43 (2007), S. 497-504.

Ähnliche Effekte konnten in einer anderen Studie[89] erzielt werden, wenn die Probanden während der Essensauswahl selbst mit einer kognitiven Aufgabe betraut wurden, nämlich mit dem Memorieren einer Zahl: Bei einer einstelligen Zahl wurde das Essverhalten weiterhin wesentlich vom reflektiven System bestimmt, bei einer achstelligen Zahl hingegen sank diese Quote erheblich zu Gunsten impulsiven Verhaltens. Neben »ego depletion« durch vorherige Selbstkontrolle kann also auch eine simultane kognitive Belastung (»cognitive load«) ähnliche Beeinträchtigungen des reflektiven Systems hervorrufen. Das ist nicht dasselbe, denn es hat sich experimentell gezeigt, dass die ressourceneinschränkenden Auswirkungen der »cognitive load« instantan wegfallen, sobald die Belastung aufhört, während die Erholung des erschöpften selbstregulatorischen Systems bei der »ego depletion« längere Zeit in Anspruch nimmt.[90] Dennoch kann man diese Ergebnisse in einem ersten Schritt wie folgt zusammenfassen: Je ausgelasteter bzw. erschöpfter das reflektive System durch vorherige und gleichzeitige eigene Aktivitäten ist, desto größer wird der Einfluss des impulsiven Systems auf die Handlungssteuerung. Das hat offensichtlich etwas damit zu tun, dass die bewusste Überwachung des eigenen Verhaltens unter dem Mangel an reflexiv verfügbaren Ressourcen leidet.

Wenden wir das auf den Fall von Maria an, so könnte eine erste mögliche Erklärung für ihr willensschwaches Essen der Törtchen aus Sicht dieser experimentellen Ergebnisse lauten: Marias reflektives System ›überlässt‹ dem Impuls die Handlungssteuerung, weil ihre Ressourcen in dieser Situation erschöpft und ausgelastet sind: Schließlich hat sie dem aufkeimenden Affekt schon einige Minuten lang erfolgreich widerstanden (und leider hat Anna die Törtchen ja in Griffweite stehen lassen, so dass die Versuchung anhaltend stark ist); außerdem unterhält sie sich

89 | Hofmann, Wilhelm/Gschwendner, Tobias/Friese, Malte/Wiers, Reinout W./Schmitt, Manfred: »Working Memory Capacity and Self-Regulatory Behavior: Toward an Individual Differences Perspective on Behavior Determination by Automatic Versus Controlled Processes«, in: Journal of Personality and Social Psychology 95 (2008), S. 962-977.

90 | Friese, Malte/Hofmann, Wilhelm/Wänke, Michaela: »When impulses take over: Moderated predictive validity of explicit and implicit attitude measures in predicting food choice and consumption behavior«, in: British Journal of Social Psychology 47 (2008), S. 397-419, hier S. 415f.

angeregt mit ihrer Freundin, so dass weitere kognitive Ressourcen des reflektiven Systems gebunden sind. »Ego depletion« und »cognitive load« bewirken also im Zusammenspiel einen temporären Kontrollverlust des reflektiven Systems. Dabei könnten dann auch andere situative Moderatoren eine Rolle spielen, die sich negativ auf ihre selbstregulatorische Fähigkeiten auswirken (z.B. falls sie vorher Alkohol getrunken hätte, was ihre inhibitorische Handlungskontrolle schwächen würde).

Wie wir in Teil 2.2 gesehen haben, spielt auch bei Thomas ein »Ressourcenargument« eine zentrale Rolle: Willensschwäche basiert ja ihm zufolge wesentlich auf einem Nachlassen der willentlichen *intentio* auf den ursprünglichen Vorsatz, das durch die gesamtseelische Kräftedynamik bedingt ist: Dadurch dass die nicht-rationalen Strebungen und die rationalen Prozesse in ein und derselben seelischen Substanz verwurzelt sind, führt ein Aufkeimen der Leidenschaften nicht nur zur Stärkung der Impulsivität, sondern gleichzeitig auch zu einer quantitativen Schwächung der *ratio*. Die Annahme ist hier, dass es ein gesamtseelisches Kräftepotenzial gibt, das von allen Fakultäten angezapft wird. Das ist eine alltagspsychologisch plausible Annahme, die aber zumindest in den oben präsentierten Resultaten keine empirische Bestätigung erfährt;[91] das hängt v.a. damit zusammen, dass die Aktivitäten des impulsiven Systems keine umfangreichen kognitiven Ressourcen benötigen bzw. binden, so dass durch deren Aktivierung eigentlich keine signifikante Schwächung des reflektiven Systems stattfindet.

Trotz dieser Einschränkung zeigt sich in beiden Modellen zumindest eine ähnliche Tendenz, nämlich die Idee prinzipiell ressourcenregulierter Fähigkeiten der rationalen Selbstkontrolle. Neuere Ergebnisse deuten nun darauf hin, dass die zentrale Ressource, die übergreifend in Phänomene von »ego depletion«, »cognitive load« und verwandten Einschränkungen des reflektiven Systems involviert ist, das Arbeitsgedächtnis und dessen

91 | Eher im Gegenteil: Denn die Probanden der Kontrollgruppe in W. Hofmann/W. Rauch/B. Gawronski: And deplete us not into temptation, wurden aufgefordert, sich dem vorher gezeigten, auf Emotionalisierung abgestellten Filmausschnitt einfach hinzugeben. Das hätte nach Thomas ebenfalls Ressourcen von der *ratio* abgezogen und damit die Tendenz zu nachfolgendem impulsiven Essverhalten gefördert. De facto zeigte sich bei diesen Probanden der Kontrollgruppe aber eher ein niedrigerer Schokoladenkonsum und damit eine reflektierte Handlungssteuerung.

Kapazität (*working memory capacity* = *WMC*) sein könnte.[92] Zumindest hat sich schon experimentell nachweisen lassen, dass es eine signifikante Korrelation zwischen WMC und entsprechenden Verhaltenstendenzen in Konfliktfällen gibt: Versuchspersonen mit dispositional niedrigem Arbeitsgedächtnis tendieren in Versuchungssituationen zu impulsivem Verhalten, während Probanden mit hohen Kapazitäten in diesem Bereich selbstregulatorisches Verhalten an den Tag legen. Dem Arbeitsgedächtnis als möglichem »key moderator« von Handlungen im Konfliktfeld zwischen impulsivem und reflektivem System werden deshalb zunehmend selbstregulatorische Funktionen zugeschrieben, und zwar in zwei Bereichen:

»the present moderator effects can be explained by WMC's double function to (a) inhibit prepotent automatic behavioral tendencies that may otherwise translate directly into behavior and (b) to retrieve, maintain, and shield explicitly endorsed attitudes and self-regulatory goals so that they can be continuously used for the self-monitoring of behavior.«[93]

Neben den auf mentaler Repräsentation basierenden Funktionen in der Handlungsplanung und der Bildung von längerfristigen Intentionen hat das Arbeitsgedächtnis also auch exekutive Aufgaben in der Ausführung von reflektiv gesteuertem Handeln, und zwar gerade gegenüber dem potentiellen ›Störfeuer‹ seitens der Impulse. Die beiden oben beschriebenen Funktionen, die Affektinhibition und das kontinuierliche ›Durchhalten‹ rationaler Handlungsziele, entsprechen *grosso modo* den grundlegenden Aufgaben, die Thomas dem Willen als Vermögen zuschreibt (s.o., Teil 2.3). Dies ist nun in mehrfacher Hinsicht ein ertragreicher Vergleichspunkt in Sachen Willensschwäche und -stärke:

92 | Vgl. W. Hofmann/M. Friese/F. Strack: Impulse and self-control from a dual-systems perspective, S. 171: »This raises the question of whether there may be a common element among these moderators [...]. It is possible that the connecting element lies in the impairment of working memory function: self-regulatory resources, cognitive load, and alcohol consumption all dovetail insofar as they have been shown to disrupt memory functions.«

93 | W. Hofmann/T. Gschwender/M. Friese/R.W. Wiers/M. Schmitt: Working Memory Capacity, S. 974.

(1) Thomas hatte als einen wesentlichen Faktor im willensschwachen Handeln die durch die ressourcenlimitierte seelische Intentionalität mögliche *distractio* der Vernunft beschrieben; dies findet seine explizite Resonanz in der modernen Empirie, wo das Arbeitsgedächtnis durch die oben beschriebenen Prozesse ›abgelenkt‹ wird.[94] Signifikant erscheint auch, dass in der modernen Psychologie das Gedächtnismoment ins Spiel gebracht wird, das bei Thomas zwar nicht explizit terminologisch benannt wird,[95] aber natürlich implizit massiv mitschwingt: Denn das willensschwache Handeln beruht ihm zufolge gerade darauf, dass sich das prinzipiell verfügbare Wissen in einem ›gebundenen‹ Zustand (*habitus ligatus*) befindet, in dem es quasi temporär ›vergessen‹ ist – es kann eben kurzfristig nicht vom Akteur in das Bewusstsein gerufen werden, um auf die Handlungssteuerung Einfluss zu nehmen: Der Syllogismus der *recta ratio* kommt so nicht zustande. Das Arbeitsgedächtnis in seiner Funktion für den Handlungsaufbau operiert nur mit aktuellen und nicht mit habituellen Bewusstseinsinhalten, so dass hier selbstregulatives Verhalten tendenziell unterminiert und damit der Weg für impulsives (= willensschwaches) Handeln freigemacht wird.

(2) Diese Betonung der Bewusstheit von mentalen Gehalten im Handlungsaufbau führt auf einen zweiten wichtigen Anknüpfungspunkt zwischen Thomas und den modernen Erkenntnissen: der Bedeutung der Aufmerksamkeit. Denn das Arbeitsgedächtnis wird in der gegenwärtigen Forschung auch bestimmt als »the ability to control attention to maintain information in an active, quickly retrievable state. [...] WM capacity is not directly about memory – it is about using attention to maintain or

---

94 | Vgl. Hofmann, Wilhelm/Friese, Malte/Roefs, Anne: »Three ways to resist temptation: The independent contributions of executive attention, inhibitory control, and affect regulation to the impulse control of eating behavior«, in: Journal of Experimental Social Psychology 45 (2009), S. 431-435, hier S. 434: »high distraction in the face of temptation may be especially detrimental for executive attention to unfold its controlling influence [...].«

95 | Der hier nicht detailliert zu erläuternde Grund liegt darin, dass Thomas *memoria* als »inneren Sinn« und damit nicht direkt als Grundausstattung des rationalen Seelenteils begreift, der in die praktische Deliberation und Intentionsausbildung involviert ist; vgl. hierzu Müller, Jörn: »Memory in Medieval Philosophy«, in: Nikulin, Dmitri (Hg.), Memory. A History, Oxford: Oxford University Press 2015, S. 92-124, bes. S. 113-116.

suppress information«.[96] Das Arbeitsgedächtnis fungiert hier somit nicht primär als passiver Durchlauferhitzer für mentale Inhalte, sondern als ein aktives »central executive« bzw. »coordinating master system«[97], das die selektiven Aufmerksamkeitsprozesse im Handlungsaufbau – dabei nicht zuletzt den Rekurs auf die habituellen Inhalte des Langzeitgedächtnisses – steuert und koordiniert. Das Arbeitsgedächtnis dreht somit den Scheinwerfer der Aufmerksamkeit, es praktiziert »executive attention«, und zwar auch im Blick auf die äußeren Objekte und die durch sie stimulierten Impulse. Somit haben wir es hier tendenziell mit einem voluntaristischen Verständnis von Aufmerksamkeitsfokussierung zu tun. Das lässt sich im Falle des willensschwachen Handelns zwanglos mit der Einsicht von Thomas vermitteln, dass Probleme in der rationalen Selbstregulation von Handlungen prozedural mit der jeweiligen Aufmerksamkeitslenkung des Akteurs in Verbindung zu bringen sind (s.o., Teil 2.2). Hier deutet sich an, dass Aufmerksamkeit als möglichem Schlüsselphänomen für Willensschwäche und -stärke noch weitere Untersuchungen aus philosophischer und psychologischer Perspektive zuteil werden sollten (s.u., Teil 4).

Auf jeden Fall kommt damit der Aufmerksamkeitssteuerung auch eine signifikante Kontrollfunktion gegenüber dem impulsiven System zu. Nach den Erkenntnissen der Forschungen zum Zwei-System-Ansatz gibt es drei reflektiv steuerbare Formen von Impulskontrolle:[98]

(a) An erster Stelle steht die über die Arbeitsgedächtniskapazität regulierte aktive Aufrechterhaltung der intentionalen Ziele und Vorsätze sowie deren Abschirmung gegen impulsive Interferenz. Diese Fähigkeit kann nach neueren Forschungen auch über bestimmte Formen von Aufmerksamkeitstraining gesteigert werden.[99]

(b) Davon konzeptuell und empirisch zu trennen ist die Fähigkeit zur Affektkontrolle, verstanden als Vermögen, einen inzidentell bereits sti-

96 | Engle, Randall W.: »Working memory capacity as executive attention«, in: Current Directions in Psychological Science 11 (2002), S. 20.

97 | W. Hofmann/T. Gschwendner/M. Friese/R.W. Wiers/M. Schmitt: Working Memory Capacity, S. 963.

98 | W. Hofmann/M. Friese/A. Roefs: Three ways to resist temptation.

99 | Schoenmakers, Tim/Wiers, Reinout W./Jones, Barry T./Bruce G./Jansen, Anita: »Attentional retraining decreases attentional bias in heavy drinkers without generalization«, in: Addiction 102 (2007), S. 399-405.

mulierten Affekt herunterzuregeln. Diese Funktion, den Affekt bereits *in statu nascendi* zu neutralisieren, schreibt Thomas dem Willen zu, und zwar insofern er die Einbildungskraft als vernünftiges Vermögen aktivieren kann. Die entsprechenden Mechanismen wurden oben in Teil 2.3 ausführlicher beschrieben. Es wäre eine lohnenswerte Fragestellung für die empirische Forschung, den verschiedenen thomanischen ›Strategien‹ zur affektiven Selbstkontrolle einmal näher nachzugehen und dabei v.a. eine mögliche Rolle der Vorstellungskraft als Moderator näher zu prüfen. Eine bemerkenswerte Beobachtung der empirischen Forschung ist auch, dass selbst bei reduzierten Ressourcen des reflektiven Systems doch noch genügend Energie zur Verfügung steht, um sich gewissermaßen ›zusammenzureißen‹ und den aufkeimenden Affekten und Impulsen die Stirn zu bieten;[100] die »ego depletion« ist also partiell und nicht so umfassend, dass die Fähigkeit zur Selbstkontrolle ganz wegfiele – dies korrespondiert der Auffassung von Thomas, dass die anfängliche ›Fesselung‹ der Vernunft nie so komplett ist (außer bei psychopathologischen Fällen, die dann aber nicht mehr unter Willensschwäche zu rechnen sind), dass die freie Entscheidung (*liberum arbitrium*) gänzlich unterminiert wäre. Im Fall der aufkeimenden Willensschwäche ist also eine Selbstkontrolle prinzipiell möglich, sofern der Akteur wirklich dazu motiviert bzw. gewillt ist; wenn er den Affekten letztlich zustimmt bzw. sich ihnen nicht entgegenstellt, hat er sich ihnen hingegen absichtlich ausgeliefert. Hier ist also nicht nur nach der ressourcenbedingten Fähigkeit der Selbstkontrolle zu fragen, sondern ebenso nach dem Willen des Akteurs, diese auch zum Einsatz zu bringen. Auch diese motivationale Basis von Willensstärke ließe sich sicher noch weiter psychologisch aufschlüsseln und ggf. auch trainieren.

(c) Affektkontrolle kann aber nicht nur am Anfang, sondern gewissermaßen auch am Ende des Handlungsaufbaus betrieben werden, nämlich bei den von den Impulsen im Motorcortex aktivierten Verhaltensschemata. Die Forschungen deuten darauf hin, dass es kurz vor deren Umsetzung in eine körperliche Aktion noch einmal eine Art »Vetorecht« des reflektiven Systems gibt, das auf einer Fähigkeit zur Inhibition unerwünschter Handlungsimpulse beruht. Diese Fähigkeit kann ihrerseits noch einmal

100 | Muraven, Mark/Slessareva, Elisaveta: »Mechanisms of self-control failure: Motivation and limited resources«, in: Personality and Social Psychology Bulletin 29 (2003), S. 894-906.

moderiert bzw. eingeschränkt werden, z.B. durch Alkoholkonsum.[101] Zu dieser inhibitorischen Verhaltenskontrolle gibt es nun kein unmittelbares Pendant in Thomas' Modell von Willensschwäche, und zwar aus systematischen Gründen: Denn Thomas geht ja davon aus, dass in der *ratio* selbst unter dem willentlich zugelassenen Einfluss der Affekte ein alternativer praktischer Syllogismus der Begierde gebildet wird, der dann zur Handlung führt. Bei der Aktivierung von körperlichen Handlungen ist dann der Wille als *appetitus rationalis* aufgrund eigener vorheriger Zustimmungsakte zu den leidenschaftlichen Inhalten schon so weit durch sich selbst gebunden, dass hier ein Veto geradewegs zum Selbstwiderspruch würde.

Hier scheinen wir zuletzt doch an einen Punkt gelangt zu sein, der allen aufgezeigten Parallelen und Schnittmengen zum Trotz einen gravierenden Unterschied markiert: Thomas fasst Willensschwäche als intentionales Handeln auf, bei dem der nicht-rationale Seelenteil die Mechanismen der praktischen Vernunft okkupiert und seine Handlungsantriebe über sie tätig umsetzt. Der Zwei-System-Ansatz hingegen sieht die willensschwache Handlung als direkt vom Impuls selbst verursacht an: Im Falle eines frontalen Konflikts zwischen Impuls und reflexiver Selbstkontrolle entscheidet in einem »competitive winner-takes-all process« letztlich die relative Stärke der jeweils aktivierten Verhaltensschemata im Motorkortex darüber, wer das Verhalten eigentlich bestimmt.[102] Die Konfliktlösung findet also eher ›brachial‹ über einen Gladiatorenkampf der von beiden Systemen freigesetzten motivationalen Kräfte statt. Dies erinnert eher an die Art und Weise, wie Platon innerseelische Konflikte zwischen der Vernunft und den irrationalen Seelenteilen im Rahmen seines psychologischen Partitionismus modelliert, als an die stärker in der Tradition von Aristoteles stehende Psychologie bei Thomas.[103]

---

101 | Hofmann, Wilhelm/Friese, Malte: »Impulses Got the Better of Me: Alcohol Moderates the Influence of Implicit Attitudes Toward Food Cues on Eating Behavior«, in: Journal of Abnormal Psychology 117 (2008), S. 420-427.

102 | W. Hofmann/M. Friese/F. Strack: Impulse and self-control from a dual-systems perspective, S. 165.

103 | In W. Hofmann/M. Friese/J. Müller/F. Strack: Zwei Seelen wohnen, ach, in meiner Brust, S. 153, wird Platons Seelenteilungslehre auch explizit als früher Vorläufer von Multi-System-Modellen ins Spiel gebracht. Zu Platons Auffassung von *akrasia* vgl. J. Müller: Willensschwäche in Antike und Mittelalter, S. 84-104.

Über die empirische Adäquatheit einer solchen ›platonisierenden‹ Fassung des Zwei-System-Ansatzes kann hier natürlich nicht entschieden werden. Aber ein eminenter philosophischer Nachteil liegt auf der Hand: Aus der Sicht des Akteurs gerät dadurch der innere Konflikt tendenziell zu einem Schauspiel, dessen Ausgang er nur gespannt erwarten, aber selbst kaum beeinflussen kann – letztlich setzt sich eben die stärkere Motivation durch; und auch wenn der Akteur versuchen kann, die rationale Seite auf verschiedene Weisen zu verstärken, widerfährt ihm das Ergebnis des Konflikts eher, als dass er es selbst in irgendeiner Weise absichtlich herbeiführt. Neben den sattsam bekannten Homunkulus-Problemen, die fast immer bei solchen seelischen Partitionsmodellen zu diagnostizieren sind,[104] würde damit v.a. der Charakter der Willensschwäche als intentionaler Handlungstyp weitgehend untergraben.[105]

Es gibt jedoch auch innerhalb des Zwei-System-Ansatzes durchaus empirische Befunde, die darauf hinweisen, dass eine allzu scharfe Trennung der beiden Systeme zumindest für den Handlungsaufbau nicht ohne weiteres anzunehmen ist. So konnte schon nachgewiesen werden, dass Impulse, sofern sie den Status eines bewusst wahrgenommenen subjektiven Verlangens (»craving«) haben, durchaus das Vermögen zur Intrusion in reflektive Prozesse der Informationsverarbeitung im Arbeitsgedächtnis besitzen.[106] Insofern das Arbeitsgedächtnis, wie oben gesehen, grundlegend in die reflexive Handlungsplanung sowie in die selbstregulatorische Aufmerksamkeitssteuerung involviert ist, könnte das impulsive System auch einen unmittelbaren Einfluss auf die Generierung von praktischen

104 | J. Müller: Willensschwäche in Antike und Mittelalter, S. 106-108.

105 | Es sei jedoch zumindest nicht unerwähnt gelassen, dass Davidson in seinen späteren Arbeiten zur Erklärung von Willensschwäche und Selbsttäuschung selbst auf ein Modell mentaler Partition zurückgegriffen hat, um die psychologische Möglichkeit der Willensschwäche zu erklären (vgl. Davidson, Donald: »Paradoxes of Irrationality«, in: Wollheim, Richard/Hopkins, James (Hg.), Philosophical Essays on Freud, Cambridge: Cambridge University Press 1982, S. 289-305. Davidson, Donald: »Deception and Division«, in: Elster, Jon (Hg.), The Multiple Self, Cambridge: Cambridge University Press 1985, S. 79-92). Das entspricht in mancherlei Hinsicht Platon und dem Zwei-System-Ansatz.

106 | W. Hofmann/T. Gschwendner/M. Friese/R.W. Wiers/M. Schmitt: Working Memory Capacity, S. 971.

Urteilen und intentionalen Handlungsmustern ausüben. Dieses Szenario sieht dann wie folgt aus:

»Akutes Verlangen kann nun als propositional repräsentierter Bewusstseinsinhalt in direkten Konflikt mit damit inkompatiblen Zielen treten. Auf diesem Weg kann es reflektive Schlussfolgerungs- und Entscheidungsprozesse im Sinne eines motivierten Schlussfolgerns [...] beeinflussen und verzerren (z. B. »Einmal ist keinmal«). Im schlimmsten Fall allerdings wird das reflektive System kurzfristig »gekapert« und dem sich aufdrängendem Verlangen unterstellt [...]: Ehemals gute Vorsätze und Absichten werden aus dem Arbeitsgedächtnis verdrängt und reflektive Planungsprozesse können nun - ironischerweise - dazu »missbraucht« werden, akutes Verlangen in die Tat umzusetzen (wie etwa bei einem rückfälligen Raucher, der zuerst Geld wechselt und einen längeren Fußweg auf sich nimmt um endlich, am Automaten angekommen, Zigaretten kaufen zu können).«[107]

Das ist, in der Formulierung wie in der Sache, sehr nah am thomanischen Modell, in dem ebenfalls ein »reflexiver Schlussfolgerungs- und Entscheidungsprozess«, der inferentieller und propositionaler Natur ist – der praktische Syllogismus –, von der Begierde des sinnlichen Strebevermögens »gekapert« wird und dadurch auch für nicht-rationale Planungen zu Verfügung steht. Das so bewirkte willensschwache Verhalten wäre aber – und das ist die Pointe – durchaus als intentionales Handeln zu klassifizieren: Ebenso wie bei Thomas läge der erste Anstoß, der Impuls, bei der Sinnlichkeit (deshalb wäre es ein »peccare ex passione«), aber die nachfolgende Kausalität folgt trotz der im Ergebnis irrationalen Handlung dennoch einer rationalen Prozeduralität. Für die Vertreter des Zwei-System-Ansatzes ist das geschilderte Szenario zwar nur ein möglicher ›Spezialfall‹, da impulsives Verhalten normalerweise auf unbewussten (und d.h. nicht propositional repräsentierten) Impulsen beruht. Für das von Thomas betrachtete Phänomen der Willensschwäche ist aber gerade eine solche Modellierung, bei der die Grenzen zwischen den verschiedenen Systemen zwar nicht aufgelöst, aber auf operationaler Ebene durch wechselseitige Interferenz perforiert werden, von besonderem Interesse. Auf einer solchen ›systemüberschreitenden‹ Interferenz des (rationalen) Willens gegenüber den (nicht-rationalen) Leidenschaften beruht

107 | W. Hofmann/M. Friese/J. Müller/F. Strack: Zwei Seelen wohnen, ach, in meiner Brust, S. 154.

ja auch eine zentrale Ressource der Selbstkontrolle, bei Thomas wie auch in der modernen empirischen Forschung.[108] Eine vertiefte psychologische Erforschung dieses ›Spezialfalls‹ verspräche somit m.E. einigen Ertrag.

4. Perspektiven: Aufmerksamkeit als gemeinsames Forschungsfeld

Möglicherweise empfindet mancher Vertreter des Zwei-System-Ansatzes in der empirischen Psychologie die im letzten Teil vorgetragenen Überlegungen als eine übergriffige Umarmungs- oder gar unlautere Vereinnahmungsstrategie seitens der Philosophie. Darum geht es mir aber nicht. Weder soll so getan werden, als sei eben doch alles schon einmal in der Philosophie ›dagewesen‹ (so dass die Psychologie nur das Rad neu erfunden und vielleicht mit einigen effizienteren Speichen ausgestattet hätte); noch soll der Eindruck erweckt werden, als ob sich ein so voraussetzungsreiches philosophiehistorisches Modell wie das von Thomas einfach eins zu eins in die Sprache und auf die Ansätze moderner Psychologie übersetzen bzw. übertragen ließe. Das Ziel ist vielmehr die gemeinsame Arbeit an einem humanwissenschaftlichen Phänomen, zu dem Philosophie und Psychologie ihre methodisch und inhaltlich eigenständigen Beiträge liefern, die natürlich nicht zuletzt von den jeweiligen Forschungsparadigmen und -interessen geprägt sind. Gemeinsame Arbeit an der Sache setzt im Unterschied zu einem bloßen Nebeneinander, in das interdisziplinäre Forschung bedauerlicherweise allzu oft entartet, aber voraus, dass man die Kreuzungspunkte und Schnittstellen möglichst präzise identifiziert, an denen ein inhaltlicher Abgleich und auch ein terminologisches ›Andocken‹ der beteiligten Wissenschaften überhaupt möglich sind und heuristisch fruchtbar erscheinen. Eine solche überlappende Schnittmenge sollte für die Phänomene von Willensschwäche und Selbstkontrolle im Vorangehenden etabliert werden.

Der wesentlichste Stolperstein für ein solches philosophisch-psychologisches *joint venture* könnte dabei allerdings der von Thomas gebrauchte Begriff des Willens sein, der für seine Analyse dieser Phänomene eine unverkennbar zentrale Rolle spielt. Der Wille hat zumindest bei promi-

108 | Ebd., S. 160.

nenten Vertretern des Zwei-System-Ansatzes einen eher zweifelhaften Ruf, wie folgender Appell belegen mag:

»Although we see the metaphorical value of the concept of free will to represent conscious controlled inputs in consumer behavior, we would nevertheless like to discourage researchers from accounting for phenomena of self-regulation by invoking this concept, not only because the idea of free will cannot be proven to be right or wrong, but also because it may prevent scientists from searching for the specific causes of behavior.«[109]

Abgesehen davon, dass zumindest die öffentliche Debatte momentan eher von Naturwissenschaftlern bevölkert wird, die im Gegensatz zu den zitierten Autoren meinen, die Nicht-Existenz des freien Willens doch empirisch ›beweisen‹ zu können, trifft diese Bemerkung einen äußerst wichtigen Punkt: Bei der Suche nach den psychologischen Mechanismen, die Willensschwäche und Selbstkontrolle kausal ermöglichen, sollte man nicht mit schablonenartigen Termini operieren, deren explanatorischer Gehalt oft vage bleibt. Allerdings sollte man diese Vorsicht auch beim Umgang mit diesen Konzepten selbst walten lassen. Viele Naturwissenschaftler unterstellen, dass die Rede vom ›Willen‹ als psychischer Instanz grundsätzlich ein Konzept von indeterministischer Entscheidungsfreiheit invoziert, das mit einem experimentellen Paradigma kaum vereinbar ist. Aber nicht jeder Philosoph, der sich in seinen Analysen auf den Willen als Instanz beruft, meint damit diesen – in philosophischen Kreisen übrigens selbst hochgradig umstrittenen – ›freien Willen‹, vor dem im obigen Zitat gewarnt wird. Für Thomas ist z.B. wiederholt die Auffassung vertreten worden, dass er ein eher kompatibilistisches Verständnis von Willensfreiheit hat, das mit kausaler Notwendigkeit durchaus vereinbar ist.[110] Ein Blick auf die oben präsentierten Analysen von Thomas und auf seine Handlungstheorie in toto zeigt zumindest, dass hier der Wille weniger als ein ›dezisionistisches‹ Vermögen verstanden wird, sondern stärker in Richtung eines Konzepts von »Willensstärke« bzw. »Willenskraft« tendiert, das mit gegenwärtigen Forschungen in der

109 | Hofmann, Wilhelm/Strack, Fritz/Deutsch, Roland: »Free to buy? Explaining self-control and impulse in consumer behavior«, in: Journal of Consumer Psychology 18 (2008), S. 22-26, hier: S. 23.

110 | Vgl. R. Pasnau: Thomas Aquinas on Human Nature.

empirischen Psychologie[111] absolut vermittelbar ist. Insofern fußen seine konkreten psychologischen Analysen, bei allen theoretischen Rahmenbedingungen, unter denen sie natürlich stehen, nicht notwendig auf einem metaphysisch überfrachteten Konzept des Willens, von dem sich Experimentalwissenschaftler lieber distanzieren möchten. Die Frage, ob die Überlegungen von Thomas Argumente und begriffliche Zusammenhänge etablieren, die für die Forschung in gegenwärtiger Psychologie und Philosophie prüfungswürdig und ggf. entwicklungsfähig sein könnten, ist also keineswegs durch die Verwendung der Willensterminologie *ab ovo* obsolet.

Ein wesentliches Potenzial der psychologischen Analyse von Thomas scheint mir in dem besonders akzentuierten Moment der Aufmerksamkeit bzw. Aufmerksamkeitslenkung im Bereich des Willens zu liegen, das in den neueren philosophischen Forschungen zur Willensschwäche bisher noch nicht hinreichend ausgeschöpft ist. Eines der wenigen Beispiele dafür, wie man dieses Konzept unter Berücksichtigung empirischer Resultate fruchtbar machen kann, findet sich bei Alfred R. Mele.[112] Mele greift u.a. auf die Überlegung von Amelie O. Rorty[113] zurück, dass es verschiedene ›Strategien‹ gibt, mit denen Willensschwäche rationales Handeln nach eigenen Vorsätzen durch die Schaffung einer neuen Motivationslage unterminieren kann. Eine dieser Strategien ist nun die »attentional strategy«: Die Aufmerksamkeit kann von bestimmten, kurzfristig vorteilhaft erscheinenden Momenten der impulsiven Handlungsalternative so dominiert werden, dass die Motivation zu deren Ausführung im gleichen Maße steigt, wie die Motivation zur Umsetzung der gegenläufigen rationalen Intentionen geschwächt wird. Mele verband diese Überlegungen mit den damals verfügbaren experimentellen Forschungen zum Gratifikationsaufschub bei Kindern[114] und kam zu dem Resultat, dass die Überlegungen von G. Ainslie zur Rolle der räumlichen und zeitlichen Nähe von Objekten der Begierde für das schon von Sokrates konstatierte Phänomen der Präferenzoszillation mit Blick auf die zentrale Rolle der Aufmerksamkeit in diesem Geschehen modifiziert und erweitert werden

---

111 | R.F. Baumeister/K.D. Vohs: Handbook of self-regulation.

112 | Mele, Alfred R.: Irrationality. An Essay on Akrasia, Self-Deception, and Self-Control, New York/Oxford: Oxford University Press 1987.

113 | Rorty, Amelie O.: »Akrasia and Conflict«, in: Inquiry 22 (1980), S. 193-212.

114 | A.R. Mele: Irrationality, S. 86-93.

müssen: Die Steigerung der Motivation zu Gunsten der verlockenden Alternative ist im Wesentlichen durch die Aufmerksamkeit des Akteurs vermittelt. Damit verändern sich aber gewissermaßen die kausalen Valenzen in der Erklärung des willensschwachen Handelns:

»If the effects of the increased proximity of a reward upon motivation are mediated by attentional events, one might seek a more general hypothesis about the etiology of akratic action that treats increased proximity only as an attention-modifier. On such a hypothesis, an agent's level of motivation at the time of continent or incontinent action is a function of earlier relevant motivation, his attentional condition, and his self-control behaviors (including failures to make an attempt at self-control).«[115]

Ein solches multikausales Verständnis von Willensschwäche, das dennoch signifikant um das Konzept der Aufmerksamkeit und deren motivationale Relevanz kreist, bedingt dann natürlich auch ein komplexes Verständnis der im Zitat angesprochenen Fähigkeit der Selbstkontrolle, also der Willensstärke. Auch hier weist Mele der aktiven Aufmerksamkeitslenkung eine erkennbare Schlüsselrolle zu, insofern sie gezielt zu Prozessen der Motivationssteigerung oder -schwächung eingesetzt werden kann.[116] Auch bei der mit dem Phänomen der Willensschwäche eng zusammenhängenden Problem der Selbsttäuschung sieht er selektive Aufmerksamkeit als einen zentralen Faktor.[117] Kurzum: Für Mele ist Aufmerksamkeit ein Schlüsselkonzept zum adäquaten philosophischen Verständnis von Willensschwäche und -stärke.

Es wäre nun zweifelsfrei ein lohnendes Unterfangen, diese und weitere philosophische Überlegungen unter Berücksichtigung der neueren psychologischen Forschungen zur Selbstkontrolle, insbesondere zur Rol-

115 | Ebd., S. 93.

116 | Vgl. ebd., Kap. 4. Siehe z.B. folgende aufzählende Beschreibung von aufmerksamkeitsgesteuerten Ressourcen der Selbstkontrolle (ebd., S. 51): »An agent can, for example, keep clearly in mind, at the time of action, the reasons for doing the action that he judged best; he can refuse to focus his attention to the attractiveness of what might be achieved by performing a competing action, and concentrate instead on what is to be accomplished by acting as he judges best [...].«

117 | Ebd., S. 143-151.

le des Arbeitsgedächtnisses (vgl. Teil 3), weiterzuführen und zu erweitern. Der von Thomas postulierten Rolle der Vorstellungskraft (*imaginatio*) für die Fähigkeit zur Affektinhibition und -regulierung wäre ebenfalls weiter nachzugehen (Teil 2.3), nach Möglichkeit auch auf experimenteller Basis. Dabei sollte nicht zuletzt den verschiedenen Formen von Aufmerksamkeit, wie sie im vorliegenden Band konturiert werden, größere Beachtung geschenkt werden, um eine präzisere Differenzierung im Verständnis und in der Erklärung von Willensschwäche und Selbstkontrolle zu erreichen. Die phänomenologische Unterscheidung von geweckter und gelenkter Aufmerksamkeit[118] ließe sich dabei m.E. ebenso Gewinn bringend anwenden wie die psychologische Differenzierung von exogener und endogener Aufmerksamkeitssteuerung,[119] um den Konflikt von emotionalen Impulsen und rationalen Vorsätzen im Kontext willentlicher Handlungen genauer auszuleuchten.

Aus solchen Untersuchungen zu einer attentional konzipierten Willensschwäche und -stärke ließe sich aber auch in der Gegenrichtung einiger Gewinn für das Verständnis von Aufmerksamkeit, insbesondere in ihrer voluntaristischen Form, erzielen. Hier zeichnet sich somit ein potenziell ertragreiches Feld für die Kooperation gegenwärtiger humanwissenschaftlicher Forschung ab, das letztlich – so erstaunlich das für manchen *prima facie* anmuten mag – schon von einem mittelalterlichen Denker eröffnet und mit wesentlichen Impulsen befeuert worden ist.

Literatur

I. Antike und mittelalterliche Texte

Aristoteles: *Nikomachische Ethik*, übers. u. hg. v. Wolf, Ursula, Reinbek b. Hamburg: Rororo 2006.

Platon: *Protagoras*, übers. v. Friedrich Schleiermacher, in: Eigler, Gunther (Hg.), Platon. Werke in 8 Bänden. Griechisch und deutsch, Band 1, Darmstadt: WBG 1990.

118 | Vgl. hierzu den Beitrag von Bernhard Waldenfels in diesem Band.

119 | Vgl. hierzu den Beitrag von Aleya Flechsenhar, Marius Rubo und Matthias Gamer in diesem Band.

Thomas von Aquin: *Opera omnia, iussu impensaque Leonis XIII P.M.*, (= Ed. Leon.), Rom 1882ff.

Thomas von Aquin: *De malo*, Ed. Leon. 23, Rom 1982.

Thomas von Aquin: *De veritate*, 3 Bde., Ed. Leon. 22, Rom 1970-1976.

Thomas von Aquin: *Scriptum super libros Sententiarum*, 4 Bde., ed. P. Mandonnet/ M.F. Moos, Paris 1929-1947.

Thomas von Aquin: *Sentencia libri De anima*, Ed. Leon. 45/1, Rom 1984.

Thomas von Aquin: *Sententia libri Ethicorum*, 2 Bde., Ed. Leon. 47, Rom 1969.

Thomas von Aquin: *Summa Theologiae* I-III, 9 Bde., Ed. Leon. 4-12, Rom 1888-1906.

Xenophon: *Memorabilia / Erinnerungen an Sokrates* (grch.-dt.), ed. Peter Jaerisch, München: De Gruyter 1962.

II. Moderne Literatur

Ainslie, George: »Die Delle in unserer Zukunftsbewertung«, in: Spitzley, Thomas (Hg.), Willensschwäche, Paderborn: Mentis 2005, S. 139-167.

Audi, Robert: »Weakness of Will and Practical Judgement«, in: Noûs 13 (1979), S. 173-196.

Barnwell, Michael: »Aquinas's Two Different Accounts of Akrasia«, in: American Catholic Philosophical Quarterly 84 (2010), S. 49-67.

Baumeister, Roy F./Muraven, Mark/Tice, Dianne M.: »Ego depletion: A resource model of volition, self-regulation, and controlled processing«, in: Social Cognition 18 (2000), S. 130-150.

Baumeister, Roy F.: »Ego depletion and self-control failure: An energy model of the self's executive function«, in: Self and Identity 1 (2002), S. 129-136.

Baumeister, Roy F./Vohs, Kathleen D.: Handbook of self-regulation. Research, theory, and applications, New York: Guilford 2004.

Brungs, Alexander: Metaphysik der Sinnlichkeit. Das System der Passiones Animae bei Thomas von Aquin, Halle: Hallescher Verlag 2002.

Colvert, Gavin T.: »Aquinas on Raising Cain: Vice, Incontinence and Responsibility«, in: American Catholic Philosophical Quarterly 71 (1997), suppl. vol., S. 203-220.

Davidson, Donald: »How is Weakness of the Will Possible?«, in: ders., Essays on Actions and Events, Oxford: Oxford University Press 1980, S. 21-42. [ursprünglich in: Feinberg, Joel (Hg.), Moral Concepts, Oxford: Oxford University Press 1969, S. 93-113; dt. in: Henrich, Dieter/Herborth, Friedhelm/Luhmann, Niklas (Hg.), Handlung und Ereignis, Frankfurt am Main: Suhrkamp 1985, S. 43-72.]

Davidson, Donald: »Paradoxes of Irrationality«, in: Wollheim, Richard/Hopkins, James (Hg.), Philosophical Essays on Freud, Cambridge: Cambridge University Press 1982, S. 289-305. [dt. in: Spitzley, Thomas (Hg.), Willensschwäche, Paderborn: Mentis 2005, S. 89-106.]

Davidson, Donald: »Deception and Division«, in: Elster, Jon (Hg.), The Multiple Self, Cambridge: Cambridge University Press 1985, S. 79-92.

Doig, James C.: Aquinas's Philosophical Commentary on the Ethics: A Historical Perspective, Dordrecht: Springer 2001.

Engle, Randall W.: »Working memory capacity as executive attention«, in: Current Directions in Psychological Science 11 (2002), S. 19-23.

Friese, Malte/Hofmann, Wilhelm/Wänke, Michaela: »When impulses take over: Moderated predictive validity of explicit and implicit attitude measures in predicting food choice and consumption behavior«, in: British Journal of Social Psychology 47 (2008), S. 397-419.

Hedwig, Klaus: »Agere ex ignorantia. Über die Unwissenheit im praktischen Wissen bei Thomas von Aquin«, in: Craemer-Ruegenberg, Ingrid/Speer, Andreas (Hg.), *Scientia* und *ars* im Hoch- und Spätmittelalter. Festschrift für A. Zimmermann, Band 1, Berlin/ New York: De Gruyter 1994, S. 482-498.

Hoffmann, Tobias: »Aquinas on the Moral Progress of the Weak Willed«, in: Hoffmann, Tobias/Müller, Jörn/Perkams, Matthias (Hg.), Das Problem der Willensschwäche in der mittelalterlichen Philosophie/The Problem of Weakness of Will in Medieval Philosophy (Recherches de Théologie et Philosophie médiévales: Bibliotheca, 8), Leuven/Paris/Dudley: Peeters Publishers 2006, S. 221-248.

Hofmann, Wilhelm/Rauch, Wolfgang/Gawronski, Bertram: »And deplete us not into temptation: Automatic attitudes, dietary restraint, and self-regulatory resources as determinants of eating behavior«, in: Journal of Experimental Social Psychology 43 (2007), S. 497-504.

Hofmann, Wilhelm/Friese, Malte: »Impulses Got the Better of Me: Alcohol Moderates the Influence of Implicit Attitudes Toward Food Cues on Eating Behavior«, in: Journal of Abnormal Psychology 117 (2008), S. 420-427.

Hofmann, Wilhelm/Strack, Fritz/Deutsch, Roland: »Free to buy? Explaining self-control and impulse in consumer behavior«, in: Journal of Consumer Psychology 18 (2008), S. 22-26.

Hofmann, Wilhelm/Gschwendner, Tobias/Friese, Malte/Wiers, Reinout W./Schmitt, Manfred: »Working Memory Capacity and Self-Regulatory Behavior: Toward an Individual Differences Perspective on Behavior Determination by Automatic Versus Controlled Processes«, in: Journal of Personality and Social Psychology 95 (2008), S. 962-977.

Hofmann, Wilhelm/Friese, Malte/Roefs, Anne: »Three ways to resist temptation: The independent contributions of executive attention, inhibitory control, and affect regulation to the impulse control of eating behavior«, in: Journal of Experimental Social Psychology 45 (2009), S. 431-435.

Hofmann, Wilhelm/Friese, Malte/Strack, Fritz: »Impulse and self-control from a dual-systems perspective«, in: Perspectives on Psychological Science 4 (2009), S. 162-176.

Hofmann, Wilhelm: Zwei Seelen wohnen, ach, in meiner Brust: Impulsive und reflektive Determinanten selbstregulatorischen Verhaltens, Habilitation, Würzburg 2009.

Hofmann, Wilhelm/Friese, Malte/Müller, Jörn/Strack, Fritz: »Zwei Seelen wohnen, ach, in meiner Brust. Psychologische und philosophische Erkenntnisse zum Konflikt zwischen Impuls und Selbstkontrolle«, in: Psychologische Rundschau 62 (2011), S. 147-166.

Jacob, Josef: Passiones. Ihr Wesen und ihre Anteilnahme an der Vernunft nach dem hl. Thomas von Aquin (= St. Gabrieler Studien, 17), Mödling: St. Gabriel Verlag 1958.

Janczyk, Markus: Zur Abgrenzbarkeit menschlicher Verhaltensklassen: Wechselseitige Beeinflussungen und die Rolle von Zielen, Habilitation, Würzburg 2014.

Kent, Bonnie D.: »Transitory Vice: Thomas Aquinas on Incontinence«, in: Journal of the History of Philosophy 27 (1989), S. 199-223.

Kent, Bonnie D.: »Aquinas and Weakness of Will«, in: Philosophy and Phenomenological Research 75 (2007), S. 70-91.

Mele, Alfred R.: Irrationality. An Essay on Akrasia, Self-Deception, and Self-Control, New York/Oxford: Oxford University Press 1987.

Mertens, Karl: »Handlungslehre und Grundlagen der Ethik (S. th, I-II, qq. 6-21)«, in: Speer, Andreas (Hg.), Thomas von Aquin: Die ›Summa theologiae‹. Werkinterpretationen, Berlin/New York: De Gruyter 2005, S. 168-197.

Müller, Jörn: »Willensschwäche als Problem der mittelalterlichen Philosophie. Überlegungen zu Thomas von Aquin«, in: Recherches de Théologie et Philosophie médiévales 72 (2005), S. 1-28.

Müller, Jörn: Willensschwäche in Antike und Mittelalter. Eine Problemgeschichte von Sokrates bis Johannes Duns Scotus (= Ancient and Medieval Philosophy, ser. I, Band 40), Leuven: Leuven University Press 2009.

Müller, Jörn: »Willensschwäche als inhärent soziales Phänomen«, in: Mertens, Karl/Müller, Jörn (Hg.), Die Dimension des Sozialen. Neue philosophische Zugänge zu Fühlen, Wollen und Handeln, Berlin/New York: De Gruyter 2014, S. 189-212.

Müller, Jörn: »Aquinas's commenting strategy in his *Sententia libri Ethicorum*. A case study«, in: Divus Thomas 118 (2015), S. 148-184.

Müller, Jörn: »Memory in Medieval Philosophy«, in: Nikulin, Dmitri (Hg.), Memory. A History, Oxford: Oxford University Press 2015, S. 92-124.

Muraven, Mark/Slessareva, Elisaveta: »Mechanisms of self-control failure: Motivation and limited resources«, in: Personality and Social Psychology Bulletin 29 (2003), S. 894-906.

Pasnau, Robert: Thomas Aquinas on Human Nature: A Philosophical Study of Summa theologiae Ia 75-89, Cambridge: Cambridge University Press 2002.

Pfürtner, Stephanus: Triebleben und sittliche Vollendung. Eine moralpsychologische Untersuchung nach Thomas von Aquin, Fribourg: Universitätsverlag 1958.

Pickavé, Martin: »Thomas von Aquin: Emotionen als Leidenschaften der Seele«, in: Landweer, Hilge/Renz, Ursula (Hg.), Handbuch Klassische Emotionstheorien, Berlin: De Gruyter 2008, S. 187-204.

Pickavé, Martin: »Aquinas on incontinence and psychological weakness«, in: Hoffmann, Tobias/Müller, Jörn/Perkams, Matthias (Hg.), Aquinas and the *Nicomachean Ethics*, Cambridge: Cambridge University Press 2013, S. 184-202.

Reilly, Richard: »Weakness of Will: The Thomistic Advance«, in: Proceedings of the American Catholic Philosophical Association 48 (1974), S. 198-207.

Rorty, Amelie O.: »Akrasia and Conflict«, in: Inquiry 22 (1980), S. 193-212.

Saarinen, Risto: Weakness of the Will in Medieval Thought. From Augustine to Buridan, Leiden/New York/Köln: Brill 1994.

Schälike, Julius: »Willensschwäche«, in: Information Philosophie 5 (2006), S. 18-29.

Schoenmakers, Tim/Wiers, Reinout W./Jones, Barry T./Bruce G./Jansen, Anita: »Attentional retraining decreases attentional bias in heavy drinkers without generalization«, in: Addiction 102 (2007), S. 399-405.

Seebaß, Gottfried: Wollen, Frankfurt am Main: Klostermann 1993.

Stegman, Thomas D.: »Saint Thomas Aquinas and the Problem of *Akrasia*«, in: The Modern Schoolman 61 (1988/89), S. 117-128.

Strack, Fritz/Deutsch, Roland: »Reflective and impulsive determinants of social behavior«, in: Personality and Social Psychology Review 8 (2004), S. 220-247.

Siewerth, Gustav: Die menschliche Willensfreiheit. Texte zur thomistischen Freiheitslehre, Düsseldorf: Schwann 1954.

Tangney, June P./Baumeister, Roy F./Boone, Angie L.: »High self-control predicts good adjustment, less pathology, better grades, and interpersonal success«, in: Journal of Personality 72 (2004), S. 271-324.

Wolf, Ursula: »Zum Problem der Willensschwäche«, in: Zeitschrift für philosophische Forschung 39 (1985), S. 21-33.

Autorinnen und Autoren

Block, Katharina, Dr. phil., geb. 1981, ist seit 2015 Wissenschaftliche Mitarbeiterin am Lehrstuhl für Soziologische Theorie der Leibniz Universität Hannover. Zuvor erhielt sie ein Promotionsstipendium der Graduiertenschule »Herausforderung Leben« der Universität Koblenz-Landau sowie im Anschluss daran ein Forschungsstipendium des Human Dynamics Centre der Julius-Maximilians-Universität Würzburg. Ihre Forschungsinteressen liegen insbesondere im Bereich der philosophischen Grundlagen von Soziologie, der Philosophischen Anthropologie, der Sozialtheorie sowie der Kultur- und Wissenssoziologie. Im transcript-Verlag ist von ihr bereits erschienen: *Von der Umwelt zur Welt. Der Weltbegriff in der Umweltsoziologie* (2015).

Brinkmann, Malte, Prof. Dr., geb. 1966, studierte an der Universität Köln Deutsche Philologie, Philosophie, Geschichte, Pädagogik und Musik. Nach seiner Promotion arbeitete er als Lehrer an einem Gymnasium, danach an den Pädagogischen Hochschulen Freiburg und Ludwigsburg. Seit 2012 ist er Professor für Allgemeine Erziehungswissenschaft an der Humboldt-Universität Berlin. Seine Forschungsgebiete liegen in den Bereichen Bildungs-, Lern- und Erziehungstheorien, Phänomenologische Erziehungswissenschaft und pädagogische Anthropologie sowie in der pädagogisch-phänomenologischen qualitativen Forschung.

D'Angelo, Diego, M.A., geb. 1985, hat Philosophie an der Universität Mailand studiert. 2011 bis 2015 hat er an der Albert-Ludwigs-Universität Freiburg im Breisgau promoviert mit einer Arbeit zu Edmund Husserls Semiotik und Phänomenologie der Wahrnehmung. Die Arbeit wurde teilweise vom Land Baden-Württemberg gefordert. September 2015 bis September 2016 ist er Stipendiat des HDC an der Julius-Maximilians-Universität Würzburg. Derzeit ist er auch Lehrbeauftragter, sowohl an der Universität Freiburg als auch an der Universität Würzburg. Seine Schwerpunkte liegen in der Phänomenologie und in der theoretischen Philosophie, vor allem in der Sprachphilosophie und in der Wahrnehmungstheorie. Insbesondere hat er sich dem Denken von Husserl, Heidegger, Merleau-Ponty, Jaspers und Derrida gewidmet; zahlreiche Veröffentlichungen in Fachzeitschriften und als Herausgeber und Übersetzer liegen vor.

Flechsenhar, Aleya, M.Sc., geb. 1989, ist wissenschaftliche Mitarbeiterin und Promotionsstudentin in der Abteilung Experimentelle Klinische Psychologie an der Julius-Maximilians-Universität Würzburg. Nach einem Studium der Neuro-Kognitiven Psychologie interessiert sie sich für Aufmerksamkeitsprozesse und hormonelle Einflüsse auf die soziale Wahrnehmung.

Gamer, Matthias, Prof. Dr., geb. 1976, ist Leiter der Abteilung Experimentelle Klinische Psychologie an der Julius-Maximilians-Universität Würzburg. Nach einer Promotion in Allgemeiner Experimenteller Psychologie an der Johannes Gutenberg-Universität Mainz wechselte er 2008 in die Hirnforschung an das Universitätsklinikum Hamburg-Eppendorf, wo er nach einer 3-jährigen PostDoc-Phase eine eigene Forschungsgruppe gründete. Seit 2015 lehrt und forscht er in Würzburg. Seine Hauptinteressen betreffen Mechanismen sozialer und emotionaler Verarbeitungsprozesse. Er nutzt ein breites Spektrum behavioraler, autonomer und neurofunktionaler Verfahren zur Charakterisierung dieser Mechanismen in gesunderen Probanden sowie Patienten mit Störungen des Sozialverhaltens. Neben grundlagenwissenschaftlichen Ansätzen interessiert ihn insbesondere die Übertragbarkeit der Befunde auf forensische Fragestellungen.

Müller, Jörn, Prof. Dr., geb. 1969, studierte Philosophie, Geschichte und Erziehungswissenschaften an den Universitäten Bonn und Edinburgh. Promotion (2001) und Habilitation (2008) in Bonn. Seit 2014 Professor für antike und mittelalterliche Philosophie an der Universität Würzburg. Wichtigste Buchveröffentlichungen: *Natürliche Moral und philosophische Ethik bei Albertus Magnus* (2001); *Physis und Ethos. Der Naturbegriff bei Aristoteles und seine Relevanz für die Ethik* (2006); *Willensschwäche in Antike und Mittelalter. Eine Problemgeschichte von Sokrates bis Johannes Duns Scotus* (2009); *Warum noch Philosophie? Historische, systematische und ge-*

sellschaftliche Positionen (2011; co-ed.); *Aquinas and the Nicomachean Ethics* (2013, co-ed.); *Die Dimension des Sozialen. Neue philosophische Zugänge zu Fühlen, Wollen und Handeln* (2014, co-ed.).

Nießeler, Andreas, Prof. Dr., geb. 1967, studierte an der Universität Augsburg Lehramt für Grundschulen, Pädagogik, Philosophie und Literaturwissenschaft. Nach seiner Promotion war er als Lehrer an der Grundschule tätig. 2002 wurde er im Rahmen des Förderprogramms für wissenschaftlichen Nachwuchs an die Universität Augsburg abgeordnet und habilitierte im Fach Pädagogik. Seit 2002 ist er Professur für Grundschuldidaktik am Institut für Pädagogik der Universität Würzburg. Seine Arbeitsschwerpunkte bilden die anthropologische und kulturphilosophische Auseinandersetzung mit bildungstheoretischen Fragen sowie das Philosophieren mit Kindern. Ausgewählte Veröffentlichungen: *Vom Ethos der Gelassenheit* (1995); *Formen symbolischer Weltaneignung* (2003); *Bildung und Lebenspraxis* (2005); zusammen mit Andreas Dörpinghaus: *Dinge in der Welt der Bildung – Bildung in der Welt der Dinge* (2012).

Rauh, Andreas, Dr. phil., geb. 1980, studierte Kunstpädagogik, Pädagogik und Philosophie und promovierte an der Graduiertenschule für die Geisteswissenschaften in Würzburg. Er arbeitete zunächst am ›Zentrum für Mediendidaktik‹ (ZfM) der Universität Würzburg, und erhielt Lehraufträge in der Kunstpädagogik und Entwicklungspsychologie. Seit 2013 ist er Geschäftsführer des ›Human Dynamics Centre‹ (HDC) der Fakultät für Humanwissenschaften und arbeitet zudem am ›Servicezentrum innovatives Lehren und Studieren‹ (ZiLS) der Universität Würzburg. Seit 2004 forscht er zum Atmosphärenphänomen in Rezeption und Produktion. Im transcript-Verlag ist von ihm erschienen: *Die besondere Atmosphäre. Ästhetische Feldforschungen* (2012). Weitere Veröffentlichungen und Informationen auf www.andreasrauh.eu

Rubo, Marius, M.Sc. in Psychologie, geb. 1988, ist wissenschaftlicher Mitarbeiter und Promotionsstudent in der Abteilung Experimentelle Klinische Psychologie an der Julius-Maximilians-Universität Würzburg. Seine wissenschaftlichen Interessen betreffen Mechanismen sozialer Aufmerksamkeit bei klinischen und gesunden Personengruppen. In diesem Kontext nutzt er physiologische, neuronale und Blickbewegungsdaten sowie virtuelle Welten.

Türcke, Christoph, Prof. Dr., geb. 1948, studierte Evangelische Theologie und Philosophie in Göttingen, Tübingen, Zürich und Frankfurt und promovierte 1977 *Zum ideologiekritischen Potential der Theologie: Konsequenzen einer materialistischen Paulus-Interpretation.* Als Hochschulassistent arbeitete er in den folgenden Jahren an der Hochschule Lüneburg und habilitierte sich 1985 zum Thema »Vermittlung als Gott – Metaphysische Grillen und theologische Mucken didaktisierter Wissenschaft«. Nach Lehrtätigkeiten in Kassel und Porto Alegre (Brasilien), erreichte ihn 1993 der Ruf als Professor für Philosophie an der Hochschule für Grafik und Buchkunst in Leipzig. Seine Forschungsschwerpunkte befinden sich in der Kritischen Theorie, der Religionsphilosophie und der Psychoanalyse.

Waldenfels, Bernhard, Prof. em. Dr., geb. 1934, studierte Philosophie, Psychologie, klassische Philologie und Geschichte in Bonn, Innsbruck, München und Paris. Er ist Professor Emeritus für Philosophie an der Ruhr-Universität Bochum, Ehrendoktor der Universitäten Rostock und Freiburg, Mitbegründer der Deutschen Gesellschaft für phänomenologische Forschung. Gastprofessuren in Debrecen, Hongkong, Louvain-la-Neuve, New York, Prag, Rotterdam, Rom, San José und Wien. Veröffentlichungen u. a. *Das leibliche Selbst* (2000), *Phänomenologie der Aufmerksamkeit* (2004), *Sinne und Künste im Wechselspiel* (2010), *Hyperphänomene* (2012), *Sozialität und Alterität* (2015).

Edition Kulturwissenschaft

Gabriele Brandstetter,
Maren Butte, Kirsten Maar (Hg.)
Topographien des Flüchtigen:
Choreographie als Verfahren

März 2017, ca. 340 Seiten, kart., ca. 34,99 €,
ISBN 978-3-8376-2943-9

Michael Schetsche, Renate-Berenike Schmidt (Hg.)
Rausch – Trance – Ekstase
Zur Kultur psychischer Ausnahmezustände

Dezember 2016, ca. 240 Seiten, kart., ca. 29,99 €,
ISBN 978-3-8376-3185-2

Antje Dresen, Florian Freitag (Hg.)
Crossing
Über Inszenierungen kultureller Differenzen
und Identitäten

November 2016, ca. 280 Seiten, kart., ca. 32,99 €,
ISBN 978-3-8376-3538-6

Leseproben, weitere Informationen und Bestellmöglichkeiten finden Sie unter www.transcript-verlag.de

Edition Kulturwissenschaft

Ulrich Leitner (Hg.)
Corpus Intra Muros
Eine Kulturgeschichte räumlich gebildeter Körper
April 2017, ca. 480 Seiten, kart., zahlr. Abb., ca. 44,99 €,
ISBN 978-3-8376-3148-7

Heidi Helmhold
Strafende Räume
Wohnpraxen in der Gefängniszelle
Februar 2017, ca. 250 Seiten, kart., zahlr. z.T. farb. Abb., ca. 29,99 €,
ISBN 978-3-8376-2767-1

Michael Bachmann, Asta Vonderau (Hg.)
Europa – Spiel ohne Grenzen?
Zur künstlerischen und kulturellen Praxis eines politischen Projekts
Januar 2017, ca. 270 Seiten, kart., ca. 29,99 €,
ISBN 978-3-8376-2737-4

Melanie Gruß
Synästhesie als Diskurs
Eine Sehnsuchts- und Denkfigur zwischen Kunst, Medien und Wissenschaft
November 2016, ca. 480 Seiten, kart., zahlr. Abb., ca. 39,99 €,
ISBN 978-3-8376-3489-1

Stephanie Lavorano, Carolin Mehnert, Ariane Rau (Hg.)
Grenzen der Überschreitung
Kontroversen um Transkultur, Transgender und Transspecies
September 2016, ca. 320 Seiten, kart., ca. 34,99 €,
ISBN 978-3-8376-3444-0

Tommaso Speccher
Die Darstellung des Holocausts in Italien und Deutschland
Erinnerungsarchitektur – Politischer Diskurs – Ethik
August 2016, ca. 346 Seiten, kart., ca. 39,99 €,
ISBN 978-3-8376-3207-1

Felix Hüttemann, Kevin Liggieri (Hg.)
Die Grenze »Mensch«
Diskurse des Transhumanismus
August 2016, ca. 230 Seiten, kart., ca. 29,99 €,
ISBN 978-3-8376-3193-7

Marie-Hélène Adam, Szilvia Gellai, Julia Knifka (Hg.)
Technisierte Lebenswelt
Über den Prozess der Figuration von Mensch und Technik
Mai 2016, 390 Seiten, kart., 34,99 €,
ISBN 978-3-8376-3079-4

Stephanie Wodianka, Juliane Ebert (Hg.)
Inflation der Mythen?
Zur Vernetzung und Stabilität eines modernen Phänomens (unter Mitarbeit von Jakob Peter)
April 2016, 330 Seiten, kart., 34,99 €,
ISBN 978-3-8376-3106-7

Richard Weihe (Hg.)
Über den Clown
Künstlerische und theoretische Perspektiven
April 2016, 284 Seiten, kart., zahlr. z.T. farb. Abb., 29,99 €,
ISBN 978-3-8376-3169-2

Andreas Bihrer, Anja Franke-Schwenk, Tine Stein (Hg.)
Endlichkeit
Zur Vergänglichkeit und Begrenztheit von Mensch, Natur und Gesellschaft
Februar 2016, 360 Seiten, kart., 29,99 €,
ISBN 978-3-8376-2945-3

Kathrin Ackermann, Christopher F. Laferl (Hg.)
Kitsch und Nation
Zur kulturellen Modellierung eines polemischen Begriffs
Januar 2016, 338 Seiten, kart., 34,99 €,
ISBN 978-3-8376-2947-7

Leseproben, weitere Informationen und Bestellmöglichkeiten finden Sie unter www.transcript-verlag.de